유니버셜

타로리딩노트

타로 스프레드로 읽는 삶의 순간들

유니버셜 타로리딩노트

-타로 스프레드로 읽는 삶의 순간들

▪**초판** 2026년 1월 10일
▪**저자** 정경진 김미연 정유인 곽성용 박지호 이예나
▪**발행인** 윤상철 ▪**편집** 이연실
▪**표지** 윤여진
▪**발행처** 대유학당 ▪**출판등록** 1993년 8월 2일 제 1-1561호
▪**주소** 서울 성동구 아차산로17길 48 SK V1 센터 1동 814호
▪**전화** (02) 2249-5630, 010-9727-5630
▪**블로그** http : //blog.naver.com/daeyoudang
▪**유튜브** 대유학당 TV
▪ISBN 978-89-6369-166-4 13180
▪**값** 32,000원

유니버셜

타로리딩노트

타로 스프레드로 읽는 삶의 순간들

Prologue

타로 리딩노트를 출판하며

어느덧 타로에 입문해서 상담한 사람 수가 어림잡아 2만 명을 넘어선 것 같습니다. 또한 타로 교육을 시작한 지도 어언 10년이 넘었습니다. 긴 시간 동안 가장 아쉬웠던 부분은 타로 상담 리딩에 대한 교육이나 책이 많이 부족하다는 것이었습니다,

시중에 나와 있는 타로 교육책에는 실제 상담사례나 배열법, 스토리텔링에 대해 체계적인 교육 자료가 부족하다는 생각이 많이 들었습니다. 또한, 암기식으로 외우는 타로 카드의 키워드 교육에 대한 회의도 많이 들었습니다.

타로 리딩 교육에 몇 가지 아쉬운 점들이 있었는데 몇 가지 예를 들자면,

첫째, 키워드의 발생 원리를 모른다는 것입니다.
'바보 카드의 자유로움은 어디서부터 생기는가? 바보 카드는 왜 자유로울까?는 생각하지 않고 자유로움과 순수함이라는 키워드만 외운다면 과연 리딩이 제대로 될까? 또한, 마법사의 자신감과 존재감은 어디서부터 발생하며, 여사제의 비밀스러움은 왜 생긴 걸까?' 이러한 근본을 모르고 상담한다면 상담이 제대로 되지 않겠다는 생각이 들었습니다. 여황제의 당당함과 자유로움은 바보 카드의 자유와는 다른 키워드이며, 여사제의 비밀스러움과 달 카드의 비밀스러움은 다르기 때문입니다. 황제 카드의 자신감과 전차 카드의 자신감도 다른 의미입니다. 같은 키워드를 가져도 그 의미는 완전히 다를 수 있습니다.

둘째, 타로의 주인공의 성격에서 나오는 키워드와 그 성격에서 바라게 되는 키워드들을 혼용해서 쓴다는 것입니다. 예를 들자면 바보 카드는 자유롭지만, 시작의 의미를 가지고 있어 가진 것이 별로 없습니다. 그렇다면 바보가 가장 원하는 건 자유일까요? 아니면 성공일까요? 또한, 여사제는 포용과 배려, 조신함의 대명사인데 여사제가 추구하는 것은 음란함일까요? 현숙함일까요? 달 카드의 혼란은 포용에서 오는 것인데 그렇다면 달 카드의 주인공은 자신의 길을 가고 싶은 걸까요? 아니면 주변의 이야기를 들으면서 가고 싶은 걸까요? 타로의 키워드는 종종 카드의 원래 의미와 거기서 추구하는 의미들에 대해 혼용해서 사용하고 있습니다. 극단적인 예를 들자면 검 6번의 카드는 책임감이라는 키워드를 많이 쓰고 있는데, 배에서 내리지 못해 같이 가는 것은 책임감보다는 의무감일 것입니다. 따라서 정확한 리딩은 원래 의미를 정확히 밝히고 거기서 파생하는 추구함과 조언을 따로 분리할 필요가 있습니다.

셋째, 키워드와 단편적인 의미만 가지고 해석해서는 자연스러운 리딩이 되지 않습니다. 단지 단어의 나열만 될 뿐입니다. 카드 한 장만 가지고 상담을 한다면, 어느 정도 이해가 되겠지만 배열법을 사용하여 상담할 때는 자연스러운 흐름이 이어지지 않습니다. 배열법의 위치에 따른 의미와 순서에서 오는 의미들도 리딩에서는 중요합니다.

윗글에 나와 있는 여러 가지 이유로 제대로 학습할 수 있는 책이 필요하다는 생각을 하게 되었고, 때마침 제 뜻에 동참해 주시는 여러 선생님을 만나 이 책을 출판하게 되었습니다. 같이 작업에 동참해 주신 선생님들께 감사의 말씀을 전합니다.

이 책은 핵심 키워드들을 상황에 맞게 정리해 놓았고, 또한 질문에 대해 필요한 배열법들을 정리해 놓았으며 실제 상담사례를 통해 카드마다 질문별 리딩 방법, 그리고 내담자의 피드백과 상담 후 조언 등을 적어놓았습니다. 물론 이 책 한 권으로 리딩을 잘할 수는 없겠지만 리딩과 스토리텔링을 시도해 볼 수 있는 초석과 도움이 되리라는 것은 자신합니다. 책만 읽어서는 리딩을 잘할 수는 없습니다. 따라서 이 책을 읽으시는 분들은 리딩 연습을 소리내어 직접 해 보시기를 권장합니다.

이 책을 출판하게 도와주신 대유학당에서 애써주신 모든 분과 책 작업에 직접 동참하신 김미연(르미유), 정유인(마담 루), 곽성용, 박지호, 이예나(NA_taro) 선생님께도 진심으로 감사드립니다. 이 책을 읽으시는 모든 분이 타로 마스터가 되시길 바라면서 서문을 줄일까 합니다. 감사합니다.

재미있는 타로 사주이야기(잼타사주) 대표
사단법인 K-천문명리학협회 회장 **정 경 진**

추천사

타로 리딩의 새로운 지평을 열다

십여 년 전, 추천인이 글로벌사이버대학교 동양학과 교수로 재직할 때 인연이 된 필자가 이후 박사 과정을 마치고, 다년간 수만 명의 고객을 상담하며 수많은 이들에게 타로 리딩을 가르쳐온 경험을 바탕으로 드디어 이 귀한 책을 세상에 내게 된 것을 진심으로 축하합니다.

이 책은 단순히 타로 카드의 키워드를 나열하는 기존의 학습서들과는 궤를 달리합니다. 수많은 상담 경험과 깊이 있는 연구를 바탕으로, 타로의 진정한 의미와 현장에서 살아 숨 쉬는 리딩의 흐름을 체계적으로 담아냈습니다.

키워드의 뿌리를 탐구하여 바보 카드의 자유로움이 어디에서 시작되며, 여사제의 비밀스러움이 왜 중요한지, 카드가 가진 근원적인 에너지를 파헤칩니다. 단순 암기가 아닌, 카드의 인격과 본질을 이해하게 도와줍니다. 실전 질문에 바로 적용되는 배열법을 다룹니다. 수많은 사례가 증명하듯, 타로 리딩은 카드 한 장의 의미를 아는 것을 넘어 배열법의 위치와 카드의 순서에 따른 흐름을 읽어내는 것이 핵심입니다. 이 책은 양자택일 스프레드, 하트(궁합) 배열법, 켈틱 크로스, 신년 타로 배열법 등 실전에서 가장 많이 쓰이는 배열법과 그에 따른 수십 가지의 구체적인 질문과 리딩 결과를 상세히 제시하고 상담의 깊이를 더하는 리딩의 자세를 알려줍니다. 내담자의 질문에 가장 적합한 배열법을 선택하고 조언하는 실질적인 방법을 알려줍니다.

이 책에는 이론적 깊이와 더불어, 현장에서 발로 뛰며 체득한 살아있는 지혜가 고스란히 담겨 있습니다. 타로를 시작하는 입문자에게는 길을 잃지 않는 단단한 기본기를, 이미 활동 중인 리더에게는 상담의 깊이와 정확성을 더할 핵심 노하우를 선사할 것입니다.

이 책이 타로를 배우는 모든 이들에게 최고의 안내서가 되리라 확신하며, 타로를 통해 진정한 통찰을 얻고, 더 많은 사람들의 삶에 긍정적인 변화를 가져오고 싶다면, 이 책은 당신의 타로 여정에서 매우 중요한 나침반이 될 것입니다.

2025년 12월
글로벌사이버대학교 휴먼라이프대학장 인문과학융합대학원장
추천인 **박영창**

정말 열심히 살아온 정경진 선생의 오랜 시간 상담과 교육 현장에서 고민해 온 내용들이 이렇게 한 권의 책으로 정리되어 나온 것을 매우 기쁘게 생각합니다. 타로 리딩에서 가장 어려운 부분인 '왜 이런 의미가 생기는가', '질문에 맞게 어떻게 스토리를 풀어가야 하는가'에 대해 꾸준히 탐구해 온 노력이 이 책 곳곳에 담겨 있습니다.

특히 카드의 본래 성격과 그로부터 파생되는 키워드의 차이를 분리해 설명한 점, 실제 상담 사례를 통해 자연스러운 리딩 흐름을 보여준 점은 타로를 처음 배우는 분들에게도 큰 도움이 될 것으로 생각합니다. 단순 암기식 공부에서 벗어나 실전적인 리딩을 연습하는 데 좋은 길잡이가 되어 줄 것입니다.

앞으로도 이 책이 많은 분들에게 타로를 이해하는 새로운 관점을 열어주고, 저자 본인에게도 더 깊은 연구로 이어지는 계기가 되길 바랍니다. 그동안의 노력이 좋은 결실로 이어진 것을 축하하며, 앞으로의 여정도 진심으로 응원합니다.

2025년 12월
K-미래학자, 미래예측학박사 1호
건곤(乾坤) 석하(奭廈) **소재학 교수 배(拜)**

내담자들이 가장 궁금해하는 현실적인 고민들을 어떻게 더 잘 리딩할지 친절하고 명확하게 안내해 주는 책입니다. 읽는 동안 "아, 이렇게 접근하면 훨씬 더 잘 풀어낼 수 있겠구나" 하는 생각이 여러 번 들었습니다.
실전 리딩에서 자신감을 얻고 싶거나 해석의 폭을 넓히고 싶은 모든 타로 리더에게 추천합니다.

Tarotmoon(타로문) **권영국** 대표

"설레는 마음으로 첫 타로 카드를 손에 쥐었지만, 막상 해석하려니 어렵고 막막하신가요? 복잡한 암기 대신, 카드의 그림을 보며 자연스럽게 이야기를 풀어나가는 방법을 아주 친절하게 안내합니다. '그 사람은 나를 좋아할까?' 같은 흥미진진한 예시들을 따라 하다 보면 어느새 리딩 실력이 쑥쑥 자라납니다. 심리 상담 선생님이 옆에서 과외하듯 기초부터 차근차근 알려주니 겁먹지 말고 시작해 보세요. 이 책과 함께라면, 당신의 서툰 첫 리딩도 누군가에게는 따뜻한 위로가 될 수 있습니다."

카투니스트 **김동범** (계명대학교 웹툰과 교수)

하나의 이미지는 인간의 일생에 복합적인 감정의 길을 제시한다. 예술가는 창작을 통해 마음을 마주 보며, 책은 언어로 상상의 무대로 이끄는 시간의 힘을 채워준다. 오늘 마주한 『유니버셜 타로리딩노트』는 글과 이미지로 과거와 지금, 그리고 아직 준비되지 않은 당신의 미래에 작은 발자국을 찾게 하며, 삶의 과정을 풀어내는 또 하나의 아르카나(Arcana)가 될 것이다.

화가·작가 **구인성**

의사로서, 그리고 동생으로서 제가 존경하는 누나, 르미유님의 이 책을 추천하게 되어 무척 자랑스럽습니다.

20년 넘게 르미유님을 지켜보며 느낀 건, 타로를 통해 제가 진료실에서 하는 것과 비슷한 일을 한다는 것입니다. 저는 몸의 증상을 듣고 진단하지만, 저자는 마음의 신호를 읽고 통찰을 줍니다. 두 영역은 다르지만, 사람을 깊이 이해하고 돕고자 하는 마음은 같습니다.

의학을 공부하며 배운 것 중 하나는 '경청'의 중요성입니다. 환자의 말을 제대로 듣지 않으면 정확한 진단이 불가능하죠. 저자의 리딩을 곁에서 지켜보면, 내담자의 이야기를 누구보다 세심하게 듣고, 카드를 통해 그들이 미처 말하지 못한 마음 까지 읽어냅니다. 이 책에는 그런 르미유님의 다정하고 섬세한 접근법이 고스란히 담겨 있습니다.

특히 감탄한 부분은 복잡한 타로의 원리를 이토록 명쾌하게 정리한 저자의 지성입니다. 의학 교과서처럼 체계적이면서도, 동시에 누구나 쉽게 이해할 수 있도록 풀어낸 설명력은 타고난 교육자의 재능이 아닐 수 없습니다.

저는 병원에서 몸을 치유하지만, 저자는 타로를 통해 사람들의 마음에 위안과 방향을 제시합니다. 이 책을 읽을 모든 분들이 존경하는 르미유님의 지혜와 따뜻함을 느끼시길, 그리고 타로가 단순한 점술이 아닌 '자기 이해의 도구'임을 발견하시길 바랍니다.

똑똑하고 다정한, Le mieux, The best! 이렇게 멋진 책을 세상에 내놓아줘서 고마워요. 동생으로서 정말 자랑스럽습니다.

의학박사, 이학박사 **홍한표**

목차

1부. 타로의 세계로 들어가기

유니버셜 웨이트 타로 카드

메이져 아르카나

마이너 아르카나

2부. 배열법으로 풀어가는 인생의 장면들

3, 4 카드 스프레드

5 카드 - 양자택일 스프레드

7 카드 - 매직 7 배열법

9 카드 - 하트 (궁합) 배열법

10 카드 - 켈틱 크로스 배열법

12 카드 - 신년 타로 배열법

Epilogue

1부

타로의 세계로 들어가기

유니버설 웨이트 타로 카드

"타로는 미래를 맞히는 도구가 아니라,
자신의 내면과 길을 비춰주는 거울이다."

1. 타로의 의미

'TARO'는 법(法)을 뜻하는 TAR와 왕(王)을 의미하는 RO의 합성어로, '왕의 법', 즉 왕이 지켜야할 법칙이며 도리이다. 'TARO'를 순서를 바꾸면 'TORA'가 되는데 이는 '경전'을 뜻하며, 경전은 곧 신의 말씀이며, 삶의 근본 원리를 깨닫는 길을 상징한다.

2. 타로 카드의 구성

타로 카드는 총 78장으로 구성되어 있으며, 크게 메이저 아르카나(Major Arcana)와 마이너 아르카나(Minor Arcana)로 나뉜다.
'아르카나(Arcana)'는 라틴어로 '비밀(Secret)'을 뜻하며, 타로는 이 '인생의 비밀'을 상징적으로 보여주는 카드라고 할 수 있다.

1) 메이저 아르카나 (Major Arcana)

- **구성** 22장 (0~21번)
- **의미** 인간의 삶과 영혼의 여정, 즉 인생의 큰 이야기를 담고 있다.
- **상징** 인생의 전환점, 내면의 성장, 깨달음, 변화 같은 보편적이고 중요한 주제를 표현한다.
- **예시** 0. The Fool (바보) – 순수한 시작
  6. The Lovers (연인) – 관계와 유지
  13. Death (죽음) – 끝과 새로운 시작
  21. The World (세계) – 완성, 통합
  메이저 아르카나는 개인의 내면 여정을 하나의 이야기로 보여준다. '바보(The Fool)'가 세상을 여행하며 경험을 쌓고 '세계(The World)'에 이르는 과정은 성장과 깨달음의 여정, 즉 영혼의 순환 구조를 상징한다.

2) 마이너 아르카나 (Minor Arcana)

- **구성** 56장으로 40장의 슈트 카드(숫자 카드)와 16장의 코트 카드(궁정 카드)로 구성
- **상징** 구체적인 일상, 감정, 행동, 인간관계를 나타낸다.

① 슈트 카드 (숫자 카드)

각 원소별 에이스(1)~10까지 총 10장씩 있으며, 네 가지 원소로 나뉜다.

원소	상징	키워드
완즈 (Wands)	불	열정, 의지, 행동, 창조
컵 (Cups)	물	감정, 내면, 마음, 포용
소드 (Swords)	공기	이성, 논리, 판단, 명예
펜타클 (Pentacles)	흙	현실, 물질, 금전

② 코트 카드 (궁정 카드)

코트 카드는 총 16장으로, 각 원소마다 네 개의 인물이 등장한다. 이 카드는 상황 속 사람의 성격, 역할, 태도를 나타내거나 자기 안의 특정 에너지를 상징하기도 한다.

- 시종(Page) – 시작과 호기심
- 기사(Knight) – 행동과 추진력
- 여왕(Queen) – 내면의 성숙과 감정의 통제
- 왕(King) – 완성, 리더십, 책임

타로는 22장의 인생 여정(메이저)과 56장의 일상 이야기(마이너)가 함께 어우러진 인생의 거울이다. 각 카드가 전하는 메시지는 '미래 예언'이 아니라, 지금 이 순간의 나'를 비춰주는 상징적 대화라고 할 수 있다.

메이저 아르카나 (Major Arcana)	구분	마이너 아르카나 (Minor Arcana)
큰 비밀 (Great Secrets)	**의미**	작은 비밀 (Lesser Secrets)
총 22장 (0~21번)	**구성**	총 56장 (숫자 에이스~10 + 궁정 카드 4장 × 4원소)
인생의 큰 흐름, 영적 여정, 운명적 사건	**상징 영역**	일상적인 경험, 감정, 사고, 행동, 관계
인생의 전환점이나 깊은 내면의 주제 제시	**역할**	현실적인 조언, 구체적인 상황 묘사
자아의 성장, 깨달음, 변화, 통합	**주요 주제**	감정, 행동, 사고, 물질 등 구체적 영역
The Fool, The Magician, The Lovers, The World 등	**예시 카드**	Wands, Cups, Swords, Pentacles의 숫자·궁정 카드
사건의 핵심 방향이나 인생의 의미를 드러냄	**리딩시 해석**	상황의 세부적 맥락이나 실천 방법 제시
보편적 원리, 영적 상징이 강함	**상징적 깊이**	현실적·인간적 상징이 중심

3. 가장 널리 쓰이는 타로 카드

한국에서 가장 많이 사용되는 덱은 유니버설 웨이트(Universal Waite) 디로 카드이다.
이 카드는 1909년 영국 라이더(Rider)사에서 제작되었으며, 황금새벽회(Golden Dawn)의 상징 체계와 해석법을 기반으로 디자인되었다. 선명한 색채와 풍부한 상징 덕분에 초보자와 전문가 모두에게 학습과 리딩 전반에 적합하다.

4. 타로의 기본 용어

용어	의미
시커(Seeker) 내담자	타로 상담을 받는 사람
리더(Reader), 유저(User)	타로를 해석하고 상담하는 사람
셔플 (Shuffle)	카드를 섞는 행위 손으로 섞거나 테이블에 펼쳐 섞을 수 있음
스프레드 (Spread)	카드를 펼쳐 놓는 배치 방식 질문과 목적에 따라 형태가 다름
클리닝 (Cleaning)	상담 전 정화와 명상을 통해 타로와 에너지를 정리하는 단계
리딩 (Reading)	카드를 해석하고 스토리로 풀어내는 과정
덱 (Deck)	타로 카드 한 벌 전체를 의미

타로는 '답'을 주는 것이 아니라 '방향'을 보여준다. 타로는 미래를 고정시키지 않는다. 대신 지금 이 순간의 가능성을 보여주고, 그 안에서 자신에게 가장 의미 있는 선택을 하도록 이끌어준다.

"타로는 운명의 지도를 그리는 붓이 아니라,
내 안의 나침반을 깨우는 빛이다."

5. 타로 리딩(Tarot Reading)

타로 리딩은 단순히 '카드를 읽는 행위'가 아니다. 그것은 상징을 통해 마음의 언어를 번역하는 과정이며, 눈앞의 카드 속 이미지가 내면의 감정, 사고, 욕구를 비춰주는 '거울'이 된다. 한 장의 카드가 단어가 되고, 여러 장이 문장이 되며, 그 문장은 결국 "지금 나에게 필요한 이야기"가 된다.

1) 리딩이 알려주는 다섯 가지 삶의 진실

① 삶의 방향 — "나는 어디로 가고 있을까?"

리딩은 우리 삶의 나침반이 되어 준다. 불안하거나 길을 잃은 순간에도, 카드는 현재의 위치를 정확히 짚어 주며 다음 발걸음의 단서를 보여준다. 그 방향은 '무엇을 해야 하는가'보다 '어떤 마음으로 살아가야 하는가'를 비추는 내면의 길이다. 리딩은 외부의 정답이 아니라, 나만의 방향을 스스로 찾아가는 과정이라 할 수 있다.

② 감정의 흐름 — "나는 지금 어떤 마음인가?"

카드를 마주하는 순간, 우리는 감정의 거울 앞에 서게 된다. 분노, 두려움, 기대, 설렘…그동안 외면했던 마음들이 상징의 언어로 떠오른다.
리딩은 그 감정들을 판단하지 않고, 단지 '이해하고 흐르게 하는' 연습이다. 그럴 때 우리는 억눌린 감정이 풀리며, 자신과의 관계가 한층 부드러워지는 경험을 하게 된다.

③ 관계의 본질 — "나는 누구와, 어떻게 연결되어 있나?"

타로의 많은 질문은 결국 '관계'로 향한다. 리딩은 사람과 사람 사이에 흐르는 에너지의 모양을 보여준다. 그것이 사랑이든, 가족이든, 동료 관계든. 카드는 감정의 줄을 따라가며 우리가 놓치고 있던 '진짜 대화의 자리'를 열어준다. 관계를 바꾸는 것은 결국 '말을 바꾸는 일'이고, 리딩은 '그 변화를 시작하게 하는 언어'이다.

④ 선택의 의미 — "나는 어느 길을 택해야 하는가?"

타로 리딩의 중심에는 늘 '선택'이 있다. 그러나 선택이란 단순히 옳고 그름의 문제가 아니라, '지금의 나에게 어떤 경험이 필요한가'를 묻는 깊은 질문이다. 리딩은 결과를 예측하기보다, 선택의 과정 속에서 내가 배우고 있는 것을 비춰준다. 그렇게 우리는 결과보다 과정을 신뢰하는 법을 배우게 된다.

⑤ 그리고 '나'라는 이야기 — "이 모든 흐름의 중심은 나"

타로는 결국 '나'를 다시 발견하는 도구이다. 카드를 펼칠수록, 우리는 외부의 사건 속에서 자신이 어떤 존재인지를 보게 된다. 리딩은 운명을 점치는 기술이 아니라, 삶의 이야기 속에서 '나'라는 주인공의 내면을 다시 써 내려가는 예술이다. 그 이야기가 깊어질수록, 우리는 점점 더 자신다운 삶으로 나아가게 된다.

2) 리딩의 기본 마음가짐

리딩은 기술보다 태도에서 시작된다. 같은 카드라도 어떤 마음으로, 어떤 시선으로 바라보느냐에 따라 완전히 다른 메시지가 열리게 된다.
좋은 리더는 많은 카드를 외운 사람이 아니라, '한 장의 카드에서도 깊은 이야기를 끌어낼 수 있는 사람'이다.

① 맑은 마음으로 시작하기 - '클리닝(Cleaning)'의 중요성

리딩 전에는 자신의 마음을 정화하고 에너지를 정돈하는 시간이 필요하다. 잠시 눈을 감고 깊게 호흡하거나, 카드를 천천히 만지며 '지금 이 순간에 집중합니다.'라고 마음속으로 선언해 보자. 그 짧은 의식이 내면의 잡음을 줄이고, 직관의 통로를 맑게 만들어 준다.

② 판단보다 관찰

리딩은 상대를 평가하는 것이 아니라, '상징을 관찰하고 흐름을 해석하는 일'이라 할 수 있다. "좋아요, 나빠요" 대신 "이 카드가 보여주는 에너지는 이렇군요"라고 말해보자. 판단의 언어 대신 관찰의 언어를 사용하면, 리딩이 훨씬 객관적이고 따뜻하게 들린다.

③ 이야기하듯 읽기 – 스토리텔링의 힘

타로는 문장이 아니라 이야기로 읽어야 생명력이 생긴다.
예를 들어, "완즈 3이 나왔어요"보다는 "이 카드는 당신이 지금 수평선을 바라보고, 다음 단계로 나아가려는 시점임을 보여줘요." 이처럼 '이미지를 살아 움직이게' 말하는 것이 리딩의 핵심이다.

④ 질문에 머무르기 – 답보다 방향을 찾기

타로는 미래를 단정 짓기보다, "지금 무엇이 중요한가?"를 묻는 과정이다. 좋은 리더는 답을 주기보다 질문을 되돌려준다. "이 카드의 메시지 중 어떤 부분이 지금 마음에 와 닿나요?" 이 한마디가 내담자의 내적 통찰을 열어준다.

⑤ 신뢰와 따뜻함 유지하기

리딩은 에너지의 대화이다. 리더가 따뜻하면 카드는 더 깊이 열리고, 리더가 닫혀 있으면 카드도 침묵한다. 직관은 믿음 위에서만 작동한다. 따라서 리딩의 마지막은 언제나 이렇게 끝나야 한다. "당신의 여정은 이미 잘 흘러가고 있습니다."

"리딩은 세상을 예측하는 기술이 아니라, 나와 세상을 이해하는 감각을 길러주는 예술이다."

메이저 아르카나 (0~21, 22장)

	키워드	자유, 모험, 순수, 새로운 시작, 잠재력, 직관
	수비학적 의미	**숫자 0**은 무한한 가능성과 시작을 의미함. 제약 없는 상태에서 새로운 여정을 시작하는 순수한 에너지를 나타냄.
	색채 상징	**하얀색**(순수, 새로운 출발), **노란색**(낙관, 기쁨, 풍요), **초록색**(성장, 자연, 가능성), **빨간색**(열정, 행동력, 충동)
0번 바보 (The Fool)	상징 의미	**절벽**(위험과 모험), **작은 가방**(가벼운 마음, 낮은 책임감), **하얀 개**(충성, 본능과 순수한 동반자), **태양**(보호자, 따뜻함, 풍요)

	키워드	의지, 창조, 집중, 자원 활용, 가능성, 주도성, 자신감
	수비학적 의미	**숫자 1**은 시작과 독립, 창조적 힘을 상징함. 자기 확신과 새로운 시도를 향한 에너지를 의미함.
	색채 상징	**빨간색**(열정, 행동력, 생명력), **하얀색**(순수한 의도, 영적 연결), **노란색**(지혜, 명확성, 깨달음), **초록색**(성장, 잠재력)
1번 마법사 (The Magician)	상징 의미	**하늘을 가리키는 손**(영적 세계 연결), **땅을 가리키는 손**(현실 세계 연결), **테이블 위 네 가지 원소**(모든 자원과 능력 활용 가능성), **무한대 기호**(무한한 창조성과 잠재력)

	키워드	포용, 비밀, 잠재의식, 지혜, 침묵, 학습
	수비학적 의미	**숫자 2**는 이중성, 균형, 극단성, 수용성을 상징함. 상대적인 대립을 나타냄. 아직 완성되지 않은 창조적인 힘, 힘의 균형.
	색채 상징	**파란색**(평온, 내면, 영적 깊이), **하얀색**(순수, 명료성), **검은색**(비밀, 수용, 죽음)
2번 여사제 (The High Priestess)	상징 요소	**흰 기둥(J)**(야긴, 일으켜 세움, 빛과 의식), **검은 기둥(B)**(보아스, 그 안에 힘이 있음, 어둠과 무의식), **왕관과 달 문양**(여성적 직관), **토라**(신의 말씀, 경전), **초승달**(감정과 주기적 변화), **석류**(많은 결실)

	키워드	감성, 양육, 창의성, 직관, 조화, 풍요
	수비학적 의미	**숫자 3**은 성장, 창조와 확장, 조화와 협력을 상징함. 새로운 아이디어와 관계에서 풍요로운 결과를 나타냄. 만족과 즐거움의 수.
	색채 상징	**초록색**(성장, 풍요, 안정), **파란색**(평온, 직관, 감정 연결), **빨간색**(활력, 창조적 에너지)
3번 여왕 (The Empress)	상징 요소	**풍요로운 자연**(결실과 풍요), **왕관과 보석**(권위와 관심 욕구), **하트와 금성 기호**(즐거움, 쾌락, 비너스)

	키워드	권위, 질서, 안정, 통제, 책임, 보호, 완성
	수비학적 의미	**숫자 4**는 안정과 완성을 의미함. 실질적이고 현실적인 기반을 세우는 에너지로, 목표를 실현하기 위한 체계와 규율을 상징함.
	색채 상징	**빨간색**(의지, 리더십, 힘), **회색**(중립, 객관성, 현실성), **금색**(권위, 성공, 명예)
4번 황제 (The Emperor)	상징 요소	**돌로 된 왕좌**(단단한 기반과 권력), **갑옷과 왕관**(보호자이자 지도자로서 책임감), **수염과 엄격한 표정**(경험에서 오는 지혜와 통제력), **산**(개척, 스스로 황제가 됨)

	키워드	전통, 신념, 도덕, 교육, 영적 지도, 가르침, 체계, 중재자, 해결사, 혼란, 변화
	수비학적 의미	**숫자 5**는 변화와 혼란의 숫자. 변화와 혼란을 통해 성장하고 진리를 탐구하는 에너지.
	색채 상징	**빨간색**(신념과 열정), **하얀색**(순수한 믿음과 헌신), **금색**(신성함과 지혜), **파란색**(진리와 영적 통찰)
5번 교황 (The Hierophant)	상징 요소	**교황**(지식과 신앙 전달), **두 제자**(혼란, 갈등), **세 갈래 십자가 지팡이**(육체·정신·영혼 통합), **두 열쇠**(진리의 문을 여는 권한), **왕관**(영적 권위), **기둥 사이**(세속과 신성의 경계)

	키워드	사랑, 관계, 조화, 유지, 유대, 결합
	수비학적 의미	**숫자 6**은 조화와 사랑, 양육의 숫자. 욕망과 가치 사이의 균형을 이루며 진정한 조화를 키워내는 에너지.
	색채 상징	**보라색**(조화, 치유, 자기만족), **초록색**(자연, 편안함), **노란색**(사랑, 따뜻함), **자주색**(신비, 고귀함, 특별함)
6번 연인 (The Lovers)	상징 요소	**천사**(신성한 사랑과 보호), **남자와 여자**(감정의 조화), **태양**(보호, 풍요), **선악과와 뱀**(유혹과 자유의지), **불타는 나무**(열정과 생명력)

	키워드	의지, 승리, 추진, 정복, 결단, 집중, 균형, 이동수, 환경의 변화
	수비학적 의미	**숫자 7**은 지혜, 순환주기의 완료. 정신적· 현실적 완성수(3+4). 외부의 변화. 일주일.
	색채 상징	**파란색**(정신적 에너지), **은색**(직관과 내면의 균형), **검은색·하얀색**(대조된 힘의 조화), **금색**(승리, 영광, 자신감)
7번 전차 (The Chariot)	상징 요소	**전차를 탄 왕**(목표를 향한 집중과 추진력), **스핑크스**(상반된 에너지를 통제), **별 장식 휘장**(높은 이상과 화려함), **가슴 사각형 문양**(안정된 기반), **왕관의 별**(영적 인도와 명확한 의지)

8번 힘 (Strength)	키워드	내면의 힘, 인내, 용기, 자기 통제, 불가능을 가능으로 만드는 의지력, 무한대의 능력으로 문제해결
	수비학적 의미	**숫자 8**은 재생, 대립되는 힘의 균형. 옛것을 버리고 새로운 것으로 만들어 나감.
	색채 상징	**빨간색**(열정, 생명력, 희생), **하얀색**(순수, 신성), **노란색**(자신감, 성숙), **초록색**(치유, 안정)
	상징 요소	**사자**(본능과 욕망의 상징), **여인**(온화한 통제와 연민), **장미·넝쿨**(소박한 열정과 뛰어난 현실적 응력), **무한대 기호**(부드러운 카리스마, 뛰어난 지혜)

9번 은둔자 (The Hermit)	키워드	탐구, 성찰, 고독, 지혜, 진리의 추구, 내면의 길, 융통성 부족, 선구자
	수비학적 의미	**숫자 9**는 완성과 성찰의 숫자. 인간의 마지막 완전수. 깨달음의 숫자.
	색채 상징	**회색**(소극적, 본인을 드러내고 싶지 않음), **파란색**(이성, 자제, 침착함), **하얀색**(진리, 순수한 빛)
	상징 요소	**등불**(진리를 비추는 지혜의 빛), **지팡이**(안정과 경험의 상징), **산 정상**(선구자, 외롭고 고독한 탐구의 여정)

10번 운명의 수레바퀴 (Wheel of Fortune)	키워드	행운, 윤회, 반복, 변화, 주기, 운명, 기회, 전환점, 시간의 경과
	수비학적 의미	**숫자 10**은 완성과 새로운 주기의 시작. 인생의 순환과 운명의 변화를 상징함. 전환기, 완벽주의. 신의 숫자.
	색채 상징	**파란색**(운명과 조화), **금색**(기회와 행운), **빨간색**(변화의 에너지), **보라색**(성스럽고 신비함, 치유의 힘)
	상징 요소	**수레바퀴**(인생의 순환과 변화), **스핑크스**(지혜와 균형, 새로운 운명의 순환), **뱀**(현실적 지혜, 유혹, 파괴)

	키워드	공평, 공정, 진실, 균형, 책임, 우유부단
	수비학적 의미	**숫자 11**은 통찰과 균형의 숫자. 리더십, 마스터수, 양극성을 상징.
	색채 상징	**빨간색**(열정, 의지, 결단), **하얀색**(진실, 순수), **회색**(객관성, 균형), **초록색**(안정, 화합), **보라색**(신비, 자기만족)
11번 정의 (Justice)	상징 요소	**저울**(공평·공정), **양날의 검**(공정한 판결, 명확한 결단력), **붉은 법의**(인간이 부여한 권리)

	키워드	깨달음을 얻기 위한 인내, 희생, 내적 성장, 관점의 전환, 기다림, 헌신
	수비학적 의미	**숫자 12**는 깨달음과 순환의 숫자. 물질적 풍요의 무가치함을 깨닫고 내려놓음을 통해 얻는 새로운 시각을 추구. 만족수.
	색채 상징	**파란색**(평온, 영적 통찰), **빨간색**(생명력, 희생), **보라색**(음양의 조화, 자기만족) **노란색**(깨달음, 새로운 이해, 행복)
12번 매달린 사람 (The Hanged Man)	상징 요소	**거꾸로 매달린 인물**(관점의 전환, 역발상), **밝은 후광**(깨달음과 수용, 만족), **나무**(생명의 순환)

	키워드	필멸자(피할 수 없음), 끝맺음, 고통, 변화, 해방, 재생, 새로운 시작
	수비학적 의미	**숫자 13**은 유지를 상징. 낡은 것을 내려놓고 새로운 순환으로 나아가는 에너지. vs 내가 만족하는 것이 있어 유지하는 에너지.
	색채 상징	**검은색**(끝, 슬픔, 억압), **하얀색**(정화, 비움, 새 출발), **보라색**(자기만족, 깨달음)
13번 죽음 (Death)	상징 요소	**해골기사**(죽음의 기사·신, 본인만의 죽음의 계획), **교황**(죽음의 신을 찬양, 타협), **어린이**(있는 그대로를 기꺼이 받아들임), **여인**(죽음을 회피), **황제**(죽음에 대항), **떠오르는 태양**(새로운 시작)

	키워드	조화, 균형, 치유, 인내, 절제, 영적 통합
	수비학적 의미	**숫자 14**는 조화와 융합의 숫자. 상반된 힘을 균형 있게 조화시키는 에너지. 변화추구.
	색채 상징	**하얀색**(순수, 영적 조화), **파란색**(평화, 안정), **금색**(영적 통합)
14번 절제 (Temperance)	상징 요소	**두 개의 잔**(균형과 조화), **천사**(치유의 에너지), **한 발은 물속 한 발은 땅 위**(물질과 정신의 균형)

	키워드	욕망, 속박, 유혹, 어두움, 본능, 의존, 불륜
	수비학적 의미	**숫자 15**는 변화에 대한 유지와 열정. 자유와 집착 사이의 혼란을 의미함.
	색채 상징	**검은색**(비밀, 욕망), **빨간색**(강렬한 본능), **회색**(혼돈과 무의식)
15번 악마 (The Devil)	상징 요소	**악마**(속박과 유혹의 상징), **사슬에 묶인 남녀**(의존과 집착), **역삼각형 횃불**(왜곡된 에너지)

	키워드	붕괴, 충격, 해방, 드러남, 각성, 탄로, 불륜
	수비학적 의미	**숫자 16**은 유지하던 것에 대한 환경의 급격한 변화를 상징.
	색채 상징	**회색**(중립과 현실), **빨간색**(파괴와 에너지), **검은색**(비밀스러움)
16번 탑 (The Tower)	상징 요소	**무너지는 탑**(기존 구조의 붕괴), **번개**(예상치못한 사고), **떨어지는 사람들**(통제의 상실과 해방), **왕관**(체면의 상실)

	키워드	희망, 직관, 평화, 치유, 감성, 인기, 부업
	수비학적 의미	**숫자 17**은 불안한 환경에 대한 안정추구. 긍정적 미래 기대를 의미함.
	색채 상징	**파란색**(감성, 치유), **하얀색**(순수한 빛), **노란색**(풍요로움, 기대감)
17번 별 (The Star)	상징 요소	**여인**(순수한 영혼의 상징), **별**(희망과 인도), **물 항아리**(감정의 분배와 치유)

	키워드	불확실, 혼란, 불안, 무의식, 꿈, 감정의 흐름, 선택 장애, 고달픈 인생살이
	수비학적 의미	**숫자 18**은 포용과 수용의 유지로 인한 혼란. 그로 인한 깨달음. 내적 통찰을 상징함.
	색채 상징	**파란색**(감정, 직관), **하얀색 기둥**(현실과 이상의 경계)
18번 달 (The Moon)	상징 요소	**달**(감정의 변화, 혼란스러운 현실), **개와 늑대**(지인들의 조언), **호수**(감정, 내면, 정신세계), **전갈**(현실로 나아가는 존재)

	키워드	성공, 기쁨, 환희, 행복, 활력, 순수, 명랑, 명료함, 진정성, 금수저, 유산
	수비학적 의미	**숫자 19**는 완성과 축복의 숫자. 완성 후 새로운 시작.
	색채 상징	**노란색**(빛, 생명력, 풍요), **빨간색**(활력, 창조성), **하얀 말**(순수, 진정성)
19번 태양 (The Sun)	상징 요소	**태양**(생명과 기쁨의 원천), **아이**(순수함과 자유), **말**(이동, 변동), **해바라기**(집중, 야망)

	키워드	부활, 심판, 재평가, 깨달음, 내적 소명, 용서, 진실의 자각, 재생
	수비학적 의미	**숫자 20**은 관계에 대한 재평가, 극단적 결과를 상징함.
	색채 상징	**파란색**(영적 자각), **금색**(신성한 깨달음), **회색**(결정짓지 못함, 애매모호)
20번 심판 (Judgement)	상징 요소	**천사**(부름과 깨달음의 상징), **나팔**(소식), **부활한 사람들**(살아온 것에 대해 평가를 기다림)

	키워드	완성, 통합, 성취, 조화, 만족, 행복, 완전함, 새로운 시작, 대기만성
	수비학적 의미	**숫자 21**은 완전한 통합의 숫자. 여정의 마무리와 새로운 주기의 시작을 상징함.
	색채 상징	**파란색**(조화와 통합), **초록색**(성장과 완성), **보라색**(영적 성숙), **금색**(성취와 축복)
21번 월드 (The World)	상징 요소	**월계관**(완성과 영광, 음양의 조화), **춤추는 인물**(조화와 자유), **네 생명체**(4원소의 조화와 완성), **양손의 홀**(자신감, 결합, 성취)

마이너 아르카나 슈트(Suit)카드(숫자카드) 40장

1. Wands (불의 원소 / 의지·행동)

완즈		키워드	상징 요소
A		시작, 창조, 의지, 가능성	**불꽃 지팡이** (행동, 실행할 수 있는 기회, 제안, 모험, 도전), **구름** (미지의 세계), **성**(안정된 종착지)
2		계획, 통찰, 결정	**두 지팡이**(안정 속에서 새로운 시도), **지구본**(비전과 확장), **성**(소속, 안정감, 보호)
3		확신, 진전, 성취의 예감	**세 지팡이**(새로운 도전, 모험, 안정된 경험), **금색의 강**(결실의 기다림, 성공기대), **자주색 신발**(자신만의 전문성, 개성)
4		안정, 축하, 기초	**화환 기둥과 과일**(성취의 기쁨, 축하, 결실), **성**(완성, 안정적인 환경), **춤추는 사람들**(공동의 행복)
5		경쟁, 갈등, 도전	**다섯 지팡이** (의견 충돌과 성장의 가능성, 변화와 혼란)
6		승리, 인정, 자신감	**월계관**(명예와 성공), **말**(목적이 있는 이동, 변동) **말 탄 인물**(리더십과 승리)
7		신입사원, 당황, 방어	**울타리**(정리되지 않은 환경), **짝짝이 신발**(당황, 다급), **들고 있는 지팡이**(방어, 버티기)
8		빠른 이동, 안정으로 가는 변화	**내려오는 지팡이**(정리, 빠른 정돈, 안정화)
9		인내, 경계, 회복	**지팡이를 든 남자**(끝까지 버티는 의지), **머리 붕대**(생각이 많음, 스트레스), **울타리**(안정적인 환경)
10		부담, 책임, 완벽주의	**무거운 짐** (버거움, 일을 만듦, 업무과다), **멀리 보이는 집**(목표, 종착지)

2. Cups (물의 원소 / 감정·관계)

컵		키워드	상징 요소
A		사랑, 깨달음, 감정의 시작	**넘치는 잔**(풍부한 감정과 축복), **비둘기**(메세지, 소식)
2		연결, 관계, 조화	**두 잔**(서로의 교감과 신뢰), **바꿔입은 옷**(존중, 배려, 역지사지), **카듀세우스**(헤르메스의 지팡이), **사자**(사자자리, 불의 원소), **독수리**(전갈자리, 물의 원소)
3		우정, 축하, 공동체	**세 잔**(기쁨의 나눔과 우정), **과일**(노력의 결과물)
4		권태, 무기력, 소확행, 작은 만족	**앉은 인물**(감정적 거리감, 새로운 기회 거부), **나무 아래 잔**(만족하고 있는 것), **내민 잔**(새로운 기회)
5		상실, 후회, 실망	**엎질러진 잔**(잃은 감정, 실패, 실망), **남은 두 잔**(남은 가능성, 경험), **멀리있는 성**(안정적인 곳, 보호받을 수 있는 곳)
6		추억, 향수, 순수함, 회상	**어린이와 잔** (순수한 감정, 과거의 기억) **시든 꽃** (현실적이지 못함), **창든 병사**(전쟁상황)
7		환상, 선택, 욕망	**일곱 잔의 환상** (혼란스러운 선택의 기로), **그림자** (자신감 없음)
8		떠남, 인내, 내적 성장	**등 돌린 인물** (감정적 결단, 성숙으로 향함), **쌓인 잔** (그동안의 노력)
9		만족, 성취, 행복, 비밀	**팔짱 낀 남자** (감정적 풍요와 자부심, 속내를 알 수 없음)
10		완전한 포용, 조화로운 가족	**무지개와 잔** (감정의 완성, 비 내린 후), **가족** (행복의 정점), **작은 집** (욕심 없음)

3. Swords (공기의 원소 / 사고·이성·명예)

소드		키워드	상징 요소
A		명료함, 결단, 명예의 시작	하늘의 검 (통찰과 결단의 시작, 명예, 체면, 계획)
2		갈등, 선택, 균형	눈가린 인물 (내적 판단의 갈림길), 두 개의 큰 검 (부담속에서의 유지, 선택 필요)
3		상처, 슬픔, 이별	세 개의 검과 심장 (감정적 아픔과 진실, 이성적 만족)
4	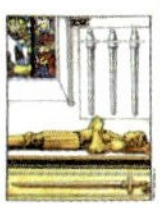	휴식, 회복, 명상, 정체	누운 기사 (휴식과 내면 안정)
5		혼란, 갈등, 잠시 승리	검을 든 인물 (이긴 자와 잃은 자의 대비), 구름 (경쟁 환경)
6		이동, 회복, 변화	배 위의 인물들 (함께 가야하는 존재), 배 (이동, 변화, 내릴 수 없음)
7		속임수, 전략, 지혜, 도둑	검을 훔치는 남자 (요령, 활용, 익살, 즐거움), 칼날을 잡은 손 (위험, 불안)
8		제한, 혼란, 미리 걱정	눈가리고 묶인 인물 (두려움에 갇힌 사고), 썰물의 진흙 바닥 (안정적이지 못한 현실)
9		불안, 죄책감, 악몽, 자기비판	깨어난 인물 (불안한 생각의 압박), 이불 (의지할 수 있는 존재)
10		끝, 완벽주의, 새로운 시작	쓰러진 사람 (고통의 끝과 재생의 가능성), 열 개의 검 (융통성부족, 배신)

4. Pentacles (흙의 원소 / 물질·현실)

펜타클		키워드	상징 요소
A		기회, 번영, 현실적 시작	**황금 펜타클** (물질적 가능성과 기회)
2		균형, 조율, 유연성	**두 펜타클** (돌려막기, 불안정속에서의 유지), **파도** (감정의 굴곡)
3		협력, 기술, 성장	**건축 현장 인물들** (협업과 성취)
4		소유, 안정, 집착	**펜타클을 쥔 남자** (물질적 집착과 안정 욕구)
5		결핍, 고난, 도움 요청	**눈 내리는 거리의 두 사람** (물질적 어려움 속의 연대)
6		나눔, 공정, 균형	**저울과 동전** (공정한 분배와 도움)
7		기다림, 평가, 인내	**작물을 바라보는 인물** (성과를 위한 인내)
8		기술, 몰입, 숙련	**조각하는 장인** (노력과 완성의 과정)
9		풍요, 자립, 우아함	**포도원 여인** (자신감과 독립적 만족)
10		유산, 가정, 완전한 안정	**가족과 펜타클 문장** (세대 간 번영과 안정)

5. 코트(Court)카드 (궁정 카드) 16장

슈트	Page (시종)	Knight (기사)	Queen (여왕)	King (왕)
완즈	 **호기심과 탐색** 새로운 열정의 시작, 아이디어 실험	 **행동과 추진력** 목표를 향한 열정적 전진	 **창조적 통찰** 영감과 열정을 조화롭게 표현	 **리더십과 비전** 주도적, 영감을 주는 지도자
컵	 **감수성, 순수한 마음** 감정의 시작, 관계에 대한 호기심	 **감정의 모험** 로맨틱, 이상주의적, 열정적 감정 표현	 **공감과 치유** 감정의 깊이, 배려, 정서적 성숙	 **감정의 통제와 이해** 관계의 조화, 깊은 사랑의 표현
소드	 **지적 호기심** 사고의 시작, 진리를 찾는 탐구자	 **결단과 행동력** 신념을 향한 도전, 논리적 추진	 **이성적 통찰** 지혜롭고 공정한 판단, 냉철한 통찰력	 **명확한 리더십** 진리를 수호하는 지도자, 이성적 통제
펜타클	 **배움과 노력의 시작** 현실적 목표 설정, 성장의 가능성	 **성실한 실행력** 끈기와 책임감, 꾸준한 노력	 **안정과 풍요** 현실적 감각, 따뜻한 보호자	 **물질적 완성** 책임감 있는 리더, 현실적 성공과 안정

2부

배열법으로 풀어가는 인생의 장면들

3-4 카드

3 카드 배열법 (Three-Card Spread)

3장의 카드를 뽑아 시간의 흐름 또는 상황의 핵심 요소를 단순하게 해석하는 방법. 가장 많이 쓰이는 3가지 구조는 다음과 같습니다.

1) 아침 - 점심 - 저녁

하루를 시간 흐름에 따라 읽어내기 때문에 일진 리딩과 가장 자연스럽게 연결되는 방식이다.

- **아침** 하루 시작 분위기, 컨디션
- **점심** 핵심 사건, 활동성, 대인관계
- **저녁** 하루 결말, 감정 마무리

2) 과거 - 현재 - 미래

가장 대표적이며 명확한 배열.

- **과거** 사건의 배경, 마음의 뿌리
- **현재** 현재 상황·감정
- **미래** 앞으로의 전개

3) 원인 - 현상 - 결과

상황 해결 중심 구조.

- **원인** 지금 상황이 발생하게 된 배경이나 숨은 이유
- **현상** 현재 드러나 있는 모습, 문제의 표면적 상태
- **결과** 이 흐름이 이어졌을 때 예상되는 방향

※ 장점

빠르고 직관적 / 단순한 질문에 적합 / 어디서나 쉽게 활용

※ 사용 상황

호감 확인 / 하루 리딩 / 현재 고민의 핵심 정리
시험, 취업, 인간관계 등 빠른 판단이 필요한 순간

4 카드 배열법 (Four-Card Spread)

4장의 카드를 뽑아 상황을 더 구체적으로 분석하는 스프레드.
3 카드보다 정보량이 많고, 균형 있게 리딩 가능.

1) 과거 - 현재 - 미래 - 조언

가장 대중적이며 직관적.

- 과거 사건의 뿌리
- 현재 지금의 흐름
- 미래 예측되는 변화
- 조언 방향성·행동 가이드

2) 봄 - 여름 - 가을 - 겨울

일년 동안의 시간의 흐름에서 읽어내는 리딩에서 많이 사용.

- 봄 시작, 어떤 에너지로 들어오는가?
- 여름 성장, 감정·사건이 가장 활발한 지점
- 가을 정리, 실제 결과·배움·관계의 진짜 형태
- 겨울 휴식, 멈춤, 거리두기, 다음 단계 준비

※ 장점

카드보다 더 입체적 / 조언이 포함되어 실천적 의미가 큼
관계 리딩·상황 분석에 강함

※ 사용 상황

연애 궁합 / 새로운 인간관계 / 직장 관계
갈등 해결 / 선택 / 결정 상황

3 카드

질문 1

"오늘의 일진은 어떨까요?"

1 [아침]
해야 할 것들을 계획한다.

2 [점심]
정신없이 어수선하다.

3 [저녁]
즐겁고 편안하다.

총평 : '소드 에이스'의 날카로운 지혜로 길을 열고, '완즈 5'의 혼란 속에서도 용기를 북돋아 주며, '컵 3'의 행복을 향해 함께 웃음 짓는 당신.

리딩 카드의 메시지를 따라가 볼까요?

"안녕하세요! 오늘의 일진을 여쭤보셨죠? 카드들을 제가 하나하나 펼쳐봤는데요, 아주 흥미롭고 의미 있는 메시지들이 나왔어요. 오늘의 흐름을 한 번 같이 살펴볼까요?"

1 [아침] '소드 에이스'

오늘은 명확하고 계획적인 하루가 시작될 거예요. 마치 안개가 걷히고 선명한 풍경이 드러나듯이, 복잡했던 머릿속이 맑아지고 새로운 아이디어나 해결책이 번뜩일 수 있답니다. 뭔가 답답했던 일이 있다면 오늘 그 실마리를 찾거나, 새롭게 시작할 기회가 찾아올 거예요. 아주 상쾌한 출발을 기대해 봐도 좋겠네요!

2 [점심] '완즈 5'

오후에는, 약간의 마찰이나 경쟁적인 상황이 생길 수도 있어요. 주변 사람들과 의견이 부딪히거나, 생각지 못한 경쟁 상황에 놓일 수도 있겠네요. 하지만, 이 카드는 꼭 나쁜 의미만 있는 건 아니에요! 서로 다른 의견이 부딪히면서 오히려 더 좋은 방향이나 창의적인 해결책을 찾을 수도 있답니다. 조금 에너지가 소모될 수 있지만, 이 과정을 통해 더 성장하고 단단해질 수 있을 거예요.

3 [저녁] '컵 3'

이 카드는 기쁨과 축하, 그리고 화합을 의미해요. 낮에 혹시라도 약간의 갈등이 있었다 해도, 하루의 마무리는 사랑하는 사람들과 함께 축배를 들거나, 좋은 소식을 함께 나누며 행복한 시간을 보내게 될 거예요. 노력이 결실을 맺거나, 소중한 인연들과 함께 즐거움을 나누는 아주 아름다운 그림이 떠오르네요.

타로 마스터의 힐링 노트

"선명한 시작의 불씨가 작은 역경을 넘어, 마침내 축배의 밤을 환하게 밝히는 하루"

오늘 하루는 이렇게 정리해 볼 수 있겠어요. 명확한 시작과 함께 찾아오는 새로운 기회들, 낮에는 도전과 마찰로 경쟁하는 모습이지만, 결국엔 사랑하는 사람들과 기쁨을 나누며 행복하게 마무리되는 희망찬 하루가 될 거예요.

오늘 하루도 이 에너지들을 잘 활용해서 멋지게 보내길 바랍니다!

3 카드

질문 2

"오늘의 일진은 어떨까요?"

1 [아침]
변함없이 의무적인 하루를
시작하고 있다.

2 [점심]
힘든 오후, 기존의 것을
내려 놓아야 새롭게
시작할 수 있다.

3 [저녁]
일이 많아 버겁고
부담스럽다.

총평 : 전체적으로 무거운 느낌의 하루. 의무적으로 하던 것들을 내려놓지 않으면 힘들게 마냥 버티는 하루가 된다.

리딩 카드의 메시지를 따라가 볼까요?

오늘의 일진이 궁금하시다고요? 오늘 하루가 의미 있는 변화와 성장의 시간이 될 것 같아요. 카드들이 전하는 메시지를 함께 들어볼까요?"

1 [아침] '소드 6'

아침은 본인에게 주어진 의무를 다하겠네요. 마음에 걸렸던 짐이나 복잡했던 상황으로 인해 힘들게 나아가고 있어요. 지금까지는 의무감으로 해야 할 일을 하고 있었지만, 불편했던 상황이나 생각을 떠나 좀 더 편안하게 자신에게 집중하는 마음이 필요하겠네요.

2 [점심] '13번 데스'

조금 강렬하게 느껴질 수도 있지만, 이 카드는 고통과 고난을 통해 내담자의 삶에서 무언가 깊은 변화와 새로운 시작이 일어날 것이라는 강력한 메시지랍니다. 기존의 오래된 방식이나 습관, 혹은 더 이상 필요 없는 것을 완전히 끝내고, 새로운 것을 받아들일 준비를 하세요. 그리고 변화를 두려워하지 말고 기꺼이 받아들이세요. 그렇게만 한다면 분명 더 좋은 미래가 기다리고 있을 거예요!

3 [저녁] '완즈 10'

오늘 하루의 마무리는 책임감이 무겁게 느껴지거나, 해야 할 일이 많아 버겁게 느껴질 수도 있어요. 짊어진 짐이 많아서 어깨가 무겁거나, 목표 달성을 위한 마지막 단계에서 조금 지칠 수도 있을 거예요. 하지만! 그 모든 짐을 짊어지고도 꿋꿋이 나아가고 있다는 증거이기도 합니다. 이 짐을 내려놓을 순간이 얼마 남지 않았다는 의미일 수도 있고, 때로는 주변에 도움을 요청하거나 짐을 나누는 지혜가 필요하다는 신호이기도 하답니다. 오늘 하루를 잘 마무리하기 위해 현명하게 대처하는 지혜가 필요한 순간이 될 거예요.

타로 마스터의 힐링 노트

"자신의 의무를 다하려는 당신, 앞으로는 의무보다는 자신의 즐거움을 위해서 살아가는 사람이 되었으면 좋겠네요. 무거운 짐을 내려놓고 용기 있는 변화를 택한다면, 또 다른 시작을 위한 굳건한 발판이 될 거예요."

오늘의 하루는 이렇게 펼쳐질 것 같네요. 무거운 마음으로 시작해서 평온한 하루를 바라게 되는 아침, 고통 속에서도 꿋꿋이 버티며 과감한 변화를 통해 더 나은 내가 필요한 점심, 그리고 많은 책임감 속에서도 꿋꿋이 나아가며 자신의 할 일을 다 하는 저녁이 될 거예요. 이 모든 과정을 받아들이며 변화한다면, 내담자는 더욱 단단하게 성장한 모습으로 오늘 하루를 마무리할 수 있을 거랍니다. 오늘 하루도 파이팅이에요!

3 카드

질문 3

“오늘의 일진은 어떨까요?”

1 [아침]
노력은 했으나
결실이 적다.

2 [점심]
성공적인 결과를 위해
많이 이동하고 움직인다.

3 [저녁]
해야 할 일을 끝내고
힘들어서 지쳐있다.

총평 : 오늘 하루는 불만족스럽게 시작하지만, 스스로의 열정으로 결실을 맛보고 당당하게 빛나게 된다. 하지만 저녁에는 오후의 활동으로 인해 지치게 된다.

리딩 카드의 메시지를 따라가 볼까요?

1 [아침] **'펜타클 7'**

이 카드는 오랜 시간 공들여 심어놓은 씨앗들이 생각보다 결실이 적어 고민하고 있어요(불만족). 지금 잘 자라고 있는지 잠시 뒤돌아보면서, 그 열매를 기다릴 수 있겠네요. 혹시 "내가 지금 잘하고 있는 건가?" 하는 생각이 스칠 수도 있지만, 이건 곧 멋진 결실을 맺기 위한 잠시의 재정비 시간이라고 생각하면 돼요. 포기하시 않고 꾸준히 나아가는 게 중요해요!

2 [점심] **'완즈 6'**

하지만 걱정 마세요! 바로 다음 카드인 ‘완즈 6'이 환하게 빛나고 있답니다. 당신의 노력에 대한 기쁜 보상과 함께 찾아오는 성취를 의미해요. 주변 사람들로부터 인정받고 축하받을 일이 생길 수도 있어요. 어깨를 활짝 펴고 당당하게 앞으로 나아갈 수 있는 자신감을 얻게 될 거예요. 오늘 당신이 빛나는 순간이 찾아올 거라는 걸 알려주고 있네요.

3 [저녁] **'13번 데스'**

이 카드를 보고 너무 놀라거나 무서워할 필요는 없어요. 이건 어떤 '끝'을 의미하기도 하지만, 사실은 더 크고 아름다운 새로운 시작을 위한 변화를 뜻해요. 오늘 하루를 열심히 살아서 저녁에 지치고 힘들 수도 있겠지만, 편안하게 휴식한다면 내일은 새로운 하루가 될 수 있을 거예요.

타로 마스터의 힐링 노트

"오늘, 롤러코스터 같은 하루! 빛나는 당신의 용기가 마법 같은 새로운 세상을 펼칠 거예요. 열심히 일한 당신 쉬어라!"

오늘 뽑은 세 장의 카드는 마치 한 편의 드라마 같네요. 처음엔 조금 불확실하고 조심스러운 마음으로 당신의 열매를 기다리지만, 이내 그 노력들이 세상에 알려지고 당당히 인정받는 황홀한 순간이 찾아올 거예요. 그리고 이 모든 빛나는 경험들은 당신을 한 뼘 더 성장시키는, 과감하지만 꼭 필요한 변화로 이어질 거랍니다. 마치 애벌레가 아름다운 나비로 변태하듯이요!

두려움 대신 설레임으로 이 모든 순간들을 맞이하세요. '펜타클 7'이 조언하는 인내와 '완즈 6'이 가져다줄 기쁨과 승리감, 그리고 '데스'가 선사할 고통 속에서의 변화까지. 이 모든 것이 오늘의 당신을 더 빛나게 하고, 새로운 미래를 향한 소중한 발걸음이 될 테니까요. 오늘 하루는 당신의 삶에 새로운 장을 열어줄 마법 같은 날이 될 거예요. 그러니 오늘 밤에는 당신에게 충분한 휴식을 선물하세요.

3 카드

질문 4

"오늘의 일진은 어떨까요?"

1 [아침]
수용하고 받아들이니 편안하다.

2 [점심]
도전이나 시작을 하게 되고 자신감이 넘친다.

3 [저녁]
교류, 만남, 협상 등이 원만하고 편안하다.

총평 : 만족스러운 아침으로 시작하여 자신감을 갖추고, 편안함과 사랑으로 완성될 선물 같은 하루의 파노라마!

리딩 카드의 메시지를 따라가 볼까요?

오늘의 일진 카드를 펼쳐보니, 마치 선물 같은 하루가 펼쳐질 것 같아요! 카드들이 들려주는 이야기를 함께 들어볼까요?

1 [아침] '컵 10'

이 카드는 행복과 편안함을 의미해요(♡소확행♡). 마치 무지개가 뜬 아름다운 풍경 아래 사랑하는 가족들과 함께 있는 것처럼, 오늘 하루는 시작부터 당신의 마음을 기쁨과 평화로 가득 채울 거예요. 가족이나 가까운 사람들과의 유대감이 더욱 깊어지거나 만족스러운 일이 생길 수 있겠어요. 아침부터 벅찬 행복감을 느끼게 될 것 같네요!

2 [점심] '1번 마법사'

점심에는 무궁무진한 잠재력과 창조의 힘을 펼칠 수 있어요. 오늘 하루 동 안 내담자는 어떤 일이든 해낼 수 있는 멋진 능력을 발휘하게 될 거예요. 새로운 아이디어가 샘솟거나, 오래 계획했던 일을 시작하기에 완벽한 날이 될 수 있습니다. 필요한 도구와 기술을 모두 갖추고 있으니, 자신감을 가지고 원하는 것을 현실로 만들어낼 수 있을 거예요. 마치 마법을 부리듯이 멋진 일들이 펼쳐질 거예요!

3 [저녁] '컵 2'

저녁을 장식하는 '컵 2' 카드는 깊은 유대감과 교류, 타협을 의미해요. 누군가와 마음 깊이 통하는 경험을 하거나, 소중한 인연과의 관계가 더욱 돈독해질 거예요. 즐거운 인연을 만나거나, 기존의 관계가 더욱 사랑과 존중으로 가득 차게 될 수도 있습니다. 서로에게 마음을 열고 교류하며, 따뜻한 에너지를 주고받는 행복한 시간을 보내게 될 거예요.

타로 마스터의 힐링 노트

"마음 가득 채워지는 행복 속에서 새로운 시작을 마법처럼 창조하고, 소중한 이와 깊은 사랑으로 연결될 아름다운 하루!"

오늘의 하루는 멋지게 펼쳐질 거예요. 편안한 행복감 속에서 시작하여, 뛰어난 능력으로 새로운 것들을 만들어내고, 소중한 인연들과 아름다운 사랑을 주고받으며 마무리되는, 정말 선물 같은 하루가 되겠네요. 오늘 하루를 마음껏 누리시고 즐거운 일들만 가득하길 바랍니다.

3 카드

질문 5

"제가 모임을 만들면 다른 사람들이 참여할까요?"

1 [시작]
나는 활발하게 움직이고 적극적으로 추진한다.

2 [가까운 미래]
믿음직스러운 리더십으로 모임을 이끌지만, 신경 쓸 것이 많아진다.

3 [먼 미래]
모임이 안정적으로 유지된다.

총평 : 성공을 부르는 당신의 리더십 아래, 만들어질 모임은 사람들의 환영 속에서 단단하고 가치 있게 오래 지속된다. 다만, 본인의 스트레스 관리가 필요하다.

리딩 카드의 메시지를 따라가 볼까요?

새로운 모임을 만드실 계획이 있으시군요! 사람들이 참여할지 궁금하다고요? 카드들이 들려주는 이야기에 귀 기울여 볼까요?

1 [시작] '완즈 6'

이 카드는 승리와 인정, 그리고 환영을 의미해요. 내담자가 모임을 만드는 그 의지와 아이디어가 사람들에게 호응을 얻을 거라는 매우 긍정적인 신호예요. 많은 사람들이 모임에 관심을 갖고, 기쁜 마음으로 참여하게 될 거랍니다. 마치 개선장군이 돌아왔을 때 사람들이 환호하듯이, 모임을 시작하면 주변에서 박수와 함께 적극적으로 동참하려는 움직임이 있을 거예요.

2 [가까운 미래] '펜타클 킹'

내담자는 믿음직스러운 리더십을 보여주고 있어요. 내담자는 안정적이고 풍요로운 기반을 만들어낼 줄 알기 때문에, 모임을 잘 이끌고 참여하는 사람들에게도 실질적인 도움이나 편안함을 제공할 수 있을 것입니다. 사람들에게는 환영받지만 그만큼 관리하거나 신경 쓸 것도 많아질 수 있어요. 하지만, 든든하고 믿음직스러운 모습으로 모임을 이끌 수 있을 거예요.

3 [먼 미래] '펜타클 4'

미래에는, 모임이 한번 형성되면 아주 견고하고 안정적으로 유지될 거라는 메시지를 전해줘요. 사람들이 모임의 가치를 소중히 여기고 잘 붙들고 있어서, 쉽사리 흩어지지 않고 오랫동안 이어질 수 있음을 뜻하죠. 마치 소중한 보물을 지키듯이, 참여하는 분들이 이 모임을 귀하게 여길 것입니다. 그러니 모임이 꾸준히 지속될 수 있도록 기반을 잘 다지는 것도 중요해요.

타로 마스터의 힐링 노트

"당신의 굳건한 리더십 아래 피어날 모임은, 뜨거운 환영 속에서 단단히 뿌리내려 모두의 마음에 오래도록 남을 소중한 인연의 끈이 될 거예요."

내담자가 모임을 만든다면 사람들의 뜨거운 환영과 함께 성공적으로 시작될 것입니다. 또한, 내담자의 든든한 리더십 아래 모임은 안정적이고 유익하게 흘러가, 참여하는 사람들이 소중하게 여기며 오래 지속될 거예요. 자신감을 가지고 추진하셔도 좋아요!

3 카드

질문 6

"연애가 유지 될까요?"

1 [과거]
첫 만남에 즐겁고 긍정적인 미래를 생각했다.

2 [현재]
감정이 지쳐있고, 잠시 쉬고 싶다.

3 [미래]
현실적인 이유로 연애가 유지된다.

총평 : 즐거움으로 시작. 하지만 노력만큼의 결과가 없어 감정적으로 지쳐있으나 그래도 유지는 가능하다.

리딩 카드의 메시지를 따라가 볼까요?

1 [과거] '0번 바보'

두 사람의 연애는 마치 아무것도 따지지 않고 사랑이라는 단 하나의 감정만으로 용감하게 뛰어든, 바보 카드의 순수한 모습과 닮아있어요. 어쩌면 주변의 만류나 현실적인 조건을 뒤로하고 강한 믿음으로 함께 시작했을지도 모르겠네요. 새롭고 자유로운 감정에 이끌려, 두 사람의 인연이 무모하지만, 아름다운 첫설음을 내디뎠다는 걸 이 카드가 알려주고 있답니다. 계산 없는 사랑의 시작이었을 거예요.

2 [현재] '컵 8'

혹시 지금 마음 한편에 '이제는 떠나야 할 때가 아닐까?' 하는 생각이 있지는 않은가요? 이 카드는 지금 내담자가 노력한 것에 대해 만족하지 못하는 순간이라고 말해주고 있어요. 너무도 지쳐있어 잠시 휴식을 취하려고 합니다. 발전을 위한 회복의 시간이 찾아왔네요.

3 [미래] **'펜타클 기사'**

이 카드의 기사는 안정성을 매우 중요시하는 인물입니다. 따라서 큰 사건이 없는 한 이별을 생각하지는 않아요. 하지만 즐거움도 기대할 수 없어요. 조언한다면 '의무적이고 필요에 의한 만남보다는 만남 자체를 즐겁게 생각할 필요가 있어요.' 지금의 고민과 감정의 변화 속에서도, 두 분의 관계를 유지하기 위해 책임감 있게 노력하고 현실적인 부분들을 차근차근 다져나간다면 조금씩 튼튼하고 오래가는 관계로 발전할 수 있을 거예요.

타로 마스터의 힐링 노트

"사랑은 때론 무모한 여행 같지만, 꾸준한 마음이 쌓여 결국 단단한 성이 됩니다. 용기와 인내로 빛나는 사랑을 지켜가세요!"

처음 만났던 그때를 기억하나요? 아무런 계산 없이 오직 서로에게 이끌려 용감하게 첫발을 내딛었던, 그 순수하고 아름다운 순간이 있었음을 이 타로 카드는 기억하고 있어요. 그 반짝이는 시작이 있었기에 지금의 두 사람이 존재하는 거예요.

지금 혹시 마음 한편에 어떤 공허함이나 변화를 바라는 감정이 스치더라도 너무 불안해하지 마세요. 모든 관계는 시간이 흐르며 다양한 계절을 겪게 되니까요. 지금 느끼는 이 감정의 변화는 두 분의 사랑이 더 깊고 진실한 방향으로 나아가기 위한 소중한 성장통일지도 모른답니다. 마치 나무가 더 큰 그늘을 만들기 위해 뿌리를 깊게 내리듯 말이에요.

조급해하지 않고, 그저 믿음과 진심을 담아 한 걸음 한 걸음 함께 나아가세요. 서로의 손을 놓지 않고 즐거운 마음을 가지고 노력한다면, 두 분의 사랑은 어떤 어려움에도 흔들리지 않는 굳건한 성처럼 단단해질 거예요. 그 안에 담긴 이야기들은 시간이 지날수록 더욱 소중하고 아름답게 빛날 거랍니다.

3 카드

질문 7

"사업을 확장하려고 하는데 괜찮을까요?"

1 [현재]
지출은 생기지만
마음은 즐겁다.

2 [가까운 미래]
사업에 대한
야망이 생긴다.

3 [먼 미래]
자신감에 차 있으나
결과는 미정이다.

총평 : 당장 돈은 안되지만, 즐거운 마음으로 사업을 키워 보려는 생각을 하게 된다. 자신감은 있으나 결과를 예측하기는 다소 어렵고 시간이 걸릴 수 있다. 지금 중요한 선택의 기로에 서 있지만, 곧 찾아올 새로운 영감과 재능으로 무장한다면 모든 것을 능숙하게 현실로 만들어낼 수도 있다.

리딩 카드의 메시지를 따라가 볼까요?

1 [현재] '6번 러버스'

이 카드는 지금 내담자가 사업 확장에 있어 중요한 선택의 기로에 서 있다는 것을 보여주고 있어요. 하지만 내담자는 이미 사업 확장에 대해 즐겁고 사랑하는 마음을 가지고 있어요. 주변에서 뜬어말리더라도 무조건 시작하게 돼요. 조심할 점은 이 카드는 감성적인 카드라서 현실적이지는 못합니다. 현실성도 생각하세요!

2 [가까운 미래] '완즈 시종'

가까운 미래에 '완즈 시종' 카드가 나타났어요! 이건 새로운 아이디어나 기회에 대해 야망이 생길 것이라는 의미예요. 지금은 어설프고 미숙한 아이디어일지라도, 그 안에는 사업 확장을 위한 놀라운 잠재력과 열정이 담겨 있을 거예요. 이 카드는 호기심을 가지고 새로운 도전을 시도해 보라고 속삭여주고 있어요. 활짝 열린 마음으로 새롭게 다가올 가능성을 탐색해 보세요.

3 [먼 미래] '1번 마법사'

이 카드는 내담자가 필요한 모든 기술과 자원, 능력을 최소한은 갖추고 있다는 걸 알려줘요. 마법사가 자신의 의지대로 테이블 위에 놓인 도구들을 활용하듯, 자신이 가지고 있는 역량을 총동원하여 사업을 성공적으로 이끌어갈 수 있을 거예요. 자신감을 가지고 앞으로 나아가세요! 하지만 마법사는 자신감으로 시작하지만, 결과를 보여주는 카드는 아니랍니다.

타로 마스터의 힐링 노트

"내담자의 빛나는 열정과 현명한 선택들이 곧 현실이라는 마법을 펼쳐 보일 거예요. 빠른 결과가 없더라도 포기하지 마세요!"

지금 이 순간, 사업의 새로운 장을 열기 위한 깊은 고민과 설렘이 함께하고 계실 텐데요. 타로 카드는 내담자의 마음속에 이미 모든 성공의 씨앗이 담겨 있다고 속삭여주고 있어요.
내담자는 그 모든 것을 멋지게 현실로 만들어 낼 수 있는 놀라운 재능과 마법 같은 힘이 있답니다. 두려워하지 말고, 마음이 이끄는 가장 가치 있는 길을 선택하세요. 그리고 다가올 새로운 영감들을 열린 마음으로 받아들이세요.
빠른 결과에 조급해하기보다, 포기하지 않고 꾸준히 자신에게 주어진 능력과 자원을 믿고 한 걸음씩 정성을 다해 나아간다면, 분명 내담자가 꿈꾸는 모든 것들을 마법처럼 현실로 만들 수 있을 거예요. 그 길 위에서 내담자의 지혜와 열정이 반짝이며 모든 것을 가능하게 할 겁니다.

3 카드

질문 8

"상품에 대한 환불 연락을 받을 수 있을까요?"(나의 입장)

1 [현재]
손에 쥔 것에 대해
불안한 마음이 든다.

2 [가까운 미래]
교류가 가능하니
연락이 올 수 있다.

3 [먼 미래]
이성적 판단을 내리고,
그것에 대한 결과가 나온다.

총평 : 현재는 불안하지만, 유연한 소통을 통해 명확하고 공정한 환불 결정이 내려질 거예요!

즐거운 카드 (환불을 기다리는 나의 입장에서 나오면 좋은 카드의 예)

- 나의 입장: 연락을 기다리고 있는 상태가 즐거워야 한다.
- 상대방의 입장: 환불 연락을 해 줄 가능한 상태로 움직여야 한다.

리딩 카드의 메시지를 따라가 볼까요?

1 [현재] **'펜타클 시종'**

현재 가진 것에 대해 완전한 내 것이라는 생각이 들지 않아요. 불안한 마음이 있지만, 주변의 환경은 긍정적이네요.

2 [가까운 미래] **'컵 6'**

환불 처리 과정에서 의외로 담당자로부터 친절한 응대를 받거나, 내담자의 상황을 이해하고 도움을 주려는 모습을 볼 수 있을 거예요. 내담자의 부드럽고 유연한 태도가 긍정적인 영향을 미칠 수도 있겠어요.

3 [먼 미래] **'소드 킹'**

이 카드는 논리적이고 공정한 판단, 권위 있는 결정을 상징한답니다. 환불 요청이 객관적인 기준에 따라 검토되고, 내담자에게 유리한 쪽으로 깔끔하고 확실한 결론이 내려질 것이라는 아주 강력한 신호예요. 이제 답답했던 마음은 싹 씻어내고, 시원하게 마무리될 결과를 기대하셔도 좋답니다.

타로 마스터의 힐링 노트

"진실은 소통을 통해 공정한 빛을 만나 깨끗한 해결의 선물을 받을 거예요!"

처음에는 불안으로 시작되겠지만, 걱정 마세요. '컵 6' 카드가 말해주듯이, 이 과정은 생각보다 부드러운 분위기로 진행될 거예요. 혹시 모를 오해나 불편함은 내려놓고, 따뜻한 마음으로 상황을 바라보세요.
마무리에는 '소드 킹' 카드의 단호하고 공정한 에너지가 내담자를 기다리고 있을 거예요. 불확실했던 모든 것들이 명확해지고, 합리적인 판단 아래 깔끔한 마무리가 될 테니, 꽁꽁 묶였던 마음이 시원하게 풀릴 거랍니다. 내담자의 정당한 바람은 결코 외면되지 않을 거예요. 자신을 믿고, 곧 찾아올 해결의 기운을 편안한 마음으로 맞이하세요!

4 카드

질문 9. 연애운

"남자 친구가 언제 생길까요?"(연애의 시작)

1 [봄]
본인 스스로는
필요치 않다.

2 [여름]
자신감이 없어
기회가 없다.

3 [가을]
자신감이 생겨
도전하게 된다.

4 [겨울]
연애에 대해
해결방안이 생긴다.

총평 : 자신만의 확고한 가치관을 정리하고, 과거의 아쉬움에서 벗어나 적극적으로 마음을 열 때, 가을에 멋진 인연을 만나 겨울에는 굳건한 사랑으로 피어날 거예요!

리딩 카드의 메시지를 따라가 볼까요?

1 [봄] '소드 퀸'

이 카드는 내담자가 똑똑하고 현명하게 상황을 판단하지만, 자신만의 확고한 기준 때문에 연애가 시작되기 힘들 수 있어요. 어쩌면 조금은 감성적이기보다 이성적으로 연애를 바라보네요. 때로는 주변에서 다가오는 사람들에게 차갑게 느껴질 수도 있겠어요.

2 [여름] '컵 5'

내담자의 마음속에 과거의 아쉬움이나 실망감이 남아있을 수 있음을 보여줘요. 이전에 좋지 않았던 경험이나, 잘 풀리지 않았던 관계 때문에 마음 한편에 슬픔이나 후회 같은 감정들이 있을 수도 있겠네요. 세 개의 컵이 엎어져 있지만, 뒤에는 아직 두 개의 온전한 컵이 남아있듯, 혹시 놓친 것에만 시선을 빼

앗겨 새로운 기회를 보지 못하고 있는 건 아닌지 한번 돌아보는 시기가 될 것 같아요. 과거를 잊고 새로운 시작을 위한 마음 정리의 시간이 필요하겠어요.

3 [가을] '1번 마법사'

이 카드는, 내담자가 가지고 있는 모든 능력과 자원을 활용해서 원하는 것을 자신감으로 만들어낼 수 있다는 아주 긍정적인 메시지랍니다. 봄에 정리했던 가치관과 여름에 떨쳐낸 과거의 아쉬움을 바탕으로, 가을에는 적극적으로 새로운 인연을 만나기 위한 노력을 하게 될 거예요. 만남의 기회를 만들거나, 자신의 매력을 적극적으로 표현하거나, 이성을 만날 수 있는 환경을 만들 수 있을 거예요.

4 [겨울] '5번 교황'

중재자의 도움으로 가을에 생긴 자신감이 안정적인 관계로 발전할 가능성이 높다는 것을 의미해요. 연애에 대해 혼란스럽겠지만, 해결 방법에 있어서 서로에 대한 신뢰와 존중을 바탕으로 한 깊은 유대감을 형성한다면 안정적인 관계로 발전할 수도 있어요.

타로 마스터의 힐링 노트

> "과거의 그림자는 용기 내어 털어내고, 마음의 문을 활짝 열어 주세요. 누군가의 도움으로 따뜻한 사랑이 당신의 겨울을 포근하게 감싸줄 거예요!"

내담자는 지난 사랑의 아쉬움이 발목을 잡기도 하고, 또 너무나 확실하고 완벽한 상대를 찾으려 애쓰기도 할 거예요. 하지만 괜찮아요. 이 모든 과정은 내담자가 진정으로 원하는 사랑을 찾아가는 소중한 여정이니까요. 어둡게 느껴졌던 여름을 지나 가을이 오면, 내담자는 마치 마법 같은 힘이 솟아날 거랍니다. 자신의 진정한 매력을 마음껏 보여준다면, 노력이 빛을 발하여 멋진 인연이 기적처럼 찾아올 거예요. 그리고 그 겨울은 내담자의 삶을 따뜻하게 감싸줄 시간으로 가득 찰 거랍니다.

4 카드

질문 10. 연애운

"남자 친구가 언제 생길까요?"(연애의 시작)

1 [봄]
연애를 하고싶으나 막연하다.

2 [여름]
연애 상대가 없어서 힘들게 버틴다.

3 [가을]
드디어 기회가 온다.

4 [겨울]
연애를 하지만 생각과 달라 당황스럽다.

총평 : 상상 속에서 깨어나 변화를 받아들이고 나면, 가을에는 진정한 로맨스가 찾아올 테니, 당황하지 말고 즐거운 마음으로 그 관계를 받아들여라! 처음은 누구나 그렇다.

리딩 카드의 메시지를 따라가 볼까요?

1 [봄] '컵 7'

따뜻한 봄에는 막연한 연애의 꿈들이 가득할 것 같아요. 어떤 것이 진짜 내담자의 마음을 설레게 할지, 아직은 살짝 혼란스러울 수도 있겠지만, 괜찮아요! 이 시기는 진정한 사랑을 찾기 위한 소중한 탐색의 시간이 될 거예요. 잠시 상상에서 벗어나, 구체적인 목표를 설정해 보세요.

2 [여름] '13번 데스'

그동안 연애에 대한 생각이나 과거의 경험들 중 이제는 놓아줄 때가 된 것들이 있을 거예요. 마냥 버티기보다는 새로운 나로 다시 태어나는 과정을 통한다면, 더 근사하고 준비된 모습으로 사랑을 맞이하게 될 것입니다.

3 [가을] **'컵 기사'**

'컵 기사' 카드는 진심 가득한 로맨틱한 제안이 다가올 거라고 속삭여주고 있어요. 아마 내담자의 감성을 따뜻하게 어루만져주고 마음을 설레게 할, 다정다감한 성향의 사람이 나타날 가능성이 크겠네요. 살짝 마음을 열어준다면, 이번 가을은 사랑으로 물들어서 정말 예쁘겠어요!

4 [겨울] **'완즈 7'**

새로운 관계가 시작된 후에, 어쩌면 작은 경쟁이나 주변의 시선, 혹은 둘 사이에 생길 수 있는 사소한 의견 충돌에 의해 당황할 때가 올 수도 있다는 뜻이에요. 이 카드는 '새로운 환경에 적응이 필요하다는 의미'를 가지고 있어요. 하지만 내담자는 그럴만한 충분한 힘과 지혜를 가지고 있으니, 너무 걱정하지 마세요. 두 분의 사랑은 더욱 단단해질 거예요! 처음엔 다 그런 거랍니다.

타로 마스터의 힐링 노트

"환상의 안개를 걷어내고 변화의 문을 통과하면, 당신을 향한 진정한 사랑이 기사가 되어 다가올 테니, 뜨거운 심장으로 그 빛을 지켜내세요!"

꿈같은 사랑을 기다리는 당신, 벌써 마음속 모든 준비가 끝나가고 있는걸요. 어쩌면 지금 여러 이상적인 이미지 속에서 진짜 당신의 사랑을 찾아 헤매고 있을지도 모르지만, 걱정 마요. 모든 방황은 결국 더 큰 깨달음으로 이어진답니다. 지난 계절, 과감한 변화의 용기를 보여준 당신에게 이제는 더할 나위 없이 좋은 에너지가 가득 차오를 거예요.
가을의 문턱을 넘어서면, 당신의 마음을 사로잡을 로맨틱한 인연이 반드시 찾아올 거예요. 만남 후에 작은 시련이 있을 수도 있겠지만, 변화는 사람을 항상 당황하게 한답니다. 하지만 따뜻한 마음과 변화를 두려워하지 않는 용기가 곧 당신을 진정한 사랑으로 이끌어 줄 거예요. 믿고 나아가세요. 당신의 계절은 가장 아름다운 사랑으로 가득 물들 거랍니다.

4 카드

질문 11. 연애운

"남자 친구가 언제 생길까요?"(연애의 시작)

1 [봄]
반복된 생활속에서
행운이 온다.

2 [여름]
이성적인 판단으로
자신의 자리를 지킨다.

3 [가을]
현실을 유지한다.

4 [겨울]
힘들게 버티는
시간들이 된다.

총평 : 봄에는 생각하지 못한 연애의 행운이 오지만, 자신의 이성적이고 현실적인 판단에 의하여 추운 겨울을 보내게 된다.

리딩 카드의 메시지를 따라가 볼까요?

1 [봄] '10번 운명의 수레바퀴'

따뜻한 봄에는 마치 운명처럼 뜻밖의 기회가 당신을 찾아올 거예요. 예상치 못한 만남이나 상황의 긍정적인 변화가 당신의 문을 두드릴 수 있죠. 이 흐름에 몸을 맡기고, 다가오는 새로운 인연의 순간을 놓치지 않는 게 중요하답니다!

2 [여름] '소드 킹'

강렬한 여름에는 이성적이고 명확한 판단을 하게 돼요. 다가오는 인연 앞에서 자신의 가치관을 확실히 하고, 그 안에 상대를 넣으려고 한다면 즐거운 연애가 되기 힘들 거예요. 연애는 이성적인 판단보다는 서로의 감정이 더 중요하지 않을까요?

3 [가을] '펜타클 4'

가을에는 연애보다는 현실에 더 집중하네요. 연애에 대해 너무 마음의 문을 닫거나 현실에 집착하게 되는 건 아닌지 한 번쯤 돌아보는 여유도 필요하답니다.

4 [겨울] '13번 데스'

겨울에는 힘든 시간들이 이어지지만 멀리 태양이 떠오르고 있어요. 데스 카드는 고통과 고난을 의미하지만, 또한 이전의 모습을 버린다면 고난의 종결이나 관계의 새로운 시작, 혹은 더 깊어진 관계로의 '환골탈태'를 뜻하기도 한답니다. 고통과 고난은 당신에게 새로운 세계로 가는 터널이 되어줄 거예요.

타로 마스터의 힐링 노트

> **"행운의 기회가 오더라도 마음의 문을 열지 않는다면 행운은 날아가 버리고 말아요. 고집했던 낡은 껍질을 벗는다면 당신의 겨울은 따뜻한 사랑으로 빛날 수 있을 거예요!"**

때로는 예측할 수 없는 변화 앞에서 망설이기도 하고, 어떤 인연을 받아들여야 할지 고민될 때도 있을 거예요. 하지만 당신은 아직 행운을 받아들일 준비가 되어있지 않네요. 모든 것을 이성적이고 현실적으로 판단하려 한다면, 상대방도 똑같이 판단할 거예요. 사랑은 이성보다는 본능과 마음으로 하는 것이 훨씬 행복하답니다. 겨울은 당신에게 춥고 외로운 마음을 가지게 하겠지만 그 고통은 진정한 '변화'의 순간을 만들어 줄 수 있어요. 그것은 단순히 누군가를 만나는 것을 넘어, 내면의 당신을 더욱 빛나게 하고 성장시키는 놀라운 시간이 될 거예요. 과거의 모든 불안과 걱정은 내려놓고, 다가올 운명을 활짝 열린 마음으로 맞이하세요. 내담자의 빛나는 사랑 이야기는 이제 막 시작되려고 합니다.

4 카드

질문 12

"일본인 친구가 결혼해서 한국에 사는데, 여러 가지 어려움이 많아요. 언제쯤 좋아질까요?"

1 [봄]
근심, 걱정, 현실적 문제로 걱정한다.

2 [여름]
리더의 역할이 주어진다.

3 [가을]
어수선한 분위기는 정리되지만, 신경 쓸 것이 남아 있다.

4 [겨울]
여유 있어지고 편안해진다.

총평 : 봄은 노력만큼의 결실이 없어 힘들어하고, 여름은 자신의 의무를 다할 기회가 주어지며, 가을은 주변의 환경이 정리되고, 겨울은 심적으로 편안하고 안정감을 느낄 수 있다.

리딩 카드의 메시지를 따라가 볼까요?

1 [봄] '펜타클 7'

따뜻한 봄의 당신은 마치 소중한 씨앗을 뿌리고 이제 막 열매를 기다리는 정원사 같아요. 지금까지 많은 노력을 기울였을 텐데, 아직 눈에 띄는 큰 결실이 보이지 않아 답답하거나 불안할 수도 있겠네요. 하지만 당신이 뿌린 노력은 절대 헛되지 않을 거예요. 잠시 멈춰 서서 지금껏 걸어온 길을 돌아보고, 앞으로 나아갈 방향을 점검하는 지혜가 필요한 때랍니다!

2 [여름] '소드 에이스'

조금은 차갑게 느껴질 수 있는 분위기 속에서, 당신에게 자연스럽게 다른 이들을 이끄는 리더의 역할이 주어질 거예요. 내담자의 강한 리더십과 현명함이 빛을 발하며, 이 시기를 통해 주변 사람들에게 큰 울림을 주는 중요한 경험을 하게 될 거랍니다! 당신의 당당함과 지혜가 더욱 돋보일 거예요.

3 [가을] '완즈 9'

가을에는 '완즈 9' 카드가 친구분의 곁을 지키고 있네요. 이 카드는 여름 동안 여러 문제를 해결하며 친구분이 얼마나 강하고 단단해질지 보여줘요. 하지만 아직도 신경 쓰고 정리해야 될 문제들은 남아있네요. 많은 역경을 겪은 당신은 어떤 어려움이 닥쳐도 꿋꿋이 이겨낼 회복력과 자신감을 갖추고 있어요. 비록 지난 일들 때문에 마음 한편에는 작은 경계심이나 지쳐있는 마음이 남아있을 수 있지만, 자신이 얻어낸 안정과 평화를 지키기 위해 강하게 맞설 준비가 되어있을 겁니다. 조금만 더 힘을 내세요!

4 [겨울] '컵 9'

그동안 겪었던 어려움과 노력이 멋진 결실을 맺어, 당신의 삶은 안정되고 행복하다고 진정으로 느끼게 될 거예요. 바라던 것들이 현실이 되고, 주변 관계에서도 만족감과 풍요로움을 느낄 수 있을 겁니다. 이제 더 이상 외롭거나 힘들지 않고, 마음의 평화와 행복을 누리며 편안하게 지낼 수 있는 시기가 올 거예요. 마음의 여유를 누리세요!

타로 마스터의 힐링 노트

"모든 씨앗은 겨울의 끝자락에서 가장 풍성한 결실을 맺는 법. 당신의 친구는 인내의 시간을 넘어, 마침내 마음속 가장 깊은 곳의 행복을 꽃피울 거예요!"

과거의 모든 불안과 걱정은 내려놓고, 다가올 운명을 활짝 열린 마음으로 맞이하세요. 당신의 빛나는 인생 이야기는 이제 막 시작되려고 합니다.

4 카드

질문 13

“부업으로 타로 상담을 하는 게 어떨까요?”

1 [봄]
마음이 왔다 갔다 하지만 끈기 있게 유지한다.

2 [여름]
정체 느낌, 힘들게 유지한다.

3 [가을]
어딘가에 소속이 된다.

4 [겨울]
조금이지만 돈도 번다.

총평 : 부업 타로 상담은 처음엔 불안정하지만, 고난과 난관을 통해 변화를 경험한 후 소속이 되어 꾸준히 정성을 다하면 차츰 자신의 자리를 잡아갈 거예요!

리딩 카드의 메시지를 따라가 볼까요?

1 [봄] '펜타클 2'

봄에는 당신의 마음이 조금 왔다 갔다 할 수도 있겠지만, 놀랍게도 꾸준히 끈기 있게 이 부업을 이어 나갈 거예요. 처음엔 작은 흔들림이 있어도, 당신 안에 있는 인내심이 길을 안내해 줄 거랍니다.

2 [여름] '13번 데스'

여름에는 잠시 정체되는 느낌을 받을 수도 있겠네요. 어딘가 막힌 듯한 답답함을 느낄지 모르지만, 절대 포기하는 마음은 아닐 거예요. 이 시기는 잠시 숨을 고르며 더 큰 도약을 준비하는 때가 될 거랍니다. 고통은 때때로 사람을 긍정적으로 변화시켜 준답니다.

3 [가을] '완즈 7'

가을이 되면 그 노력의 결실로 드디어 어딘가에 소속되거나, 부업으로 활발하게 타로 상담을 시작하게 될 거예요. 당신의 진심과 실력이 빛을 발할 기회가 찾아올 거랍니다. 모든 시작은 혼란을 동반합니다. 당황하지 마세요!

4 [겨울] '펜타클 시종'

대망의 겨울에는, 열심히 노력한 만큼 소소하게라도 금전적인 결실을 보게 될 거예요. 큰돈은 아니겠지만 당신 주변의 분위기는 아주 좋아지고 있어요. 당신의 마음을 담은 타로 상담이 따뜻한 수익으로도 이어지며 보람을 느낄 수 있을 거예요!

타로 마스터의 힐링 노트

> **"모든 변화는 성장을 위한 씨앗! 두려운 상황 속에서도 정성껏 뿌린 그 씨앗이 겨울에는 굳건한 희망으로 피어날 거예요!"**

당신에게는 익숙한 것들을 과감히 내려놓고 변화를 받아들여야 할 순간도 올 거예요. 그리고 부업을 성장시키는 과정에서 작은 어려움이나 경쟁을 마주할 수도 있겠지요. 하지만, 이 모든 과정은 당신의 타로 상담이 더욱 단단하고 전문적으로 자리 잡기 위한 소중한 밑거름이 될 겁니다.

너무 조급해하지 말고, 한 걸음 한 걸음 정성을 다해 나아가세요. 마치 갓 심은 씨앗이 언젠가 아름다운 열매를 맺듯이, 당신의 부업 타로 상담은 시간이 흐를수록 풍성한 지혜와 따뜻한 공감을 나누는 소중한 공간이 될 거예요. 당신의 모든 노력이 빛나는 결실을 맺을 것입니다.

4 카드

질문 14

"남자 친구의 건강이 언제쯤 괜찮아질까요?"

1 [봄]
애쓰고 노력한다.

2 [여름]
건강이 좋아지면서
자신감도 생긴다.

3 [가을]
즐겁다.

4 [겨울]
완성이 된다.

총평 : 남자 친구의 강한 회복 의지와 현명한 노력을 통해 건강은 점차 회복되고, 따뜻한 보살핌 속에서 겨울에는 안정된 활력을 되찾을 거예요!

토(土) 기운의 카드 => 위, 관절 관련 카드

[게자리] 未

[양자리] 戌

[염소자리] 丑

[천칭자리] 辰

리딩 카드의 메시지를 따라가 볼까요?

1 [봄] '7번 전차'

남자 친구는 봄부터 건강을 되찾기 위해 아주 강한 의지와 추진력을 발휘할 거예요. 마치 전차가 힘차게 목표를 향해 나아가듯, 회복을 위해 적극적으로 노력하고 치료에 집중할 겁니다. 그의 투지가 가장 빛나는 시기가 될 거예요!

2 [여름] '1번 마법사'

여름에는 '마법사'처럼 자신의 능력을 총동원하여 건강 회복에 필요한 모든 자원과 방법을 찾아낼 거예요. 최적의 치료법이나 전문가를 만나거나, 스스로 건강을 돌보는 지혜를 발휘하며 눈에 띄는 진전을 보일 수 있겠네요.

3 [가을] '3번 여왕'

가을에는 마치 대지가 풍요로움을 선물하듯, 남자 친구분의 건강이 점차 회복되어 본래의 활력과 생기를 되찾게 될 거예요. 주변의 따뜻한 보살핌 속에서 편안함과 안정감을 느끼며, 몸과 마음이 건강하게 회복되는 아름다운 시기가 될 거랍니다.

4 [겨울] '펜타클 10'

겨울에는 '펜타클 10' 카드가 완벽하고 오랫동안 지속될 안정된 건강을 약속하고 있어요! 그동안의 노력과 회복의 과정을 거쳐, 남자 친구분은 온전히 건강을 되찾아 삶의 모든 영역에서 편안함과 풍요로움을 느끼며 든든한 상태를 유지하게 될 거예요.

타로 마스터의 힐링 노트

> "강한 의지와 따뜻한 보살핌으로 회복의 여정을 지나, 두 분의 삶에 행복이 가득 차오를 거예요!"

지금 이 순간, 남자 친구는 스스로 강한 의지를 가지고 회복의 길을 걷고 있고, 내담자의 사랑과 보살핌이 그 길에 큰 힘이 되어 줄 거예요. 카드가 말해주듯, 여름에는 지혜롭게, 가을에는 당신의 사랑으로 회복되어, 겨울에는 완전하고 튼튼한 모습으로 돌아올 거랍니다. 걱정하지 마세요. 두 분의 앞날에는 건강과 행복이 가득할 거예요.

5 카드

양자택일
(Choice Spread)

서로 다른 두 가지 선택지를 놓고 "어느 쪽이 더 나에게 맞는가?" "어떤 결과가 더 안정적이고 유리한가?"를 비교해 주는 타로 배열법입니다.
연애·직장·이직·시험·관계·선택·결정 등 모든 상황에서 활용할 수 있는 가장 실용적인 스프레드예요.

양자택일 해석 포인트

1. A vs B 분위기 비교

어떤 쪽이 더 편안하고 자연스러운가?

2. 결과의 현실성 비교

어디에 더 안정·성장·성공이 있는가?

3. 리스크 비교

갈등·변화·손실은 어디에서 더 큰가?

4. 중앙 조언 카드의 메시지

감정? 현실? 장기성?
어떤 기준으로 선택해야 하는가?

5. 지금의 나와 더 잘 맞는 방향

현재의 컨디션과 상황과 더 자연스럽게 맞는 선택은?

양자택일 위치별 해석 팁

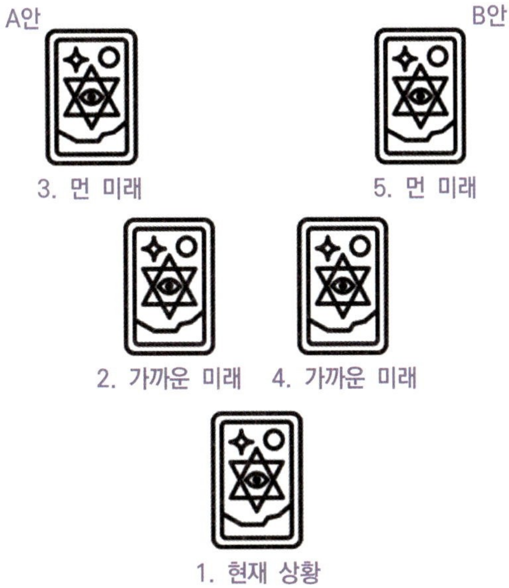

1. 현재 상황 - 전체 조언 / 방향성

지금은 어떤 기준을 우선해야 하는지
A와 B 중 어떤 부분을 더 중요하게 봐야 하는지
당신에게 맞는 선택 방식은, 이 카드는 '답'보다는 '우선순위'를 알려주는 카드

2. 선택 A의 가까운 미래

A를 선택했을 때 느껴지는 분위기 / 가까운 미래 상황과의 조화, 감정적 반응

3. 선택 A의 먼 미래 - 결과

A를 선택했을 때의 결말 / 감정, 현실, 관계, 성과, 흐름의 등 최종결과

4. 선택 B의 가까운 미래

B를 선택했을 때의 초반 분위기 / 감정적·현실적 출발점

5. 선택 B의 먼 미래 - 결과

B를 선택했을 때의 결말 / 감정적 안정, 성과, 관계 흐름 등 최종 도착점

5 카드

양자택일 질문 1

"우리 집에 며칠 묵고 있는 A 친구를 두고, B 친구를 만나러 나가도 괜찮을까요?"

만난다

3 [먼 미래]
별다른 일이 생기지는 않으며
안정되어 있다.

2 [가까운 미래]
놀러 가긴 하는데 살짝
눈치를 보고 신경을 쓴다.

안 만난다

5 [먼 미래]
B 친구를 집으로 초대하여
셋이 잘 놀 수도 있다.

4 [가까운 미래]
마음이 편안해지기는 한다.

1 [현재 상황]
내가 하고
싶은 대로 하려고 한다.

총평 : 선택의 순간, 자신의 감정 우선순위를 온전히 인지하고 그에 따라 작은 배려의 언어를 더하면 어떤 결정을 내려도 결과를 온화하게 만들 수 있다.

질문 상황

내담자는 A(집에 며칠 머무르는 동성 친구)와의 상황을 두고 B(밖에서 만나는 친구)를 만나러 나가도 되는지 질문하였습니다. 질문의 핵심은 "나갈 경우, 집에 있는 친구에 대한 미안함과 만나자고 하는 사람에 대한 기대감 중 어느 쪽을 우선할 것인가"입니다. 양자택일 배열을 통해 전체적인 흐름을 살펴보도록 하겠습니다.

리딩 카드의 메시지를 따라가 볼까요?

1 [현재 상황] **'3번 여왕'** 〈주체성, 자기 감정, 즐거움〉

내담자가 자신의 의지에 따라 행동하려는 강한 주체성이 드러나 보입니다. A에 대한 배려와 자기 감정이 갈등하는 상태네요.

2 [가까운 미래] **'컵 킹'** 〈정서적 성숙, 배려심〉

외출을 선택할 경우, 정서적으로 성숙하고 배려 깊은 태도로 상황을 관리하리라 보입니다. 다만 내심 A를 의식하여 행동에 신경을 쓰는 모습을 보일 수 있어요.

3 [먼 미래] **'펜타클 기사'** 〈안정, 책임감, 신뢰〉

외출 선택은 안정적인 결과를 가져옵니다. 책임감 있는 태도와 신뢰성으로 관계의 기반이 다져질 가능성이 크네요.

4 [가까운 미래] **'완즈 8'** 〈빠른 전환, 즉각적 해소〉

집에 머무르는 쪽을 택하면 즉각적으로 긴장이 해소되고 편안함이 빠르게 찾아옵니다. 변화의 속도가 빨라 단기간 내 안도감을 얻기 쉬운 편이겠어요.

5 [먼 미래] **'컵 3'** 〈화합, 축하, 즐거움〉

머무름을 유지한 경우, 시간이 지나면서 화합과 축하의 장면이 펼쳐질 수 있습니다. B를 초대해 셋이 즐겁게 지내는 결과로 연결될 여지도 커 보이네요.

타로 마스터의 힐링 노트

"당신의 선택에는 정답이 없다. 당신이 무엇을 더 소중히 여기는지 분명히 하면, 어느 길이든 따뜻하게 이어질 수 있다."

외출할 경우, A 친구에 대한 신경 쓰임을 감수해야 하지만, 즐거운 만남을 가질 가능성이 크고, 머무름은 즉각적인 편안함과 향후 화목한 결말도 보장되는 흐름이네요.

내담자는 기본적으로 자신이 하고 싶은 대로 자유롭게 결정할 것 같습니다. B 친구를 만나러 갈 경우, A 친구의 눈치를 보기는 하지만 B 친구 와의 만남은 안정적으로 보입니다.

만약, 처음부터 편안해지기를 바란다면 B 친구를 집으로 초대하여 셋이 함께 하는 것도 좋아 보입니다. A와 B 어느 것을 선택해도 무방하네요.

상담 후 내담자의 결과

내담자는 며칠 묵고 있는 친구를 혼자 두고 나가기에 신경이 쓰여 그날 나가지 않고 집에서 친구랑 같이 있었는데, 무관하다는 상담 결과를 듣고, 편안하고 즐겁게 그날 하루를 친구와 보냈습니다. 그리고 며칠 뒤 약속을 잡아 셋이 같이 어울려 행복한 시간을 보냈다고 합니다.

위치별 리딩 해석 포인트

위치	타로 카드		핵심 의미	리딩 해석 포인트
1. 현재 상황		3번 여왕	주체성, 자기 감정, 즐거움	자신의 의지를 드러내는 동시에 A에 대한 배려와 감정이 복합적으로 작용하는 상태.
2. 가까운 미래		컵 킹	정서적 성숙, 배려심	외출 시 성숙하고 배려 깊게 상황을 관리. 다만 A를 의식해 세심하게 행동할 가능성 있음.
3. 먼 미래		펜타클 기사	안정, 책임감, 신뢰	외출이 장기적으로 책임감과 신뢰성을 키워 관계 기반을 다지는 결과로 이어짐.
4. 가까운 미래	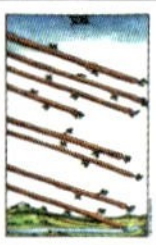	완즈 8	빠른 전환, 즉각적 해소	집에 머물면 긴장 해소와 편안함이 빠르게 찾아옴. 단기적으로 안도감이 큼.
5. 먼 미래		컵 3	화합, 축하, 즐거움	머무름 선택 시 시간이 지나며 화합과 즐거움의 장면으로 연결. B와 함께 어울릴 가능성도 존재.

5 카드

양자택일 질문 2

"6개월 후 예정된 여행을 갈까요? 말까요?"

간다

3 [먼 미래]
쓸데없는 걱정을 하게 된다.

안 간다

5 [먼 미래]
큰 탈 없이 안정적이며 다음을 기약하게 된다.

2 [가까운 미래]
이성적인 판단으로는 좋은 기회라고 생각한다.

4 [가까운 미래]
여행을 가자고 제안한 사람에게 시달린다.

1 [현재 상황]
내가 하고 싶은 대로 한다.

총평 : 감성과 이성이 여행을 지지하나, 과도한 걱정과 외부의 방해에 대한 많은 생각이 여행을 방해하고 있다.

질문 상황

내담자는 50대 중반의 남성 내담자로, 6개월 후 예정된 여행을 갈지 말지를 상담 하였습니다. 배열은 현재 상황을 기반으로 '간다' 선택 시 가까운 미래 · 먼 미래의 상황 흐름과 '안 간다' 선택 시 가까운 미래·먼 미래의 상황 흐름을 보기 위해 선택배열법 중 양자택일법을 선택하였습니다. 타로가 전해주는 결과는 어떨지 함께 살펴보겠습니다.

리딩 카드의 메시지를 따라가 볼까요?

1 [현재 상황] **'3번 여왕'** 〈주체성, 자기 욕구, 즐거움〉

내담자는 자신의 욕구에 충실하며 주체적으로 판단하고 행동하는 성향이 강합니다. 타인의 권유보다 자신의 내적 기준을 우선시하는 태도가 리딩 전반에 영향을 줄 수 있겠네요.

2 [가까운 미래] **'소드 에이스'** 〈명료한 판단, 결단, 실행 의지〉

이성적 판단이 명료해져 여행을 계획하고 실행하려는 의지가 선명해집니다. 합리적 검토와 정보 수집을 통해 결단을 내릴 가능성이 크네요.

3 [먼 미래] **'소드 8'** 〈불안, 제약, 걱정 과다〉

초반의 결단에도 불구하고 시간이 흐르며 불안과 과도한 걱정이 생길 수 있습니다. 지나친 예측과 걱정이 스스로를 제약할 수 있겠어요. 현실적인 위험과는 별개로 마음속 불안이 실행력을 떨어뜨리므로 불안을 잘 관리하는 것이 필요합니다.

4 [가까운 미래] **'13번 데스'** 〈급격한 변화, 마찰, 소진〉

여행을 미루거나 취소하는 선택은 갑작스러운 변화나 불편한 마찰을 동반할 수 있습니다. 외부의 압력이나 관계상의 갈등으로 심리적 소진을 겪을 가능성이 있겠어요.

5 [먼 미래] **'완즈 2'** 〈안정, 새로운 가능성, 계획〉

초기의 혼란을 지나면 상황은 비교적 안정되고 새로운 계획의 가능성이 열립니다. 큰 탈 없이 방향을 잡아가는 흐름이 될 것 같아요.

타로 마스터의 힐링 노트

"가면 걱정, 안 가면 잔소리 - 결국 준비와 마음 다스리기가 답!"

가는 쪽은 이성적인 판단과 실제적인 준비는 잘 하나 미리 불안해하고 걱정할 염려가 있고, 가지 않는 쪽은 관계적 마찰이 예상되지만, 시간이 지나면 평온을 되찾을 거예요.

현재 내담자는 자신의 감정과 욕구에 따른 행동 경향이 뚜렷합니다. 이것은 자기 감각이 분명하고 삶의 방향을 스스로 느끼려는 긍정적인 신호예요. 이성적인 판단은 여행 쪽으로 기울어 있으며, 즉각적인 의사결정도 비교적 우호적입니다. 다만, 실행 이후에는 과도한 불안이나 쓸데없는 걱정이 선택의 폭을 좁힐 가능성이 있어 이를 미리 돌봐주는 것이 필요합니다.

'안 간다'의 가능성은 가까운 미래에 일시적인 불편과 시련을 동반할 수 있으나, 길게 보면 큰 문제 없이 안정에 이를 여지가 큽니다. 따라서 실제로 떠나기 전에는 불안을 완화할 방법과 외부 변수에 대한 현실적인 대비를 함께 준비해 두면 더 안전하고 편안한 결정을 내릴 수 있을 것입니다.

상담 후 내담자의 결과

내담자는 여행 갈 생각으로 예약을 해놓은 상태였으나, 예정된 여행일에 갑작스러운 일정이 생기게 되어 예약을 취소하게 되었습니다. 여행을 가지 못한 아쉬움이 남긴 했지만, 다음 여행을 기약하며 별일 없이 잘 마무리되었습니다.

위치별 리딩 해석 포인트

위치	타로 카드		핵심 의미	리딩 해석 포인트
1. 현재 상황		3번 여왕	주체성, 자기 욕구, 즐거움	자신의 욕구와 내적 기준을 중시하며 주체적으로 판단. 외부 권유보다 자기 기준이 우선됨.
2. 가까운 미래		소드 에이스	명료한 판단, 결단, 실행 의지	이성적 사고가 선명해지고 여행에 대한 결단력이 강화됨. 정보 수집과 합리적 검토를 통해 실행 준비.
3. 먼 미래		소드 8	불안, 제약, 걱정 과다	결단 후 시간이 지나며 불안이 커짐. 실제 위험보다 내적 두려움이 실행력을 약화시킴. 불안 관리 필요.
4. 가까운 미래		13번 데스	급격한 변화, 마찰, 소진	여행을 미루거나 취소할 경우, 갑작스러운 상황 변화나 관계 갈등으로 인한 심리적 소진 가능.
5. 먼 미래		완즈 2	안정, 새로운 가능성, 계획	초기 혼란을 지나면 상황이 안정됨. 새로운 방향과 계획을 모색할 수 있는 흐름으로 전개.

5 카드

양자택일 질문 3

"이 연인을 계속 만날까요? 말까요?"

만난다

3 [먼 미래]

상대방으로 인해
당황스로운 상황이 된다.

안 만난다

5 [먼 미래]

자유롭고 즐거워진다.

2 [가까운 미래]

즐거운 일이 생길 수 있다.

2 [가까운 미래]

새로운 기회가 올 수 있다.

1 [현재 상황]

겉으로는 괜찮은 척하지만,
불만이 있고 다툼도 있다.

총평 : 당장의 즐거움이 있어도 근본 갈등이 해결되지 않으면 장기적 마찰이 커지니, 변화를 원치 않으면 원인을 직시해 실질적으로 노력하라. 헤어짐은 미래에 자유와 새로운 기회가 생길 수 있다.

질문 상황

내담자는 20대 여성이고 연애를 시작한 지 얼마 안 된 상황이지만, 성격적인 부분에서 서로 안 맞는 걸 느끼고 마찰이 생기던 중 고민이 되어 타로를 보게 되었습니다.

리딩 카드의 메시지를 따라가 볼까요?

1 [현재 상황] **'소드 5'** 〈갈등, 승패 집착, 표면적 평온〉

겉으로는 괜찮은 척하고 있지만 상대에 대한 불만이 있습니다. 관계의 표면적 평온은 유지되나, 내부적으로는 경쟁심·불신·상대의 언행에 대한 상처가 있네요. 소드 5는 승패를 따지는 태도, 자존심의 충돌을 상징하므로 두 사람 모두가 자존심으로 맞서고 있을 가능성이 큽니다. 상담의 포인트는 갈등의 실체를 분명히 하고, 어떤 상처가 반복되는지 명확히 아는 것입니다.

2 [가까운 미래] **'컵 3'** 〈즐거움, 화해, 소소한 기쁨〉

인연을 지속할 경우, 가까운 시점에는 축하나 소소한 사회적 즐거움, 위로의 순간이 찾아옵니다. 이는 관계의 긍정적 에너지가 회복되는 장면을 의미하므로, 만남을 유지함으로써 즉각적인 정서적 보상이 있을 수 있습니다. 다만, 컵 3의 기쁨은 외적인 이벤트나 일시적 화해에 기반할 가능성이 있으므로, 근본적 문제 해결 없이 감정적 완화만으로 끝날 수 있음을 명심해야 해요.

3 [먼 미래] **'완즈 7'** 〈방어, 저항, 자기 입장 고수〉

먼 미래에는 방어적 상황에 직면할 가능성이 높습니다. 완즈 7은 자신의 입장을 지키려는 싸움을 나타냅니다. 이는 가까운 미래의 즐거움이 오히려 쌓이지 않은 근본적 갈등을 증폭시켜 나중에 폭발하는 구도가 될 수 있음을 의미해요. 만남의 지속을 선택할 경우, 미래에는 구체적인 갈등 관리 방안이 필수적이겠어요!

4 [가까운 미래] **'10번 운명의 수레바퀴'** 〈전환, 기회, 변화〉

헤어짐을 택할 경우, 가까운 시점에 운의 전환이나 새로운 흐름이 찾아옵니다. 운명의 수레바퀴는 통상 예기치 않은 기회, 환경의 급변, 혹은 새로운 인연의 시작을 의미해요. 이는 현재의 고착된 상황에서 벗어나는 촉매가 될 수 있으므로, 헤어짐이 반드시 불행을 의미하지는 않아요.

5 [먼 미래] **'3번 여왕'** 〈성숙, 자기 확신, 풍요〉

시간이 지나면 내담자는 자유롭고 즐거운 자기 주도적 상태에 도달할 가능성이 높아요. 여왕 카드는 성숙함과 자기 확신, 타인과의 건강한 경계 설정을 나타내므로, 미래에는 정서적 안정과 개인적 성장이라는 긍정적 결과가 예상됩니다.

타로 마스터의 힐링 노트

> **"계속 만날 경우 가까운 기쁨은 있으나 장기적으로 갈등 재발의 위험이 있습니다. 갈등을 다루는 구체적 계획 없이 유지하기는 어렵습니다."**
> **"헤어짐은 초기의 불확실성을 동반하나 시간이 지나면 더 자유롭고 성숙한 상태로 나아갈 가능성이 큽니다."**

관계의 결정은 단번에 옳고 그름으로 나뉘지 않습니다. 오늘의 선택은 내담자의 현재 자원, 치유 의지, 그리고 삶에서 무엇을 우선시하는지에 따라 달라집니다. 카드가 제시한 가능성은 확정된 운명이 아니라, 내담자와 상대가 만들어갈 수 있는 경로의 하나일 뿐입니다. 결정을 내릴 때는 감정의 즉각적 반응뿐 아니라 자신의 가치와 행복을 함께 고려하도록 안내하고 무엇보다 내담자가 스스로를 돌보고 안전망을 구축할 수 있도록 세심히 지지하는 것이 필요합니다.
'현재 두 분 사이에는 표면적 화해와 함께 여전히 풀리지 않은 상처가 남아 있습니다. 이 점을 먼저 들여다보아야 합니다.'

상담 후 내담자의 결과

결국 두 사람은 오래 가지 못하고 인연을 정리하게 되었습니다. 생각보다 두 사람 사이는 빠르고 깔끔하게 정리되었고 내담자는 새로운 인연을 기다리는 중입니다.

위치별 리딩 해석 포인트

위치	타로 카드		핵심 의미	리딩 해석 포인트
1. 현재 상황		소드 5	갈등, 승패, 집착, 표면적 평온	겉으로 괜찮아 보여도 내적 불신·경쟁심이 강함. 자존심 갈등이 관계 속에 있음. 갈등의 실체를 명확히 파악하는 게 우선.
2. 가까운 미래		컵 3	즐거움, 화해, 소소한 기쁨	만남 지속 시 당장은 화해·축하 분위기. 하지만 근본적 문제 해결이 아닌 감정적 완화일 가능성 큼.
3. 먼 미래		완즈 7	방어, 저항, 자기 입장 고수	미래에는 갈등이 재점화될 수 있음. 상대의 반격이나 내 입장을 지키기 위한 싸움이 이어짐. 갈등 관리·경계 설정 필요.
4. 가까운 미래		10번 운명의 수레바퀴	전환, 기회, 변화	헤어짐 선택 시 새로운 흐름, 환경 변화, 새로운 인연 가능성. 고착된 상황을 벗어나는 계기.
5. 먼 미래		3번 여왕	성숙, 풍요, 자기 확신	시간이 지나면 자유롭고 자기 주도적 삶. 건강한 경계 설정, 정서적 안정, 개인적 성장의 결과.

5 카드

양자택일 질문 1

“아들이 대학을 가는 게 좋을까요? 아닐까요?”

(아들의 입장)

간다

3 [먼 미래]

적극적인 대학 생활을 하지는 않지만, 나름 만족한다.

안 간다

5 [먼 미래]

자신감이 있으므로 뭔가 시도해 보려고 한다.

2 [가까운 미래]

명예나 자존심을 세울 수 있는 좋은 기회이다.

4 [가까운 미래]

자유롭게 즐긴다.

1 [현재 상황]

스스로 객관화해서 보고 있다. (본인의 관점)

총평 : 대학 진학은 명예를 주지만 동기 유지가 약하면 무의미한 대학 생활이 될 수 있으며, 비진학은 초기 자유가 자기실현으로 전환될 수 있으니, 아들의 내적 동기와 실행계획을 기준으로 선택하게 하라!

질문 상황

공부에 큰 뜻이 없어 보이는 고3 아들을 둔 엄마가 아들의 대학 진학에 대한 속마음을 알고 싶어 상담을 요청한 사례입니다. '아들의 입장'에서 대학을 가는 게 좋은지, 안 가는 게 좋은지 양자택일법으로 아들의 속마음을 살펴볼까요?

리딩 카드의 메시지를 따라가 볼까요?

1 [현재 상황] **'소드 퀸'** 〈이성적 판단, 냉철한 분석, 객관성〉

이성적이고 분명한 판단이 이루어지고 있음을 의미합니다. 결정 과정에서 논리와 객관성이 우선시되며, 감정적 관점은 다소 배제된 상태입니다. 이는 상황을 냉정히 분석하는 데 유리하지만, 자칫 자신만의 생각이 옳다고 판단할 수 있어요.

2 [가까운 미래] **'소드 에이스'** 〈기회, 성취, 명예〉

대학 진학을 선택할 경우, 명예나 자존심을 세울 만한 기회가 생깁니다. 학업·성과 면에서 기회가 열리거나, 사회적·가족적 인정으로 이어질 가능성도 높습니다. 지적 성취와 자기 확립의 순간이 가까운 미래에 나타날 수 있겠어요.

3 [먼 미래] **'컵 4'** 〈무관심, 흥미 상실, 동기 저하〉

미래에는 새로운 것에 대한 흥미 상실, 무관심, 동기 저하의 위험이 있어요. 대학에 진학했더라도 공부에 진정으로 몰입하지 못하고 딴생각을 하며 표류하다 흥미를 잃어버릴 가능성이 있습니다. 가까운 시점의 성취가 지속적 동기 부여로 연결되지 않을 경우, 나타날 수 있는 전형적 패턴이기도 합니다.

4 [가까운 미래] **'3번 여왕'** 〈자유, 즐거움, 자기 주도〉

대학에 가지 않는 선택은 즉각적인 자유와 즐거움을 동반할 수 있어요. 자기 주도적이고 활기찬 활동 속에서 만족감을 얻고, 전통적 경로를 따르지 않는 대신 다양한 경험을 통해 성장하는 양상이 예상됩니다.

5 [먼 미래] **'1번 마법사'** 〈창조, 자기 확립, 새로운 시작〉

시간이 흐름에 따라 자신감이 생기고, 새로운 시도와 창조적 활동을 통해 자신만의 길을 개척하려는 태도가 형성됩니다. 비인기 경로를 택하더라도 실질적 역량을 발휘하여 기회를 만들어내는 가능성이 있습니다.

타로 마스터의 힐링 노트

"대학 진학이든 자유 선택이든, 중요한 건 아들의 내적 불꽃을 어디에서 더욱 지속적으로 태울 수 있느냐이다."

현재의 합리적 판단(소드 퀸)은 매우 중요한 출발점입니다. 대학 진학을 선택하면 자부심과 성취감을 맛볼 수 있으나(소드 에이스), 그 성취가 내부적 동기와 결합하지 않으면, 무관심(컵 4)으로 이어질 위험이 큽니다. 반대로 대학에 가지 않는 길은, 더 자유롭고 즐거운 경험을 제공하며(여왕), 시간이 지남에 따라 자기 주도적 역량과 자신감(마법사)을 통해 의미 있는 성취로 전환될 가능성이 큽니다. 따라서 핵심은 '어떤 선택이 아들의 내적 동기와 장기적 성장에 부합하는가'입니다.

결정은 정답을 찾는 행위가 아니라 가능성 사이에서 자신에게 가장 의미 있는 길을 선택하는 일입니다. 카드가 보여준 방향들은 확정된 운명이 아니라, 각 길에서 필요한 준비와 주의점을 알려주는 신호입니다. 아들이 자신의 목소리를 낼 수 있도록 경청하고, 선택 뒤에는 언제든 재조정할 수 있다는 믿음을 함께 심어주세요. 이렇게 하면 어떤 선택이든 성장의 자양분이 될 것입니다.

상담 후 내담자의 결과

상담대로 아들이 자신의 목소리를 낼 수 있도록 경청하고, 선택 뒤에는 언제든 재조정할 수 있다는 믿음을 함께 심어주었습니다. 아들은 시간이 지남에 따라 자기 주도적 역량과 자신감을 키워 대학 진학에 뜻을 세우고 공부에 매진했습니다. 최종결과는 아직 알 수 없지만, 아들과 갈등을 빚기보다 지지하는 것에 마음을 쏟게 되어 관계가 더욱 돈독해졌습니다. 아들도 마음을 추스르고 힘을 내게 되어 공부하는 것에 만족하고 있습니다.

위치별 리딩 해석 포인트

위치	타로 카드		핵심 의미	리딩 해석 포인트
1. 현재 상황		소드 퀸	이성적 판단, 냉철한 분석, 객관성	자신의 상황을 이성적으로만 바라보는 중. 자신의 생각만이 옳다고 판단할 수 있음.
2. 가까운 미래		소드 에이스	기회, 성취, 명예	대학 진학 시 성과와 발전의 기회. 지적 성취와 사회적 위치에 진전이 보임.
3. 먼 미래		컵 4	무관심, 흥미 상실, 동기 저하	공부에 흥미를 잃을 가능성. 초기 성취가 지속적 동기 부여로 이어지지 못할 위험.
4. 가까운 미래		3번 여왕	자유, 즐거움, 자기 주도	대학 진학을 안 하면 즉각적인 해방감과 활기. 다양한 경험을 통해 자기 주도적 성장을 할 수 있음.
5. 먼 미래		1번 마법사	창조, 자기 확립, 새로운 시작	시간이 지나면 자신감과 창조적 역량 발휘. 기존 틀 밖에서 자기 길을 개척하며 기회 창출 가능성.

5 카드

양자택일 질문 5

“주식 투자를 계속하는 게 좋을까요? 그만둘까요?”

계속한다

3 [먼 미래]

안정적이지만
계속 신경 쓰게 된다.

그만둔다

5 [먼 미래]

큰 탈 없이 관리를 잘하고
편하게 간다.

2 [가까운 미래]

주식 하는 과정에
즐거움은 있다.

4 [가까운 미래]

그만두면 행운이 온다.

1 [현재 상황]

열정적으로 하고 있으나
결과는 미흡하다.

총평 : 추진력으로 성과를 얻을 순 있지만 스트레스를 받을 수 있으니, 감정을 잘 조절하고, 때로는 멈춰서 평온을 찾는 현명한 균형이 중요하다.

질문 상황

내담자는 60대 남성으로, 현재 소액으로 주식 투자를 하고 있는데, 아직 서툴러 손익이 계속 마이너스라서 별로 재미가 없다고 하였습니다. 현재 상태에서 그만두는 게 좋은지 꾸준히 계속하는 게 좋은지 고민이 되어 타로 상담을 받게 되었는데요. 타로가 전하는 메시지는 어떤지 함께 따라가 보도록 하겠습니다.

리딩 카드의 메시지를 따라가 볼까요?

1 [현재 상황] **'완즈 기사'** 〈추진력, 도전, 성급함〉

내담자는 의욕이 넘치며 적극적으로 행동하고 있습니다. 빠른 실행력과 도전정신이 우세하여 기회를 포착하려는 태도가 뚜렷하네요. 다만, 성급한 판단이나 과도한 자신감이 리스크관리를 악화시킬 수 있으므로, 추진력과 신중함의 균형이 필요해요.

2 [가까운 미래] **'3번 여왕'** 〈즐거움, 성취감, 정서적 만족〉

투자를 계속하면 즐거움과 흥미, 투자의 과정에서 얻는 만족감이 분명히 따릅니다. 시장의 작은 성공이나 투자 자체에서 오는 정서적 보상이 있어 동기 부여가 지속될 수 있겠어요. 그러나 이 즐거움이 판단의 객관성을 흐리게 할 위험이 있으므로 감정적 흥분과 냉정한 분석을 분리하는 연습이 요구되네요.

3 [먼 미래] **'완즈 9'** 〈성취 후 방어, 긴장 지속〉

장기적으로는 비교적 안정된 위치를 확보하더라도 지속적인 긴장감과 경계심이 남습니다. 완즈 9는 성취와 방어의 결합을 의미하므로, 성과를 지키기 위한 지속적 노력이 필요하고 마음의 평온을 얻기 어려울 수 있어요. 즉, 경제적 안정과 정신적 피로 사이의 균형을 관리해야 해요.

4 [가까운 미래] **'10번 운명의 수레바퀴'** 〈흐름 전환, 기회의 변화〉

투자를 중단하거나 규모를 줄이는 선택은 가까운 시점에서 현재의 자원을 보존하고 운의 흐름에 맡기는 결과를 낳을 가능성이 큽니다. 급격한 변화보다는 흐름의 전환을 기다리는 보수적인 입장을 가질 수 있겠어요. 이는 안전을 확보하는 전략으로 유효해요.

5 [먼 미래] **'8번 힘'** 〈안정, 자기관리, 내적 역량〉

안정감과 관리 능력이 향상되어, 큰 사고 없이 자산을 유지·관리하며 편안한 상태에 이를 가능성이 큽니다. 힘 카드는 내적 역량과 꾸준한 관리로 문제를 극복하는 능력을 뜻하므로, 초기의 보수적 선택이 결과적으로 마음의 평온과 지속 가능한 생활을 보장해 줄 수 있어요.

타로 마스터의 힐링 노트

"투자는 불꽃놀이 같고, 중단은 모닥불 같으니 — 지금 내 에너지로 무엇을 오래 지킬 수 있을지 묻는 순간이다."

현 상황의 강한 추진력(완즈 기사)은 기회를 잡는 데 유리합니다. 계속 투자를 선택하면 즐거움과 성취(여왕·완즈 9)가 따라오지만, 긴장과 지속적 관리의 부담이 수반됩니다. 반면 그만두거나 규모를 축소하는 선택은 즉각적인 안전과 흐름의 전환을 가져오며(운명의 수레바퀴), 궁극적으로는 큰 탈 없이 안정적으로 관리되는 미래(힘)로 이어질 가능성이 큽니다. 판단의 핵심은 현재의 추진력이 장기적 안정을 훼손할 정도인지, 혹은 적절한 리스크 관리를 병행할 수 있는지에 달려 있습니다.

결정의 무게는 결과가 아닌 과정에서 오는 불안에서 비롯되는 경우가 많습니다. 카드는 어느 길이 더 '절대적으로 옳다'고 말하지 않습니다. 대신 각 길이 요구하는 준비와 감내할 상황을 알려줄 뿐이지요.

내담자가 선택을 내릴 때 현재의 체력·정서적 자원과 삶의 우선순위를 함께 고려하도록 안내하면 좋습니다. 또한, 어떤 선택을 하더라도 재평가의 기회를 남겨두고, 작은 승리와 휴식을 의식적으로 허용하게 하세요. 이렇게 하면 결과에 대한 집착에서 벗어나 더욱 지속 가능한 결정을 도출할 수 있을 것입니다.

상담 후 내담자의 결과

비교적 소액이고, 관리 차원에서 계속 투자하고 있습니다. 주식 투자가 사회, 경제, 정치적 환경에 많이 좌우되고 있기에 주식 관련 책도 보고, 경제신문, 뉴스에도 더 관심 두는 등 장기적 관점에서 투자하기로 하였습니다. 내담자는 현재 어느 정도 손실을 메꿔가고 있다고 합니다.

위치별 리딩 해석 포인트

위치	타로 카드		핵심 의미	리딩 해석 포인트
1. 현재 상황		완즈 기사	추진력, 도전, 성급함	의욕과 실행력은 뛰어나지만, 성급한 결정이 리스크를 키울 수 있음. 균형 잡힌 추진 필요.
2. 가까운 미래		3번 여왕	즐거움, 성취감, 정서적 만족	투자를 계속하면 즐거운 성과가 따름. 다만 감정적 흥분이 객관성을 흐릴 위험 있음.
3. 먼 미래		완즈 9	성취 후 방어, 긴장 지속	안정은 확보되지만, 결실을 지키기 위한 긴장과 피로가 따라옴. 안정 vs 피로의 균형 과제.
4. 가까운 미래		10번 운명의 수레바퀴	흐름 전환, 기회의 변화	투자를 줄이거나 중단하면 자원을 지키며 새로운 흐름을 기다릴 수 있음. 단기적 안전 확보 전략.
5. 먼 미래		8번 힘	안정, 자기관리, 내적 역량	무리 없이 자산을 유지하고, 자기 통제를 통해 평온을 누릴 가능성이 큼. 지속 가능성에 강점.

5 카드

양자택일 질문 6

"아들의 중학교 입학식 참석을 고민 중인데, 가야 할까요? 말까요?"

간다

3 [먼 미래]
지켜보면서 마음이 흡족하다.

안 간다

5 [먼 미래]
4번의 상황이 이어져 마음에 담아둔다.

2 [가까운 미래]
비용이 지출될 수 있으나 상황은 즐겁다.

4 [가까운 미래]
의무를 다하지 못했다는 자책감을 가진다.

1 [현재 상황]
자식에게 감성적이고 잘해주고 싶은 마음을 가지고 있다.

총평 : 작은 불편과 비용을 감수하고 참석하면, 정서적 만족과 아들에 대한 깊은 이해를 얻을 가능성이 크고, 불참은 당장의 편의를 주되 가까운 시일에 자책과 미묘한 여운을 남길 위험이 크다.

질문 상황

내담자는 올해 중학교에 입학하는 아들을 둔 40대 어머니로, 자신의 상황적인 어려움과 심리적인 부담감으로 아들의 입학식에 가야 할지 고민이 되어 타로 상담을 하게 되었습니다. 타로가 전해 주는 이야기가 어떤 도움을 줄 수 있는지 귀 기울여 들어보도록 하겠습니다.

리딩 카드의 메시지를 따라가 볼까요?

1 [현재 상황] **'컵 6'** 〈향수, 순수한 애정, 가족 유대〉

내담자는 아들에 대해 어린 시절의 순수함과 아름다운 추억을 떠올리는, 매우 감성적이고 순수한 마음을 지니고 있습니다. 아들이 새로운 시작을 맞이하는 이 순간, 내담자 본인 또한 그 시절로 돌아간 듯한 아련한 향수와 깊은 애정을 느끼고 계신 것으로 보이네요. 이는 아들과의 특별하고 소중한 유대감을 반영하며, 내담자가 아들을 향해 보내는 변함없는 사랑과 지지의 마음이 지극함을 의미합니다.

2 [가까운 미래] **'펜타클 시종'** 〈새로운 시작, 작은 지출, 기회〉

입학식에 참석하게 된다면, 예상치 못한 소소한 비용 지출이 발생할 수 있으나, 그 상황은 매우 즐겁고 긍정적인 경험으로 기억될 것입니다. 펜타클 시종은 새로운 시작과 실질적인 기회를 상징하며, 이는 아들의 새로운 환경에 대한 내담자의 적극적인 참여와 관심을 통해 가족 간의 유대가 더욱 돈독해질 수 있음을 나타냅니다. 물질적인 가치보다는 함께하는 시간에 집중함으로써 얻는 정서적 만족감이 클 거예요.

3 [먼 미래] **'2번 고위 여사제'** 〈지혜, 깊은 이해, 평온〉

내담자는 아들의 성장을 깊이 있게 지켜보며 그를 온전히 이해하고 포용하는 시간을 갖게 될 것입니다. 고위 여사제 카드는 내면의 지혜와 직관을 의미하며, 이는 단순한 관찰을 넘어 아들의 마음과 본질을 꿰뚫어 보는 깊은 통찰력을 선물할 것입니다. 이러한 심오한 이해와 포용을 통해 내담자의 마음은 더할 나위 없이 흡족하고 평온한 상태에 이르게 될 것입니다. 이는 단순히 자녀의 성장을 지켜보는 것을 넘어, 내담자 본인의 내면에서도 성숙과 평화가 찾아옴을 나타내요.

4 [가까운 미래] **'소드 10번'** 〈상실, 자책, 완벽주의〉

불참을 선택하실 경우, 가까운 미래에 내담자는 의무를 다하지 못했다는 깊은 자책감에 사로잡힐 수 있어요. 소드 10은 모든 것이 끝났다는 느낌, 혹은 절정의 고통과 실망을 의미합니다. 이는 단순한 후회를 넘어, 마땅히 해야 할 도리를 외면했다는 강한 자책과 자기 비난으로 인해 심적으로 매우 힘든 시기를 겪을 수 있어요. 내담자의 마음에 깊은 상처와 무거운 짐을 남길 가능성이 높습니다.

5 [먼 미래] **'펜타클 기사'** 〈인내, 끈기, 평범한 안정〉

입학식에 불참하시더라도, 시간이 흐르면 내담자께서는 어느 정도 평온을 되찾을 수는 있을 것입니다. 펜타클 기사는 인내심과 끈기를 상징하지만, 때로는 융통성 부족이나 변화에 대한 저항을 의미하기도 합니다. 비록 일상적인 평화는 찾아올지라도, 아들의 중요한 순간에 함께하지 못했다는 아쉬움과 미안함이 내담자의 마음 한편에 깊이 자리 잡아 완전히 사라지지 않을 것입니다. 이는 무거운 짐으로 남아 간혹 내담자의 마음을 아리게 할 수 있습니다.

타로 마스터의 힐링 노트

"지갑은 조금 얇아져도 마음은 두 배로 두터워지는 선택 vs 편하긴 해도 '아쉬움에 대한 할부'가 남는 선택!"

현재의 감정적 연결성(컵 6)을 기준으로 보면, 참석은 작은 비용과 준비를 전제로 정서적 보상을 가져오고, 나아가 아들을 이해하고 포용하는 깊은 만족으로 이어질 가능성이 큽니다(펜타클 시종 → 고위 여사제). 반면 불참은 즉각적 편의나 일정상의 이점이 있을 수 있으나(펜타클 기사), 가까운 시점에 자책과 후회를 초래할 위험(소드 10)이 크며, 결과적으로 마음 한편에 남는 여운을 감수해야 합니다. 따라서 핵심 판단 기준은 '당장의 비용과 불편을 감수하여 장기적 정서적 유대를 택할 것인가, 아니면 편의를 택하되 후회에 대비한 보완 조치를 마련할 것인가'입니다.

상담 후 내담자의 결과

내담자는 타로 상담 이후, 아들과의 대화를 통해 입학식에 참석하였고, 매우 만족스럽게 입학식을 지켜보며 흐뭇한 시간을 보냈습니다. 아들도 어머니가 참석하여 든든하고 기분이 좋았다고 합니다. 서로 간에 돈독한 시간을 보내게 되어 입학식에 참석하길 잘했다고 하셨습니다.

위치별 리딩 해석 포인트

위치	타로 카드		핵심 의미	리딩 해석 포인트
1. 현재 상황		컵 6	향수, 순수한 애정, 가족 유대	아들을 향한 순수한 사랑과 어린 시절의 추억이 현재의 감정에 크게 작용. 아들과의 특별한 유대감이 부각됨.
2. 가까운 미래		펜타클 시종	새로운 시작, 작은 지출, 기회	입학식 참석 시 소소한 비용이 따르지만, 가족 유대와 정서적 만족이 커지고 즐거운 경험으로 기억될 가능성이 큼.
3. 먼 미래		2번 고위 여사제	지혜, 깊은 이해, 평온	아들의 성장을 지켜보며 내적 통찰과 평화를 얻음. 단순한 부모 역할을 넘어, 내면적 성숙과 깊은 이해로 이어짐.
4. 가까운 미래		소드 10	상실, 자책, 완벽주의	불참 시 자책감과 후회에 사로잡혀 마음의 무거운 짐을 지게 될 수 있음.
5. 먼 미래		펜타클 기사	인내, 끈기, 평범한 안정	시간이 흐르면 평온은 회복되지만, 아들의 중요한 순간을 함께하지 못한 아쉬움이 내면에 깊게 남아 완전히 사라지지 않음.

5 카드

양자택일 질문 7

"타로 공부를 계속해야 할까요? 말까요?"

한다

3 [먼 미래]
큰돈은 아니어도
안정적 수입이 생긴다.

안 한다

5 [먼 미래]
또 다른 것을 찾아
열심히 한다.

2 [가까운 미래]
열정을 가지고 집중하여
적극적으로 임한다.

4 [가까운 미래]
새로운 것을 시도하고,
도전하고 싶어 한다.

1 [현재 상황]
어떻게 할지
확신이 없고 막연하다.

총평 : 타로 공부를 계속하면 금전적 안정의 가능성이 있고, 그만두더라도 결국은 다시 도전하게 된다. 자신감을 가져라!

질문 상황

내담자는 현재 타로를 공부하고 있는 50대 여성입니다. 지금 공부하고 있는 타로를 계속해서 공부하는 것이 좋을지 아니면, 그만두는 것이 좋을지 고민이 된다고 하셨습니다. 내담자를 더 이롭게 하는 방향이 어떤 곳을 향하는지 정말 궁금하네요. 지금부터 카드가 전하는 이야기를 들으러 함께 떠나보겠습니다.

리딩 카드의 메시지를 따라가 볼까요?

1 [현재 상황] **'컵 7'** 〈여러 가능성과 상상, 선택의 불확실성〉

내담자는 여러 가능성과 상상을 동시에 보고 있어 무엇을 선택할지 확신이 없어요. 선택지의 장단점을 상상하는 과정은 활발하지만, 실제 행동으로 연결되기 어려운 상태네요. 우선 현실적 우선순위를 정하는 것이 필요해 보입니다.

2 [가까운 미래] **'완즈 퀸'** 〈열정과 몰입, 활동적 성장〉

타로 공부를 지속하면 적극적인 열정과 몰입을 경험하게 되네요. 실전 리딩과 창의적 표현에서 즐거움이 따르며 스스로 동기를 부여하여 활동적으로 임할 가능성이 클 것 같습니다.

3 [먼 미래] **'펜타클 기사** 〈안정적 현실, 꾸준한 수익〉

미래에는 큰 수익이 아닐지라도 안정적이고 꾸준한 수입원을 확보할 수 있겠어요. 강의, 타로 상담 등 실질적인 업무를 통해 소득을 지키는 구조를 만들게 됩니다.

4 [가까운 미래] '1번 마법사' 〈새로움, 창조적 출발〉

공부를 멈추고 새로운 길을 택하면 새로움과 창조적 출발의 기운을 느끼게 됩니다. 새로운 분야에 대한 호기심과 실행력이 발현되어 단기간에 변화의 기회를 경험할 수 있겠네요.

5 [먼 미래] '7번 전차' 〈추진력과 성취 지향〉

선택한 새로운 길에서 강한 추진력과 성취 지향성이 발현되네요. 목표를 향해 전력으로 나아가며 성과를 이루어내는 구도가 예상됩니다.

타로 마스터의 힐링 노트

"타로를 계속 공부하면 매 순간 얻게 되는 깨달음의 빛이 지혜와 혜안을 넓혀 줄 수 있어요!"

이번 리딩을 통해 내담자가 얼마나 타로에 진심인지를 다시금 느꼈을 것 같아요. 이미 내담자는 타로에 대한 매력에 푹 빠져 있고 배우려는 열정도 가득합니다. 절제 카드가 주는 지혜처럼, 주변의 유혹과 걱정보다는 스스로 중심을 잡고 나아간다면 훨씬 더 큰 깨달음을 얻을 수 있다는 메시지는 정말 큰 힘이 될 거예요.
내담자가 진정으로 원하는 길이 무엇인지 깨닫고, 용기 내어 앞으로 나아갈 수 있기를 응원합니다.

상담 후 내담자의 결과

내담자는 상담을 통하여 자신이 타로의 매력에 깊게 심취하였음을 확실히 인지하게 된 후, 열정과 노력을 기울여 더 깊고 폭넓게 타로 공부를 하게 되었습니다. 기본이 되는 유니버셜 웨이트 타로를 기점으로 클림트, 알폰스 무하, 마르세이유, 컬러, 르노르망, 호로스코프벨린 등에 이르기까지 타로 공부에 진심이라고 합니다. 10월부터는 온라인 타로 상담 플랫폼에 입점하여 상담을 할 예정이라고 하니 앞으로가 무척이나 기대됩니다.

위치별 리딩 해석 포인트

위치	타로 카드		핵심 의미	리딩 해석 포인트
1. 현재 상황		컵 7	여러 가능성과 상상, 선택의 불확실성	내담자가 여러 선택지를 상상하며 판단하지만, 실제 행동으로 옮기기 어려운 상태.
2. 가까운 미래		완즈 퀸	열정과 몰입, 활동적 성장	타로 공부 지속 시 실전과 창의적 표현에서 즐거움 경험. 스스로 동기 부여하며 적극적 활동 가능.
3. 먼 미래		펜타클 기사	안정적 현실, 꾸준한 수익	큰 수익보단 안정적 수입 확보. 강의·상담 등 실질적 활동을 통한 지속 가능성.
4. 가까운 미래		1번 마법사	새로움, 창조적 출발	타로 공부를 중단하더라도 새로운 길이나 다시 타로 공부를 시작할 가능성.
5. 먼 미래		7번 전차	추진력, 성취 지향	목표를 향한 강력한 추진력 발현. 선택한 새로운 길에서 성과 달성 가능성.

5 카드

양자택일 질문 8

"다른 동료 강사들과 협업을 할까요? 말까요?"

한다

3 [먼 미래]

할 일이 많아지지만
열정과 여유도 생긴다.

안 한다

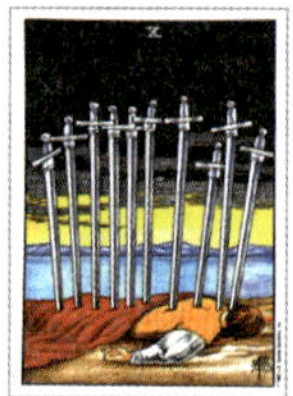

5 [먼 미래]

완벽한 계획을 위해
생각이 많아진다.

2 [가까운 미래]

나의 위치가 올라가고
안정적으로 유지되나,
유지하는데 에너지가 소비된다.
일적으로는 피곤하다.

4 [가까운 미래]

무엇을 해야 할지 모른다.

1 [현재 상황]

함께 하면 소통이 잘 되며, 즐거운
상태가 된다.

총평 : 협업은 명예와 성장으로 이어지지만, 책임과 피로를 수반하니 명확한 계약과 역할 분담을 전제로 시범적으로 진행하고, 현재 카드의 좋은 상황을 토대로 여유 있는 마음으로 나아가라!

질문 상황

40대 여자 학원 강사입니다. 3명의 동료 강사들과 협업을 제안받아서 수락해야 할지, 거절해야 할지 고민이 되어 상담을 요청하였습니다. 협업할 경우, 지방에 가서 일해야 하므로 거리상 이동에 대한 부담이 크고, 안 하자니 좋은 기회를 놓치게 되어 선택의 갈림길에서 답을 찾고 싶어 했습니다. 타로는 어떤 선택을 제시하게 될까요?

리딩 카드의 메시지를 따라가 볼까요?

1 [현재 상황] **'완즈 4'** 〈기회와 협업, 안정적 기반〉

기회가 온전하며 협업을 통해 얻는 이득이 분명해 보여요. 협업 자체는 서로 소통이 잘 되고 만족도 역시 높아 보입니다. 기반을 튼튼히 하고 상호 보완적 이익을 가져오는 상황이네요.

2 [가까운 미래] **'4번 황제'** 〈안정·권위·책임〉

협업을 선택하면 명예와 지위가 올라가며 안정적인 운영이 가능해집니다. 다만 관리·책임 부담이 커지고 일상이 피로해질 수 있으므로 권한과 역할 분담을 명확히 해야 해요.

3 [먼 미래] **'완즈 킹'** 〈성장·리더십·확장〉

업무량이 늘어나지만 동시에 체계와 여유가 생겨 리더십을 발휘할 수 있는 상태로 발전합니다. 활동이 확장되며 수익·영향력 면에서 성장할 가능성이 크겠네요.

4 [가까운 미래] **'컵 7'** 〈혼란과 망설임〉

협업을 하지 않으면, 당장의 방향성이 흐려지고 무엇을 우선할지 모호해질 수 있습니다. 선택지에 대한 망설임과 분산된 관심으로 효율이 떨어질 위험이 있네요.

5 [먼 미래] **'소드 10'** 〈손실·완벽주의〉

고립되거나 업무와 관련해 스트레스, 손실 같은 부정적 결과를 맞을 수 있겠어요. 하지 않을 경우, 완벽한 계획을 위해 생각이 많아질 수 있어요. 또한, 인간관계의 폭이 좁아질 수도 있습니다.

타로 마스터의 힐링 노트

"협업은 명예와 성장을 주지만 피로와 책임을 부르고, 회피는 자유처럼 보여도 고립을 부르니, 기회와 한계를 균형 있게 끌어안는 선택이 관건"

전반적으로 카드는 협업이 명예와 안정, 성장으로 이어지지만, 단기적 피로와 책임의 증가를 가져올 수 있음을 나타냅니다. 반면 협업을 하지 않으면, 당장은 선택의 자유로 보일 수 있으나 방향성 혼란과 인간관계에서 폭을 좁게 만드는 상황을 초래할 여지가 있습니다.

결정은 기회의 가치와 감당할 수 있는 비용의 균형에서 나옵니다. 카드가 말하는 것은 가능성의 방향이지 확정된 운명이 아닙니다. 협업을 선택한다면 경계와 보호 장치를 마련해 과로와 감정적 소진을 방지하고, 회피를 택하더라도 외로움을 예방하기 위한 대안적 네트워크를 만들어 두는 것이 필요해 보입니다. 어떤 선택을 하든 자신의 한계를 인정하고, 휴식을 통해 지속 가능한 길을 설계하는 것이 가장 중요하다.

상담 후 내담자의 결과

내담자는 협업하지 않기로 결정했습니다. 타로 리당의 도움을 받아 당장 하는 일들에 매진하는 것을 선택했고, 지방까지 가서 과로와 감정적 소진을 하지 않는 것에 중점을 두었습니다. 외로움을 예방하기 위해 더 중요한 네트워크에 집중하였고, 결과적으로 해당 일은 빠졌지만, 머지않아 동료 강사들에게 다른 일로 다시 협업 제안을 받아 수용하여 근거리에서 함께 즐겁게 일하고 있습니다.

위치별 리딩 해석 포인트

위치	타로 카드		핵심 의미	리딩 해석 포인트
1. 현재 상황		완즈 4	기회와 협업, 안정적 기반	협업을 통해 얻는 이익이 분명. 상호 보완적 기반 마련 가능.
2. 가까운 미래		4번 황제	안정, 권위, 책임	협업 선택 시 명예와 지위 상승, 안정적 운영 가능. 다만 관리·책임 부담과 일상 피로 주의. 역할 분담 필요.
3. 먼 미래		완즈 킹	성장, 리더십 확장	장기적으로 업무량 증가, 체계와 여유 확보. 리더십 발휘 가능하며 수익·영향력 성장 기대.
4. 가까운 미래		컵 7	혼란과 망설임	협업하지 않으면 방향성 모호, 우선순위 혼란. 선택지에 대한 망설임과 관심 분산으로 효율 저하 위험.
5. 먼 미래		소드 10	손실, 완벽주의	장기적으로 업무상 손실 가능. 완벽한 계획을 세우기 위한 스트레스 초래.

5 카드

양자택일 질문 9

"기존 모임에 새로운 구성원을 영입하는 것이 좋을까요? 아닐까요?"

한다

안한다

3 [먼 미래]

의욕적이고
자신감 넘치며 즐겁다.

5 [먼 미래]

이성적으로 잘 판단하나
마음은 고독하다.

2 [가까운 미래]

잠시 부담스러운
갈등 상황이 생길 수 있다.

4 [가까운 미래]

마음의 문을 열지 않고 있다.

1 [현재 상황]

같이 하고 싶은 마음을
가지고 있다.

총평 : 새로운 구성원은 활력과 자신감을 불러올 수 있으나, 초기의 기대 불일치와 역할 충돌을 예방하는 협의가 선행되어야 성공적 통합이 가능하다.

질문 상황

내담자는 60대 남성입니다. 사회적 취미 모임으로 다양한 계층의 회원들이 모여 정기적으로 수년째 잘 운영되는 모임을 하고 있습니다. 최근에 지인이 이 모임에 들어오고 싶어 하는데 혹시나 영입 시 전체 분위기가 잘 유지될지 걱정이 되어 상담을 요청했습니다. 모임을 기존대로 하는 게 좋을지, 새로운 구성원을 영입하는 게 좋은지 양자택일법으로 살펴보겠습니다.

리딩 카드의 메시지를 따라가 볼까요?

1 [현재 상황] **'6번 러버스'** 〈관계적 결속, 협력, 새로운 인연 수용〉

내담자는 새로운 구성원과 함께하고자 하는 긍정적 의향이 강하네요. 공동 성취와 상호 관심을 바라는 마음이 존재하며, 관계적 결속을 중시하는 태도가 보입니다.

2 [가까운 미래] **'소드 2'** 〈갈등, 부담, 선택의 압박〉

예상하지 못한 갈등 상황으로 인하여 부담스러울 수 있네요. 텃새느낌? 부담스러움? 이런 감정을 느낄 수 있습니다.

3 [먼 미래] **'완즈 퀸'** 〈활력, 자신감, 적극성〉

활기와 자신감을 회복하며 모임에서 즐거움과 적극성을 경험하게 되네요. 역할 분담이 정비되고 서로의 장점을 살리는 구조가 마련될 경우, 모임 전체의 역동성이 긍정적으로 확장될 가능성이 큽니다.

4 [가까운 미래] **'컵 9'** 〈만족, 안정, 자기충족〉

영입을 미루거나 거부할 경우, 당장의 정서적 안정과 만족을 유지할 수 있어요. 그러나 '마음의 문을 닫는' 태도가 지속되면 새로운 관점과 활력을 수용할 기회를 스스로 제한하게 될 우려가 있습니다.

5 [먼 미래] **'소드 퀸'** 〈명확한 판단, 이성, 질서 유지〉

이성적이고 명확한 판단을 유지하게 되어 운영상의 불필요한 혼란을 줄일 수 있어요. 다만 지나치게 분석적으로 방어적 태도를 유지하면 관계적 유연성이 떨어질 수 있습니다.

타로 마스터의 힐링 노트

결정은 '새로움에 대한 기대'와 '지금 지키려는 안정' 사이의 균형 잡기!

카드는 가능성과 주의점을 동시에 제시할 뿐 결론을 강요하지 않습니다. 새로운 구성원의 영입은 모임의 가치를 확인하고 경계와 합의를 명확히 한 뒤, 필요할 때는 단호하게 재평가하는 유연함을 지니는 것이 필요해 보입니다. 마지막으로, 결정 과정에서 구성원 각자의 감정이 배제되지 않도록 귀 기울여 주기를 권합니다.

기본적으로 영입 쪽에 기회가 있으나 준비 부족 시 초기 갈등이 발생할 수 있음을 경고합니다. 새로운 구성원은 모임에 활력을 줄 수 있으며 장기적으로는 긍정적 변화를 가져오지만, 단기적으론 역할·기대의 불일치로 부담이 될 수 있습니다. 반대로 영입을 거부하면 즉각적 안정과 이성적 판단은 지켜지나 장기적 활력 저하와 기회 손실의 위험이 따른다고 볼 수 있겠습니다.

상담 후 내담자의 결과

상담 후 전체 구성원의 동의를 얻어 새로운 구성원을 신규 영입했습니다. 염려했던 거와 달리 신규 구성원이 기존 모임 분위기에 잘 적응하고 신선한 동기 부여를 하는 등 전체적으로 긍정적이며, 화기애애한 분위기가 잘 유지 되고 있어 신규 영입을 잘했다고 생각합니다.

위치별 리딩 해석 포인트

위치	타로 카드		핵심 의미	리딩 해석 포인트
1. 현재 상황		6번 러버스	관계적 결속, 협력, 새로운 인연 수용	새로운 구성원과의 협력을 긍정적으로 바라보며, 상호 관심과 공동 성취에 대한 기대가 큼.
2. 가까운 미래		소드 2	갈등, 부담, 선택의 압박	예기치 못한 갈등이나 '텃새' 같은 부담스러운 감정을 경험할 수 있음.
3. 먼 미래		완즈 퀸	활력, 자신감, 적극성	관계가 정비되면 자신감을 회복하고 모임 내에서 즐거움과 적극적인 에너지를 발휘함.
4. 가까운 미래		컵 9	만족, 안정, 자기충족	당장은 편안하지만 새로운 활력과 기회를 스스로 차단할 위험이 있음.
5. 먼 미래		소드 퀸	명확한 판단, 이성, 질서 유지	운영상 안정은 확보되나 관계의 유연성과 따뜻함은 부족해질 수 있음.

5 카드

양자택일 질문 10

"새로운 곳으로 이사를 가게 되었는데, 기존 집을 전세를 줄까요? 매매 할까요?"

전세

3 [먼 미래]
큰 돈은 아니지만
돈이 생긴다.

매매

5 [먼 미래]
큰돈이 들어올
기회가 생긴다.

2 [가까운 미래]
전세를 주는 것은
미래의 희망을 가져다 준다.

4 [가까운 미래]
혼란, 고민,
걱정거리가 생긴다.

1 [현재 상황]
부담되는 상황
양쪽 모두 가질 순 없다.

총평 : 전세는 안정과 환경 개선에 좋고, 매매는 유동성과 재투자 기회를 주지만 가까운 시기의 혼란 상황을 잘 극복하여야 한다. 따라서 현금 상황과 관리 능력을 고려해 결정하라!

질문 상황

30대 후반 남성, 회사원입니다. 최근 새 아파트로 이사를 하게 되었는데, 기존 집을 어떻게 처리해야 할지 고민이 되어 상담을 요청했습니다. 전세를 주어 꾸준히 이익을 얻는 방법과 아예 매매해서 자금을 확보하는 방법 사이에서 결정을 내리지 못하고 있었습니다. 안정적인 현금 흐름이 필요한지, 아니면 자산을 장기적으로 굴려야 하는지 선택이 쉽지 않아 타로의 조언을 듣고자 했습니다.

리딩 카드의 메시지를 따라가 볼까요?

1 [현재 상황] **'소드 2'** 〈갈등, 선택의 압박, 우유부단〉

결단의 무게가 크고 양쪽을 동시에 가질 수 없는 상황입니다. 마음 안에 갈등이 존재하며, 감정과 이성 사이에서 우선순위를 정해야 하는 시점이네요.

2 [가까운 미래] **'완즈 3'** 〈도전, 확장, 장기적 전망〉

전세를 통해 장기적 전망을 열어갈 수 있으며, 확장 가능성을 기대해 볼 수 있어요. 준비와 관리가 필요하지만 시도해 볼 가치가 있습니다.

3 [먼 미래] **'펜타클 시종'** 〈현실적 시작, 안정적 수익, 성실한 관리〉

수익과 관리 루틴이 자리를 잡으면서 환경이 개선되는 결과가 예상됩니다. 새로운 보상이 따라오므로, 꾸준히 관리할 의지가 있다면 실속 있는 선택이라 할 수 있습니다.

4 [가까운 미래] **'18번 달'** 〈불안, 혼란, 불확실성〉

매매를 선택하면, 초기에는 고민과 불안, 불확실성이 커질 수 있습니다. 절차와 시세, 정서적 불안이 맞물리며 혼란스러운 감정이 동반될 가능성이 높습니다.

5 [먼 미래] **'펜타클 에이스'** 〈기회, 물질적 보상, 새로운 기반〉

미래에는 매매로 인한 현금 유입이나 재투자 기회가 생길 수 있습니다. 유동성 확보가 필요하거나 재투자를 통해 다른 기회를 잡고자 할 때 매매가 강력한 선택이 될 수 있어요.

타로 마스터의 힐링 노트

"전세는 안정 후에 새로운 기회, 매매는 초반 불안 뒤 미래 기회, 결국 마음 편한 선택이 가장 큰 자산"

만약 전세를 선택한다면, 가까운 미래에는 '완즈 3' 카드처럼 내담자의 태도가 빛을 할 거예요! 처음엔 조금 손이 많이 가고 준비할 것도 있겠지만, 장기적인 안목으로 봤을 때 아주 좋은 시작이 될 수 있다고 하네요. 그리고 먼 미래에는 '펜타클 시종'처럼 새로운 수익이 생기고 주변 환경도 점점 좋아질 것입니다. 꾸준히 관리하는 수고가 수반된다면, 실속 있는 선택이 될 수 있으니, 기대해 봐도 좋을 것 같습니다.

반대로 매매를 선택한다면, 초반에는 '18번 달' 카드처럼 불안하고 답답한 마음이 들 수도 있어요. 복잡한 절차나 시세 변동 때문에 마음이 혼란스러울 때도 있겠지만, 이 시기만 잘 넘기면 먼 미래에는 '펜타클 에이스' 카드가 나타나듯이 엄청난 기회가 찾아올 거랍니다! 현금 흐름이 좋아지거나 또 다른 멋진 재투자 기회가 생길 수 있다고 하니, 미래의 가능성을 보고 선택하는 것도 좋은 방법이 될 거예요. 다만, '달 카드'의 상황을 버틸 수 있느냐의 문제는 발생합니다.

어떤 길을 선택하든 분명히 내담자에게 가장 좋은 방향으로 흘러갈 거예요. 중요한 건 마음이 편안하고 행복할 수 있는 선택을 하는 거라는 걸 잊지 마세요!

상담 후 내담자의 결과

타로 리딩을 통해 내담자는 전세를 주는 방향으로 마음을 정했습니다. '완즈 3'과 '펜타클 시종'이 보여주는 태도로 전세 관리에 나선다면 그 후에 안정적인 수익을 얻게 될 것이라는 메시지가 큰 힘이 되었습니다. 초반에는 관리와 준비가 번거로울 수 있음을 받아들이면서도, 꾸준히 운영하면 환경도 개선되고 수익도 쌓일 수 있다는 점에 확신을 얻었습니다. 상담 이후 내담자는 마음이 훨씬 편안해졌고, 자신에게 맞는 현실적인 선택을 했다는 안도감 속에서 새로운 생활을 준비할 수 있었다고 합니다.

위치별 리딩 해석 포인트

위치	타로 카드		핵심 의미	리딩 해석 포인트
1. 현재 상황		소드 2	갈등, 선택의 압박, 우유부단	두 가지 선택 사이에서 결정을 미루고 있으나, 결국 한쪽을 선택해야 하는 상황.
2. 가까운 미래		완즈 3	도전, 확장, 장기적 전망	전세를 통해 새로운 기회를 열 수 있음. 준비와 관리 필요.
3. 먼 미래		펜타클 시종	현실적 시작, 안정적 수익, 성실한 관리	전세 수익으로 안정적인 환경을 만들어 새로운 기회로 이어짐.
4. 가까운 미래		18번 달	불안, 혼란, 불확실성	매매 과정에서 절차·시세·정서적 요인으로 인해 초기 혼란과 불안이 커질 수 있음.
5. 먼 미래		펜타클 에이스	기회, 물질적 보상, 새로운 기반	매매로 현금 유입과 재투자 기회를 얻을 수 있어 장기적 선택지로 가치 있음.

5 카드

양자택일 질문 11

"아들이 수학 과외를 해야 할까요? 말까요?" (아들의 입장)

한다

3 [먼 미래]
너무 많은 것을
하려고 해서 부담스럽다.

안 한다

5 [먼 미래]
혼자 하게 되어
힘들게 버틴다.

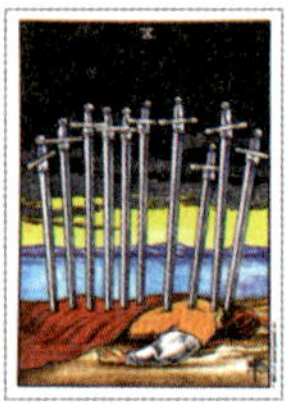

2 [가까운 미래]
너무 완벽하게 하려 해서
성적이 나아짐에도 불구하고,
불만족스럽다.

4 [가까운 미래]
수학 학습에 대한
혼란 상황이 생긴다.

1 [현재 상황]
이성적으로
생각하려고 한다.

총평 : 과외는 단기적으로 좋지만, 너무 몰입해서 오히려 힘들 수도 있으니, 꼭 아들의 마음을 살피면서 잘 맞춰 가는 게 중요하다.

질문 상황

내담자는 혼자 공부하는 고3 아들의 수학 성적이 떨어져서 혼자 공부하는 방법과 수학 과외 수업하는 방법 중 어느 것이 아들의 입장에서 도움이 되는지 알고 싶어 상담을 요청했습니다. 타로를 통해서 확신을 얻고 아들에게 방법을 제안하고 싶은데 어떤 방법이 도움이 될지 함께 살펴보겠습니다.

리딩 카드의 메시지를 따라가 볼까요?

1 [현재 상황] '소드 퀸' 〈이성, 규율, 분석력〉

아들은 이성적으로 해야 할 일을 알고 있고 스스로 규율을 지키려는 태도를 보이고 있어요. 합리성과 분석력이 강점으로 작용하나, 감정적 신호(피로, 흥미 저하)를 무시할 위험이 있으므로 내적 동기와 정서 상태를 함께 점검하는 것이 필요합니다.

2 [가까운 미래] '소드 10' 〈과부하, 완벽주의, 번 아웃〉

과외를 시작할 경우, 지나치게 완벽을 추구하는 태도가 나타날 수 있어요. 높은 기준을 자신에게 강요하여 성취감이 감소하거나 번 아웃이 올 수 있으므로, 과외 초반에는 난이도·속도를 조절하여 자존감 회복을 우선시해야 합니다.

3 [먼 미래] '소드 2' 〈갈등, 선택의 부담, 내적 압박〉

과외를 지속하면, 의무감과 부담이 누적되어 심리적 갈등과 결단의 부담이 지속될 가능성이 클 수 있어요. 즉, 성과가 나와도 마음의 무게가 가벼워지지 않을 수 있으므로 휴식과 선택권을 분명히 두는 장치가 필요합니다.

4 [가까운 미래] **'5번 교황'** 〈전통, 지도, 체계 부재 시 혼란〉

과외를 하지 않을 경우, 당장은 혼란스러운 상황이 발생할 수 있겠어요. 학습 방향의 설정이나 체계적 보완이 부재하여 불안정한 국면이 올 수 있음을 경고합니다.

5 [먼 미래] **'13번 데스'** 〈종결과 재편, 변화를 통한 새 균형〉

과외를 하지 않는 선택이 고난과 재구성의 과정을 동반하겠으나, 그 과정을 통해 학습 방식이나 동기 구조가 근본적으로 재편될 가능성이 있겠어요. 힘든 시간이 있더라도 결과적으로 새로운 균형이 마련될 수 있습니다. 그러나 혼란스럽고 힘들게 버티는 상황이 올 수 있음도 간과해서도 안 될 것입니다.

타로 마스터의 힐링 노트

"단기 성과보다 중요한 건, 따뜻한 지지 속에서 아들이 자기효능감을 쌓는 것이 중요!"

현재의 이성적 태도는 장점이나, 과외 선택은 '단기 성과 vs 장기 정서 안정'이라는 갈림길입니다. 과외를 택하면 빠른 성과와 학습 정돈이 가능하나 완벽주의와 심리적 압박의 위험이 크며(소드 10 → 소드 2), 과외를 하지 않으면 초기의 혼란과 어려움이 유지되어 장기적으로는 혼란스럽고 힘들게 버티는 상황이 될 수 있습니다(교황 → 데스). 핵심은 아들의 내적 동기와 정서적 회복력을 기준으로 삼아 '시범 기간'을 설정하고, 성과와 정서 모두를 평가하는 구조를 마련하는 것입니다.
가능하다면, 새로운 수학 과외 선생님을 섭외하여 서로 합을 맞추고 협력하는 시도가 도움이 될 것으로 보입니다.

아들이 이성적으로 '해야 한다'를 알고 있다면 부모는 그 이성 위에 따뜻한 지지를 더하여 완벽함이 아닌 성취의 경험을 먼저 쌓게 도와주는 것이 필요합니다. 작은 성공을 자주 확인해 주고, 실수와 휴식이 허용되는 환경을 만들어 주면, 학습 이상의 자기효능감이 자라날 거예요.

상담 후 내담자의 결과

아들은 과외 공부를 하기로 선택했습니다. 다만 한 달만 우선 해보고 이후에 계속할지 말지를 결정하기로 했고, 부모는 그 제안을 수용해 주고 아들이 주도적으로 결정할 수 있도록 지지했습니다. 한 달 동안 해보더니 혼자 할 때 막막함을 떨쳐내서 안도감을 느끼고, 과외선생님의 도움을 받아 조금씩 수학 공부에 흥미를 갖고 성적이 오르게 되었다고 합니다.

위치별 리딩 해석 포인트

위치	타로 카드		핵심 의미	리딩 해석 포인트
1. 현재 상황		소드 퀸	이성, 규율, 분석력	아들은 합리적으로 학습 태도를 유지하나 감정적 피로와 흥미 저하를 무시할 위험이 있음. 정서 점검 필요.
2. 가까운 미래		소드 10	과부하, 완벽주의, 번 아웃	과외 초반 지나친 자기 강요로 성취감이 떨어질 수 있음. 난이도·속도 조절과 자존감 회복이 우선.
3. 먼 미래		소드 2	갈등, 선택의 부담, 내적 압박	과외 지속 시 성과는 있으나 의무감이 누적되어 갈등이 계속됨. 휴식과 선택권 확보 장치 필요.
4. 가까운 미래		5번 교황	전통, 지도, 체계 부재 시 혼란	과외를 하지 않으면, 학습 방향 설정이 어렵고 불안정한 국면이 올 수 있음.
5. 먼 미래		13번 데스	종결과 재편, 변화를 통한 새 균형	혼란과 고난이 따르지만, 학습 방식과 동기 구조가 근본적으로 재편되며 새로운 균형 가능.

5 카드

양자택일 질문 12

"아들이 수학 과외를 해야 한다면, 강사 선택은?"

(기존 강사 vs 새로운 강사)

기존 강사

3 [먼 미래]

기존 수업방식을 받아들여 천천히 나아가려고 한다.

새로운 강사

5 [먼 미래]

느리지만, 차츰차츰 완성되며 발전한다.

2 [가까운 미래]

유지는 되나 변화가 없다.

4 [가까운 미래]

같이 하는 게 즐겁다.

1 [현재 상황]

눈치를 보며 균형을 잡고 있다.

총평 : 기존 강사를 유지하려면(펜타클 기사→컵 기사) 시범적 변화를 허용해야 하고, 동기 회복과 성장·발전을 원한다면 새 강사로 바꾸어 일정 기간 시험해 보되(6번 러버스→월드) 객관적 평가 기준을 두고 결정해라.

질문 상황

아들이 과외를 앞두고, 먼저 학원을 통해 소개받은 기존 강사와 아빠를 통해 알게 된 새로운 강사를 두고 고민하게 되었습니다. 어느 강사가 아들과 더 어울릴지 알고 싶어서 상담을 요청했습니다. 과연 어느 강사가 아들에게 더 어울릴까요?

리딩 카드의 메시지를 따라가 볼까요?

1 [현재 상황] **'컵 킹'** 〈감정적 균형, 공감, 정서 안정〉

아들은 타인의 기분과 상황을 민감하게 살피는 편이나 감정의 균형을 잘 유지하고 있어요. 외부의 눈치를 보긴 하나 대체로 안정된 정서로 학습에 임할 수 있는 상태이니, 강사와의 관계성(신뢰·공감)이 결정에 큰 영향을 미칠 것입니다.

2 [가까운 미래] **'펜타클 기사'** 〈성실, 안정, 꾸준한 진전〉

기존 강사와 계속할 경우, 안정적이고 꾸준한 진전이 기대되네요. 강사가 비교적 보수적이고 성실한 스타일이라면 일관된 학습 루틴과 성과 유지가 가능하나 변화나 급속한 도약을 기대하기는 어렵습니다.

3 [먼 미래] **'컵 기사'** 〈정서적 지지, 긍정적 태도, 열린 마음〉

학습 과정에서 정서적 지지와 포용을 경험하게 되어 아들이 수학 학습에 대해 마음을 열고 긍정적 태도를 형성할 가능성이 크겠어요. 안정적 관계 속에서 자기 주도성이 서서히 자랄 것으로 보입니다.

4 [가까운 미래] '6번 러버스' 〈호응, 즐거움, 선택의 기쁨〉

새로운 강사와의 학습은 즐거움과 상호 호응을 불러일으킬 수 있겠어요. 새로운 방식이나 둘만의 케미가 아들의 흥미와 동기를 자극하여 수업 참여도가 높아질 가능성이 있습니다.

5 [먼 미래] '21번 월드' 〈완성, 성취, 목표 달성〉

새로운 접근을 통해 완성도 높은 성취에 도달할 수 있겠어요. 단계적 성장과 성과의 발전이 이루어질 수 있으니, 변화를 통한 목표 달성 가능성이 높습니다.

타로 마스터의 힐링 노트

"안정과 새로움 사이, 아들이 스스로 주인공이 되는 선택이 가장 큰 성장의 열쇠"

두 길 모두 장단점이 뚜렷하므로 판단 기준을 명확히 설정하는 것이 중요합니다. 기존 강사 유지의 핵심 이점은 '안정성·일관성·정서적 포용'이며, 단점은 '동기 회복의 어려움과 변화의 한계'입니다.

새로운 강사 도입의 핵심 이점은 '동기 부여·새로운 접근·성취 가능성'으로 볼 수 있습니다.

아들의 학습 효율과 정서적 안정을 함께 고려해야 진정한 성과로 이어진다는 것을 염두에 두고, 아들이 스스로 주인공이 되도록 선택권을 마련해 주고 작은 성취를 자주 축하하여 자기효능감을 키워 주기를 바랍니다. 변화는 시도해 봄으로써 확실해지니, 새로운 강사와 수학 과외 진행을 해 볼 것을 권합니다.

상담 후 내담자의 결과

아늘은 낯가림이 있어 기존 강사로 과외를 하려고 했습니다. 그런데 타로 상담 후 새로운 강사와 한 번만 만나보고 결정하자는 아빠의 권유를 수락하여 새로운 강사를 만났습니다. 만남 후에 아들은 다행히 새로운 강사가 맘에 든다며, 새로운 강사와 과외를 시작했습니다. 그리고 얼마 안 가서 새로운 강사와 공부 케미를 맛보더니, 조금씩 성적도 오르고 수학에 대한 흥미가 생겼다고 감사의 마음을 전했습니다.

위치별 리딩 해석 포인트

위치	타로 카드		핵심 의미	리딩 해석 포인트
1. 현재 상황		컵 킹	감정적 균형, 공감, 정서 안정	아들은 눈치를 보지만 감정이 안정적이며, 강사와의 신뢰·공감 관계가 학습 지속 여부에 핵심 영향을 줌.
2. 가까운 미래		펜타클 기사	성실, 안정, 꾸준한 진전	기존 강사와는 일관된 학습 루틴과 안정된 성과 유지 가능. 단, 변화나 빠른 도약은 제한적.
3. 먼 미래		컵 기사	정서적 지지, 긍정적 태도, 열린 마음	수학 학습에 대한 긍정적 정서 형성. 안정된 관계 속에서 자기 주도성 서서히 성장.
4. 가까운 미래		6번 러버스	호응, 즐거움, 선택의 기쁨	새로운 강사와는 즉각적인 케미와 흥미 자극. 수업 참여도가 높아지고 동기가 활발히 형성됨.
5. 먼 미래		21번 월드	완성, 성취, 목표 달성	새로운 방식이 아들의 성취를 완결 단계로 이끌 수 있음. 변화와 도전을 통한 발전적 성과 기대.

5 카드

양자택일 질문 13

"아이가 회장 선거에 나가는 것이 좋을까요? 아닐까요?" (아이의 입장)

나간다

3 [먼 미래]
원하는 결과에 미치지 못하여 감정적으로 혼란스럽다.

안 나간다

5 [먼 미래]
새로운 기회나 도전에 대해 생각한다.

2 [가까운 미래]
주변의 제안을 받고 본인도 생각이 있다.

4 [가까운 미래]
즐겁고 공부도 잘한다.

1 [현재 상황]
주변이 어수선하다.

총평 : 아이의 자발성과 정서적 준비가 확실하면 출마를 권하지만, 그렇지 않다면 무리한 출마는 권하지 않는다.

질문 상황

적극적이고 활동적인 초등학교 6학년 딸을 둔 엄마입니다. 1학기 회장 선거에 나간다고 하는 딸이 떨어지면 주눅 들까 봐 걱정되어서 상담을 요청하였습니다. '딸의 입장'에서 회장 선거에 나가는 것이 좋을지 안 좋을지 같이 살펴볼까요?

리딩 카드의 메시지를 따라가 볼까요?

1 [현재 상황] **'펜타클 10'** 〈완전성, 안정, 기대와 부담〉

가정환경이나 주변 상황에서 완전성·안정성을 중시하는 기운이 강하나, 개인주의적 태도와 기대가 섞여 어수선함이 존재하네요. 이는 부모나 주변의 기대가 아이에게 부담으로 작용할 소지가 있으므로, '누구를 위한 출마인지'에 대해 명확히 할 필요가 있습니다.

2 [가까운 미래] **'컵 기사'** 〈권유, 지지, 감성적 동기〉

출마를 택하면, 누군가의 권유나 격려가 실질적 계기가 되어 출마 결정이 이루어질 수 있어요. 감성적·이념적 동기가 작용해 본인도 적극적으로 생각하게 되는 상황이 되며, 주변의 지지가 큰 역할을 할 가능성이 큽니다.

3 [먼 미래] **'18번 달'** 〈혼란, 불확실성, 감정의 기복〉

감정적 혼란과 불확실성, 선택의 갈팡질팡함이 지속될 우려가 있어요. 기대와 현실 사이, 표면적 이미지와 내면의 불안이 충돌할 수 있으므로, 출마 후 감정적 혼란을 관리할 방안을 마련해야 합니다.

4 [가까운 미래] '6번 러버스' 〈즐거움, 조화, 유대〉

출마하지 않는 쪽을 택하면, 당장은 학업과 또래 관계에서의 즐거움과 조화가 유지되겠어요. 친구들과의 유대와 공부의 흐름이 긍정적으로 이어지는 모습입니다.

5 [먼 미래] '1번 마법사' 〈주도성, 자신감, 새로운 시작〉

자신감과 주도성이 성장하여 본인의 존재감과 역량을 발휘하게 될 가능성이 크겠어요. 출마하지 않더라도 다른 방식으로 리더십을 키우고 성취를 이룰 수 있음을 보여줍니다.

타로 마스터의 힐링 노트

> "출마든 불출마든, 결정보다 중요한 건 아이가 경험하며 성장할 안전망과 작은 성공을 쌓는 과정이다"

출마 선택은 아이의 동기(격려·제안)와 감성적 흥분을 가져오나, 마음의 혼란을 초래할 위험이 있으니, 출마의 '동기'와 '심리적 준비'를 우선 살펴봐야 합니다.

불출마는 즉각적 안녕과 학습의 즐거움을 보장하고, 이후에도 스스로 기회를 만들어 주도성을 획득할 가능성이 큽니다.

아이의 결정은 경험과 실패를 통해 성장하는 과정이므로, 결과에 대한 과도한 기대나 실망을 미리 예상하기보다 성장 경험으로서의 의미에 무게를 두는 것이 필요합니다. 아이 스스로 선택하도록 격려하되, 선택의 무게를 혼자 지우지 않도록 가족이 든든한 안전망이 되어 주기 바랍니다. 또한, 출마 여부와 무관하게 작은 의무와 책임을 단계적으로 맡겨 성공 경험을 누적하게 하는 것이 앞으로의 성장에 많은 도움이 될 것입니다.

상담 후 내담자의 결과

아이가 회장 선거에 출마했고, 몇 표 차로 부회장에 당선이 되었지만, 회장이 하고 싶었기에 부회장직을 사퇴했어요. 2학기 때 다시 회장 선거에 나가기로 했고, 당선이 안 될지도 모르는데 후회는 없냐고 물으니, 아이는 후회는 없다고 했어요. 그때 가서 안 되는 것 또한, 자신의 선택이기 때문에 받아들인다고 하였습니다.

위치별 리딩 해석 포인트

위치	타로 카드		핵심 의미	리딩 해석 포인트
1. 현재 상황		펜타클 10	완전성, 안정, 기대와 부담	가정과 주변의 기대가 강하게 작용해 안정적 기반은 있으나, 아이에게는 부담으로 이어질 수 있음. 출마 동기의 주체성 점검 필요.
2. 가까운 미래		컵 기사	권유, 지지, 감성적 동기	주변의 권유와 격려가 출마를 촉발. 감성적·이념적 동기가 작용하며, 본인도 의욕적으로 나설 가능성이 큼.
3. 먼 미래		18번 달	혼란, 불확실성, 감정의 기복	원하는 목표를 이루지 못함. 감정적 혼란이 이어질 수 있음. 불안과 갈등 관리가 중요한 과제.
4. 가까운 미래		6번 러버스	즐거움, 조화, 유대	출마를 하지 않으면, 또래와의 관계·학업에서 조화와 즐거움이 유지됨. 안정적인 일상 흐름이 긍정적으로 이어짐.
5. 먼 미래		1번 마법사	주도성, 자신감, 새로운 시작	출마하지 않아도 주도성과 리더십을 발휘할 기회가 생김. 다른 방식으로 성취와 자기표현 가능.

5 카드

양자택일 질문 14

"새로 시작하는 사주명리학 수업을 들을까요? 말까요?"

듣는다

3 [먼 미래]
편안하게 안정되면서
넓은 미래를 바라보게 된다.

안 듣는다

5 [먼 미래]
조력자가 나타날 수도 있고,
다른 공부라도 한다.

2 [가까운 미래]
매우 즐겁고, 만족스럽다.

4 [가까운 미래]
주변은 안정되어 있으나
스트레스를 받는다.

1 [현재 상황]
수업에 대해
도와줄 사람이 있다.

총평 : 수업 환경을 잘 활용해 즐겁게 배우면서 목표와 휴식도 챙긴다면, 도움도 되고 지속적으로 만족할 수 있는 학습이 될 거예요!

질문 상황

내담자는 40대 후반의 여성으로, 현재 공부하고 있는 것들이 많아, 새로 시작하는 사주명리학 수업을 듣는 것에 양가감정을 가지고 있다고 하였습니다. 이런 상황 속에서 타로 카드는 어떤 제안을 하는지 현실적인 도움이 될 만한 부분을 살펴보도록 하겠습니다.

리딩 카드의 메시지를 따라가 볼까요?

1 [현재 상황] **'펜타클 3'** 〈협력, 기초 다지기, 실무적 지원〉

현재 상황은 학습 여건이 비교적 우호적이네요. 실무적 지원과 함께 피드백을 주고받을 수 있는 구조가 마련되어 있으므로, 기초를 다지고 실전 연습을 병행하기에 적합한 상태입니다. 공동 작업을 통해 배우는 속도가 빨라질 수 있으니, 동료나 스터디그룹을 적극적으로 활용하실 것을 권합니다.

2 [가까운 미래] **'3번 여왕'** 〈풍요, 만족, 창의적 즐거움〉

수업을 수강하면, 학습 과정에서 기쁨과 만족을 느끼게 될 가능성이 크겠어요. 여왕의 기운은 풍요롭고 돌보는 태도를 의미하므로, 지식을 받아들이는 즐거움과 함께 창의적으로 응용하는 기쁨을 경험하게 될 것입니다. 학습 자체가 정서적 보상이 되어 동기를 지속시키는 역할을 할 것으로 보입니다.

3 [먼 미래] **'완즈 2'** 〈안성, 확장, 자신감〉

새로운 지식이 안정되고 편안한 실천으로 자리 잡힐 가능성이 커 보여요. 계획을 세워 차분히 확장해 나가면 공부에 대한 자신감과 실무적 활용 능력이 안정적으로 구축되니, 단기적 열정뿐 아니라 중장기 학습 계획을 함께 세우길 권합니다.

4 [가까운 미래] **'완즈 9'** 〈방어, 부담, 아쉬움〉

수업을 듣지 않을 경우, 당장은 주변 환경의 안정감은 유지되지만, 내부적으로는 스트레스나 부담이 남을 수 있어요. 즉, 외형적 평온을 얻는 대신 미완의 감정이나 아쉬움이 지속될 우려가 있으니, 마음의 소리를 놓치지 않길 바랍니다.

5 [먼 미래] **'6번 러버스'** 〈협력, 관계적 지지, 새로운 연결〉

협조자나 조력자가 자연스럽게 나타나 학습을 이어가게 될 가능성이 있습니다. 비록 처음엔 직접적인 수업을 선택하지 않더라도 다른 경로(멘토, 동료, 서적)를 통해 공부를 이어가며 관계적 지지를 받게 될 수 있으니, 완전한 손실로 보지 않으셔도 됩니다.

타로 마스터의 힐링 노트

"배움은 경쟁이 아니라 자기와의 약속, 함께 돕는 손이 씨앗을 잘 자라게 한다"

전반적으로 수업 수강 쪽에 긍정적 신호를 보내고 있습니다. 현재의 협업 가능성(펜타클 3)을 활용하면 수업을 통해 즐거움(여왕)을 얻고, 중장기적으로 안정적이고 실질적인 역량(완즈 2)을 쌓을 수 있을 것으로 보입니다. 반대로 수강을 유보하면 단기적 안정은 유지되나 내면의 아쉬움이나 스트레스(완즈 9)가 남을 수 있으며, 다른 방식으로 조력자가 나타나 공부를 이어갈 가능성(러버스)이 있습니다. 결론적으로, 수업을 수강하면 좋으나 자신의 상황에 맞게 잘 판단하길 바랍니다.

지식은 마치 씨앗과 같아 심을 때의 환경과 보살핌에 따라 자라는 모양이 달라집니다. 지금처럼 함께 도와줄 사람이 있는 상태라면 그 씨앗은 더 잘 자랄 가능성이 큽니다. 그러나 무엇보다 중요한 것은 배우려는 마음의 온도와 속도를 존중하는 것입니다. 배움은 결코 경쟁이 아니라 자기와의 약속이니, 작은 성취를 자주 축하하고 지치면 속도를 낮춰야 합니다. 배우는 과정에서 생기는 질문과 혼란은 성장의 일부이니, 그때마다 스스로를 다독이며 한 걸음씩 나아가길 진심으로 권합니다.

상담 후 내담자의 결과

내담자는 사주명리학 수업을 듣고 싶었지만, 기존에 유지하고 있는 학업에 추가로 새로운 공부를 하는 것이 부담되어 결국, 사주명리학 수업을 듣지 않았다고 합니다. 하지만, 학업을 마친 후 사주명리학 공부를 할 수 있는 다른 경로를 찾게 되어 현재는 열정적으로 공부를 하면서 하루하루 깨달음을 얻고 있다고 합니다.

위치별 리딩 해석 포인트

위치	타로 카드		핵심 의미	리딩 해석 포인트
1. 현재 상황		펜타클 3	협력, 기초 다지기, 실무적 지원	학습 여건이 우호적이며 피드백·협력 구조가 마련됨. 스터디나 공동 작업을 통해 학습 속도 향상 가능.
2. 가까운 미래		3번 여왕	풍요, 만족, 창의적 즐거움	수업을 통해 학습이 즐거움이 되고, 정서적 보상과 창의적 응용이 가능. 동기 지속에 긍정적 역할.
3. 먼 미래		완즈 2	안정, 확장, 자신감	배운 지식이 안정되어 실천으로 자리잡음. 계획적 확장을 통해 자신감·활용 능력이 구축됨.
4. 가까운 미래		완즈 9	방어, 부담, 아쉬움	당장은 평온하지만, 내면적으로 스트레스·아쉬움이 잔존. '놓친 기회' 감정이 쌓일 우려.
5. 먼 미래		6번 러버스	협력, 관계적 지지, 새로운 연결	나른 경로(멘토·동료·워크숍 등)로 학습이 이어질 가능성. 완전한 단절이 아닌 우회적 성장 경로 확보.

5 카드

양자택일 질문 15

“부모님 묘소를 이장하는 게 좋을까요? 안 하는 것이 좋을까요?”

한다

3 [먼 미래]
상황에 따라 움직이지만 즐겁고 좋다.

안 한다

5 [먼 미래]
이장에 대한 새로운 계획을 세울 수 있다.

2 [가까운 미래]
마음이 즐겁고 감정이 편안해진다.

4 [가까운 미래]
때를 기다리고 있다.

1 [현재 상황]
가장 합리적인 판단을 하고 있다.

총평 : 현재의 판단으로 이장을 선택하면 가까운 시일 내 위로와 만족을 얻을 가능성이 크니, 절차와 합의를 충실히 준비한 뒤 진행하는 것이 좋다. 지금 이장을 선택하지 않아도 다시 이장에 대한 계획을 세울 시기가 온다.

질문 상황

내담자는 60대 남성으로, 현재 부모님 묘소를 선산에 모시고 있는데, 얼마 전에 부친이 국가유공자로 인정되어 국립호국원에 안장이 가능하게 되었다는 소식을 듣고 고민이 생겨 상담하게 되었습니다. 여러 장·단점이 있어서 그냥 선산에 유지하는 게 좋을지 호국원으로 이장하는 게 좋을지 선택하기가 어렵다고 하였습니다. 타로 카드는 어떤 이야기를 전해줄지 함께 들어보도록 하겠습니다.

리딩 카드의 메시지를 따라가 볼까요?

1 [현재 상황] **'소드 퀸'** 〈책임, 이성적 판단, 실무적 점검〉

내담자는 현재 의무를 성실히 이행하고 있으며, 이성적이고 실무적으로 판단하려는 태도가 강합니다. 합리적인 판단으로 결정 과정에서 사실관계와 절차적 요소를 충실히 점검하면 도움이 됩니다.

2 [가까운 미래] **'컵 3'** 〈위로, 친밀감, 심리적 안정〉

이장을 선택하면, 가까운 시일 내에 마음이 가볍고 위로를 받는 경험을 하게 될 가능성이 크겠어요. 가족·지인과의 공감대나 분위기가 형성되어 심리적 안정이 촉진될 수 있습니다.

3 [먼 미래] **'7번 전차'** 〈성취, 전환, 정리의 만족〉

본인의 의지와 관계없이 시작한 일이지만 결과적으로는 만족과 성취감을 느끼게 될 징후가 보이네요. 이장은 처음에는 부담으로 다가오나, 지나고 보면 정리와 전환의 경험이 되어 안정감과 안도감을 가져다줄 가능성이 큽니다.

4 [가까운 미래] '9번 은둔자' 〈성찰, 고요, 정서 지연〉

이장을 하지 않을 경우, 가까운 시점에는 현재의 자리에서 머물며 내면의 성찰과 고요를 유지하게 되며 때를 기다리게 되겠네요. 자신의 정서적 안정을 위해 이장이 더디게 진행될 우려가 있습니다.

5 [먼 미래] '소드 에이스' 〈결단, 실행, 새 출발〉

먼 미래에는, 이장을 미루는 가운데도 결국 필요한 행위를 시도하게 되는 계기가 올 수 있겠어요. 처음에는 머뭇거리더라도 누군가의 제안으로 인해 결단하고 행동에 나설 가능성이 있으니, 미리 준비하고 정보 수집을 해 두는 것이 좋을 것 같습니다.

타로 마스터의 힐링 노트

"사랑과 존경을 중심에 두고 이장을 준비하면 평화와 만족으로 이어진다"

이장은 단순한 장소의 이동이 아니라, 기억과 관계를 재배치하는 일입니다. 슬픔과 안도의 감정이 동시에 오갈 수 있으니, 자신과 가족의 마음을 존중하는 자세가 필요합니다. 의례를 통해 말하지 못한 감사와 마음을 전하는 것도 좋을 듯 합니다.

어느 쪽을 선택하시든 그 선택은 부모님을 향한 존경과 사랑의 표현이 될 것입니다. 그 마음을 중심에 두고 절차를 차근히 준비하길 진심으로 권합니다.

전반적으로 이장이 정서적 안정을 가져오고, 시간이 지나면 만족으로 이어질 가능성이 크다고 가리킵니다.(컵 3 → 전차) 다만, 현재의 합리적·의무적 태도(소드 여왕)가 중요한 판단 기반이므로 감정적 충동보다는 실무적 준비를 병행해야 합니다. 반면 이장을 하지 않는 선택은 당장은 내면의 고요를 지켜 주나, 장기적으로는 미뤄두었던 결정을 다시 해야 하는 상황이 올 수 있음을 나타냅니다.(은둔자 → 소드 에이스)

상담 후 내담자의 결과

호국원 안상을 원할 경우, 아직 시간적인 여유가 있어서 주변 친지들과 지인들에게 많은 의견을 청취하고 있습니다. 지금 당장보다는 앞으로의 후손을 위해 어떻게 하는 게 좋을지 여러 가지 장단점을 비교하며 결론을 유보 중입니다. 서두르지 않고, 충분한 시간을 고민하고 결정을 하려 합니다.

위치별 리딩 해석 포인트

위치	타로 카드		핵심 의미	리딩 해석 포인트
1. 현재 상황		소드 퀸	책임, 이성적 판단, 실무적 점검	의무를 성실히 이행하며, 감정보다는 사실·절차 중심으로 판단하려는 상태. 결정 과정에서 합리성과 규율이 도움 됨.
2. 가까운 미래		컵 3	위로, 친밀감, 심리적 안정	가족·지인과의 공감대 속에서 위로와 안정 경험. 마음이 가벼워지고 분위기가 유연해짐.
3. 먼 미래		7번 전차	성취, 전환, 정리의 만족	처음엔 부담스럽지만, 성취·만족으로 이어짐. 정리와 전환을 통해 안도감 확보.
4. 가까운 미래		9번 은둔자	성찰, 고요, 정서 지연	은둔자의 모습에서 자신이 만족할 만한 시기를 기다리는 것을 알 수 있음.
5. 먼 미래		소드 에이스	결단, 실행, 새 출발	결국엔 결단의 계기가 찾아옴. 미루더라도 누군가의 제안으로 인해 행동에 나서게 될 가능성이 큼. 사전 준비 필요.

5 카드

양자택일 질문 16

"상담대학원에서 공부하고 있는데, 타로를 활용한 심리 상담에 관심이 많아졌어요. 앞으로 어떤 방식의 상담을 하는 것이 좋을까요?"

타로활용 상담

3 [먼 미래]

체계적, 이성적, 논리적으로 자리를 잡는다.

심리 상담

5 [먼 미래]

열심히 잘하려고 하는데 버겁다.

2 [가까운 미래]

의욕적, 열정적으로 도전하게 된다.

4 [가까운 미래]

혼란스러운 상황에서 눈앞에 닥친 일에만 급급하게 된다.

1 [현재 상황]

대학원 동기들과의 자존심, 체면 때문에 갈등.

총평 : 타로 상담에 대한 체계적인 준비로 열정적으로 도전하면, 전문적으로 자리 잡을 가능성이 높으나, 심리 상담만 준비하면 한계를 느끼고 심리적 부담이 커질 우려가 크다.

질문 상황

내담자는 50대 여성으로, 심리상담대학원에서 공부를 마무리하던 중 타로를 활용한 상담에 관심을 갖게 되어 앞으로의 진로를 어떻게 하는 것이 좋을지 고민이 된다고 하였습니다. 타로 카드가 전하는 이야기는 어떤지 함께 따라가 보도록 하겠습니다.

리딩 카드의 메시지를 따라가 볼까요?

1 [현재 상황] **'소드 2'** 〈선택 회피, 내적 갈등, 균형 유지 시도〉

내담자는 선택의 기로에 서 있으나 자존심이나 대외적 체면 때문에 진실된 감정이나 합리적 판단을 회피하는 경향이 있어 보이네요. 갈등을 숨기거나 표면적으로 균형을 맞추려는 태도가 결정을 망설이게 할 수 있으니, 스스로 내면의 소리를 듣는 연습이 필요합니다.

2 [가까운 미래] **'완즈 기사'** 〈열정, 도전, 활발한 시작〉

만약 타로를 활용한 심리 상담 쪽으로 나아간다면, 초기에는 어설프나 의욕적이고 열정적으로 도전할 것입니다. 새로운 시도에 즐거움을 느끼고 적극적으로 학습과 실전을 병행하며, 실제적인 활동에 활발히 참여하게 될 가능성이 크겠어요.

3 [먼 미래] **'소드 퀸'** 〈이성, 전문성, 구조화〉

먼 미래에는, 체계적이고 이성적인 기틀을 토대로 전문성을 갖게 되고, 현실적으로 자리도 잡게 됩니다. 이러한 전문성을 토대로 자신의 길을 닦고 자신의 명예와 위치를 세울 수 있는 타로 심리상담 전문가로 자리매김할 수 있겠어요.

4 [가까운 미래] **'펜타클 5'** 〈결핍, 불안정, 고립〉

타로를 배제한 심리 상담을 할 경우, 초기에는 환경적인 어려움이 예상됩니다. 수입이 불안정하고 업무 환경이 열악하여 스트레스와 좌절감을 경험할 수 있겠어요.

5 [먼 미래] **'완즈 10'** 〈과중한 부담, 지속 어려움〉

결국 과중한 부담과 자신의 한계에 부딪힐 가능성이 높습니다. 의욕은 있으나 책임과 짐이 쌓여서 지속 가능성이 떨어질 수 있으므로 다른 변화가 없는 상태로는 계속해서 유지하기가 어렵겠네요.

타로 마스터의 힐링 노트

"망설임을 넘어서 체계적인 계획을 세우면, 타로 상담의 길에서 활력과 전문성을 잡을 수 있다"

현재의 망설임(소드 2)은 자존심이나 외형적 이미지 때문에 본인이 진정 원하는 방향을 표출하지 못하는 상태입니다. 타로를 활용한 상담의 경로는 초기의 활력과 이후 전문성 정립(완즈 기사 → 소드 여왕)을 약속하나, 이를 위해서는 타로 공부에 대한 투자와 실행이 지속적으로 유지되어야 합니다. 일반적인 심리 상담의 경로는 경제적 불안과 과중한 부담을 초래할 위험이 있습니다. 따라서 내담자가 타로를 심리 상담에 통합하려는 의지가 있다면, 체계적인 교육과 단계적 운영 계획을 세워 타로를 활용한 상담 쪽으로 나아가는 편이 더 지속 가능하고 보람 있는 결과를 가져올 가능성이 큽니다.

상담 후 내담자의 결과

상담대학원 졸업 후 타로를 활용한 상담을 위해 좀 더 깊고 다양한 공부를 하였고, 그 결과 타로 상담 온라인 플랫폼에 입점하게 되었습니다. 타로가 전해 준 조언을 신중하게 받아들이고 행동하여 만족스러운 결과를 얻은 것 같습니다.

위치별 리딩 해석 포인트

위치	타로 카드		핵심 의미	리딩 해석 포인트
1. 현재 상황		소드 2	선택 회피, 내적 갈등, 균형 유지 시도	자존심·체면 때문에 진실된 감정을 숨김. 결정 지연. 두 가지 선택지에 대한 갈등.
2. 가까운 미래		완즈 기사	열정, 도전, 활발한 시작	새로운 시도에 적극적. 학습·실습·대외 활동 활발. 열정적으로 몰입하는 상황.
3. 먼 미래		소드 퀸	이성, 전문성, 구조화	체계적 전문성 확보. 사례·이론·윤리 기반 정립. 내담자에게 명료한 신뢰 제공.
4. 가까운 미래		펜타클 5	결핍, 불안정, 고립	경제적 어려움·환경적 제약. 불안정한 수입과 열악한 여건으로 스트레스 발생.
5. 먼 미래		완즈 10	과중한 부담, 지속 어려움	책임·업무 과다로 심리적인 에너지의 소진. 구조적 변화 없으면 장기 지속 힘듦.

5 카드

양자택일 질문 17

"초6 딸의 중학교를 체육 중학교와 일반 중학교 중에서 어디를 보내는 것이 좋을까요?"(딸의 입장)

체육 중

3 [먼 미래]

버겁거나 힘들지만
끝까지는 할 수 있다.

일반 중

5 [먼 미래]

경쟁이 심하지만, 어떻게든
이겨내려고 한다.

2 [가까운 미래]

새로운 분야를 시도하게 된다.

4 [가까운 미래]

기존의 것을 유지할 수 있는
새로운 기회가 온다.

1 [현재 상황]

자신감 있고 의욕적이고
당당하다.

총평 : 체육 중학교로 진학하게 되면, 새로운 것을 처음부터 다시 시작하여야 하니 딸의 생각을 존중하여 일반 중학교로의 시도를 권하되, 경쟁에 대한 압박과 부담을 이겨내는 것이 필요하다.

질문 상황

초등 6학년 딸을 키우는 엄마가 딸의 중학교 진로를 위해 상담을 요청하였습니다. '딸의 입장'에서 체육 중학교와 일반 중학교 중 어디를 선택해야 할지 양자택일법으로 진로에 대한 타로의 이야기를 들어보겠습니다.

리딩 카드의 메시지를 따라가 볼까요?

1 [현재 상황] **'1번 마법사'** 〈자신감, 주도적 의지〉

딸은 자신감이 있고 스스로 상황을 만들어 나가려는 의지가 강합니다. 새로운 것을 시도하고 주도적으로 움직이는 성향이므로, 외부의 권유나 기대가 아니라 본인의 흥미와 목표를 우선적으로 확인하는 것이 중요합니다.

2 [가까운 미래] **'0번 바보'** 〈자유, 즐거운 경험〉

초기에는 자유롭고 즐거운 경험을 하게 될 것입니다. 규칙에 얽매이지 않고 움직이며 자신의 재능을 실험하고 표현하는 과정에서 큰 만족을 느낄 가능성이 큽니다. 하지만, 기존에 해왔던 것들을 유지하기는 힘들어집니다.

3 [먼 미래] **'완즈 10'** 〈책임, 부담 누적〉

먼 미래에는 많은 책임과 체력적·정신적 부담이 누적될 수 있습니다. 버겁고 힘든 시기가 오더라도 끝까지 해내는 강인함을 발휘할 가능성이 높지만, 과중한 부담으로 인한 압박을 사전에 관리할 필요가 있습니다.

4 [가까운 미래] **'소드 에이스'** 〈자존심, 명예 추구와 기회〉

초반에는 체계적인 환경에 적응해야 하며, 즐거움보다는 자존심과 규율에 따른 스트레스를 느낄 수 있습니다. 하지만, 기존의 것을 새롭게 펼칠 수 있는 기회가 제공됩니다.

5 [먼 미래] '소드 5' 〈경쟁과 갈등, 불편한 승리〉

경쟁이 치열한 환경에서 갈등과 대립이 생기기 쉬우며, 지속적인 비교와 경쟁 속에서 좌절하거나 힘들어 할 수도 있습니다. 하지만, 스스로의 자존심 때문에 경쟁에서 살아남으려고 애쓸 것입니다.

타로 마스터의 힐링 노트

"딸의 목소리를 중심에 두고, 경험과 지지로 균형을 잡으며 천천히 길을 열어주자."
결정 과정에서 가장 귀중한 것은 '딸이 무엇을 하고 싶어 하는가'이며, 그 목소리를 지켜 주고 지지해 주는 것이 부모로서의 가장 큰 힘입니다. 결과보다 과정에서의 안전과 회복력을 우선으로 두고, 작은 성공 경험을 통해 확신을 쌓아가세요.

딸의 현재 성향(주도적이고 자신감 있음)을 고려하면, 체육 중은 초기 경험과 성취감 면에서 매우 긍정적일 수 있습니다. 다만 체육 중으로의 진로는 시간이 지남에 따라 신체적·정신적 부담이 커질 가능성이 있으므로, 장기적 계획(학업 병행, 휴식 계획, 부상·경력 관리)을 함께 설계해야 합니다.

일반 중은 안정성과 학업 기반을 제공하나 경쟁과 스트레스가 딸의 자존감에 부정적 영향을 미칠 수 있습니다. 만약, 일반 중을 선택한다면 정서적 지지와 경쟁 대처 기술을 강화해 주는 것이 필요합니다.

핵심은 '딸의 내부 동기'와 '외부 지원 체계(코치·학교·가족)'의 균형입니다. 진로를 한 번에 확정하기보다 체험(체육 관련 캠프·수업), 상담, 대화, 학교 방문 등을 통해 정보를 수집한 뒤 단계적으로 결정할 것을 권합니다.

상담 후 내담자의 결과

원래는 체육 중에 일반 전형으로 들어가려 하였습니다. 그런데 체육 중에 가게 되면, 현재 하고있는 운동을 할 수 없기 때문에 일반 중을 다니면서 현재의 운동을 병행할 것인가 아니면 체육 중에 들어가서 새로운 운동을 찾을 것인가를 놓고 고민하던 중 타로 리딩 대로 아이의 입장에서 아이의 목소리를 듣고 같이 의논하였습니다. 그 결과 아이는 현재하는 운동이 좋으며 지금 포기하고 다른 운동을 하기에는 지금까지 쌓아온 업적이 아쉽다고 하여 현재 운동을 병행하며 일반 중을 가는 것으로 결정하였습니다.

위치별 리딩 해석 포인트

위치	타로 카드		핵심 의미	리딩 해석 포인트
1. 현재 상황		1번 마법사	자신감, 주도적 의지	딸은 스스로 상황을 만들어 가려는 성향. 외부 권유보다는 본인의 흥미와 목표 우선 확인 필요.
2. 가까운 미래		0번 바보	자유, 즐거운 경험	규칙에 얽매이지 않고 새로운 시도를 통해 재능 실험과 표현 가능, 큰 만족 예상.
3. 먼 미래		완즈 10	책임, 부담 누적	장기적 과제 수행에서 체력·정신적 부담 발생 가능. 끝까지 해낼 강인함 있으나 번아웃 관리 필요.
4. 가까운 미래		소드 에이스	자존심, 명예 추구와 기회	초기에는 이성적·규범적 환경 적응 필요. 즐거움보다는 자존심과 규율로 인한 내적 갈등 가능.
5. 먼 미래		소드 5	경쟁과 갈등, 불편한 승리	경쟁 환경에서 좌절·중도 포기 위험. 정서적 지지와 경쟁 대처 전략 필요.

5 카드

양자택일 질문 18

"싸운 남자 친구의 연락을 받는 게 좋을까요?"

받아 준다

3 [먼 미래]
갈팡질팡 속을 알 수 없고
감정이 혼란스럽다.

안 받아 준다

5 [먼 미래]
새로운 연애에 대해 의욕적으로 시도
해보려 한다.

2 [가까운 미래]
내 생각과 달라
당황스럽다.

4 [가까운 미래]
남자 친구와의 관계에
대하여 고민하게
된다.

1 [현재 상황]
헤어지지 못하고
고민하고 있다.

총평 : 남자 친구의 연락을 받아도 안정적인 상황은 기대하기 어려우며, 연락을 받지 않을 경우, 새로운 만남에 대하여 의욕을 가지게 된다.

질문 상황

내담자는 일 년 동안 남자 친구와 사귀고 있는 20대 후반의 여성입니다. 처음에는 잘 통하고 내담자에게 잘 맞춰주어서 만남이 즐겁고 결혼까지 생각하게 되었는데 6개월이 지나면서 종종 싸우는 일이 발생했고, 한 번 싸우면 한 달 동안 안 본 적도 있었습니다. 그렇게 다시 만나고 싸우기를 반복하다 지금까지 왔고, 이번에도 대판 싸우고 두 달 가까이 안 만나고 있습니다. 연락을 다시 받아줘야 할까요? 갈팡질팡하는 상황에 대한 미래를 알고 싶어 상담을 진행하게 되었습니다.

리딩 카드의 메시지를 따라가 볼까요?

1 [현재 상황] **'13번 데스'** 〈관계의 고통, 종결과 재탄생〉

관계는 끝나지 않았으나 그 유지가 큰 고통과 고민을 안겨주고 있습니다. 데스 카드는 종결과 재탄생을 동시에 의미하므로, 현재의 관계 방식이 더는 지속 가능하지 않음을 알리는 신호이기도 합니다. 헤어짐을 택하지 못하는 이유를 면밀히 들여다볼 필요가 있습니다.

2 [가까운 미래] **'완즈 7'** 〈도전과 갈등, 방어 필요〉

다시 연락을 받아들이면 예상과 다른 반응이나 도전적인 상황이 나타나 당혹스러움을 경험할 수 있습니다. 상대방이나 상황이 즉시 호전되지 않으며, 자신을 방어해야 하거나 입장을 분명히 해야 하는 상황이 올 가능성이 큽니다.

3 [먼 미래] **'18번 달'** 〈혼란, 불확실, 감정적 혼미〉

감정의 혼미와 불확실성이 지속될 수 있습니다. 상대의 진심을 판단하기 어렵고, 스스로도 갈팡질팡하며 혼란스러운 감정 상태에 머무를 위험이 있습니다.

의도적 혼란, 숨겨진 정보 또는 불안에서 기인한 불안정이 반복될 소지가 있습니다.

4 [가까운 미래] **'펜타클 퀸'** 〈안정, 자기 관리, 회복〉

거절을 택하면, 자신의 현실적 안정성을 회복하는 데 집중하게 됩니다. 실질적·현실적 자립을 도모하며 자기 관리와 자기 보호 본능이 강화되는 시기가 찾아옵니다.

5 [먼 미래] **'완즈 기사'** 〈자유, 도전, 열정〉

거절을 유지할 경우, 내담자는 새로운 것을 찾아 떠나거나 충동적으로 움직이며 다른 시도를 할 가능성이 있습니다. 이는 관계로 인한 부담에서 벗어나 비교적 자유로운 상태로 나아갈 수 있지만 안정감은 부족합니다.

타로 마스터의 힐링 노트

"받아들이면 감정의 소용돌이, 거부하면 마음의 평화—결정의 열쇠는 자신의 안전과 안정"

만약 다시 연락을 받아 준다면, 가까운 미래에는 '완즈 7' 카드처럼 예상치 못한 당황스러운 상황들이 생길 수 있어요. 관계가 바로 좋아지기보다는 마음을 방어하고, 입장을 분명히 해야 할 일들이 많을 수 있습니다. 그리고 먼 미래에는 '달' 카드처럼 계속 마음이 불안하고 혼란스러운 감정들이 따라다닐 수 있어요.

반대로 연락을 받지 않는다면, 가까운 미래에는 '펜타클 여왕' 카드처럼 자신을 돌보고 현실적 안정을 찾을 수 있을 거예요. 자신을 지키고, 행복을 되찾는 데 집중할 수 있는 좋은 기회가 될 거예요. 그리고 먼 미래에는 '완즈 기사'처럼 내담자는 새로운 길을 찾아 떠나거나 충동적으로 다른 행동을 할 수도 있다고 하네요. 물론 그로 인해 아주 약간의 소란이 있을 수는 있겠지만, 관계에서 오는 무거운 짐을 내려놓고 훨씬 자유로워질 수 있을 거예요!

상담 후 내담자의 결과

타로 리딩 결과를 보고 헤어지려 했으나, 남자 친구가 적극적으로 변하겠다는 의지를 보여서 결국 다시 만나게 되었습니다. 처음에는 변하고자 하는 의지도 보여주고 노력하는 듯했으나, 얼마 못 가서 같은 일들이 반복되면서 스트레스를 받고 마음에 여유까지 잃어 다시 헤어질 위기에 놓였습니다.

위치별 리딩 해석 포인트

위치	타로 카드		핵심 의미	리딩 해석 포인트
1. 현재 상황		13번 데스	관계의 고통, 종결과 재탄생	현재 관계 유지가 어려움. 애착·습관·체면 등 이유로 결정을 미룸. 변화 필요 신호.
2. 가까운 미래		완즈 7	도전과 갈등, 방어 필요	당황스러운 상황, 자기방어 필요. 즉각적인 호전은 어려움.
3. 먼 미래		18번 달	혼란, 불확실, 감정적 혼미	상대의 진심 판단 어려움, 스스로 갈팡질팡. 반복적 불안·혼란 가능.
4. 가까운 미래		펜타클 퀸	안정, 자기 관리, 회복	현실적 안정과 자기 관리 강화.
5. 먼 미래		완즈 기사	자유, 도전, 열정	내담자는 다른 길로 이동 가능. 관계 부담에서 벗어나 자유로움, 단 충동적 행동 가능성.

5 카드

양자택일 질문 19
"그러면, 남자 친구와 헤어지는 것이 좋을까요?"

헤어진다

3 [먼 미래]
슬프고, 미련이 남고 허전하다.

안 헤어진다

5 [먼 미래]
헤어지지 않아도 열정을 가지기는 힘들다.

2 [가까운 미래]
마음이 답답해서 현실만 생각하게 된다.

4 [가까운 미래]
이성적인 판단을 할 기회가 온다.

1 [현재 상황]
고민하고 있다.

총평 : 헤어지면 아쉬움과 미련이 남을 수 있지만, 계속 만남을 유지해도 예전과 같은 열정을 가지기는 힘들다.

질문 상황

두 번째 상담 요청으로, 이번에는 헤어지는 것과 헤어지지 않는 것 중 어느 것이 좋은지 알고 싶어하였습니다.

리딩 카드의 메시지를 따라가 볼까요?

1 [현재 상황] '5번 교황' 〈혼란 상황, 중재자〉

내담자는 상대방과의 성격 차이로 관계를 유지하는 데 있어 망설이고 있습니다. 따라서 누군가의 조언을 필요로 하는 상황입니다.

2 [가까운 미래] '펜타클 4' 〈현상 유지, 집착, 안정 추구〉

관계를 정리하는 쪽을 택하면, 초기에는 자신의 현 상황을 고수하려는 태도가 나타납니다. 변화 대신 현상을 유지하려는 집착이나 아집이 생길 수 있습니다.

3 [먼 미래] '컵 5' 〈상실감, 후회, 공허〉

상실감과 미련, 공허감이 남기 쉽습니다. 이별의 과정에서 후회나 슬픔이 반복적으로 떠오를 수 있으므로, 자신의 감정을 충분히 회복하는 시간이 충분하지 못하면 정서적 고통이 오래 지속될 위험이 있습니다.

4 [가까운 미래] '소드 에이스' 〈통찰, 새로운 기회〉

관계를 유지하는 쪽을 택하면, 새로운 이성적 판단의 기회가 찾아 올 수 있습니다. 이 기회는 자존심이나 논리적 결단에서 비롯될 가능성이 있어 관계의 개선이라고 생각하기는 어렵습니다. 하지만, 상대를 냉철하게 파악하는 시간이 될 수 있습니다.

5 [먼 미래] **'20번 심판'** 〈책임, 성찰, 재회〉

심판은 단순한 복귀가 아니라 행동에 대한 책임, 성찰, 갱신을 전제로 합니다. 이전 상황이 좋았다면, 이 카드는 관계의 발전을 의미하지만 그렇지 않았다면, 오히려 더 좋지 않은 상황을 만들 수 있습니다. 이전 상황에 대한 반성과 성찰이 없다면, 다시 이별할 상황이 올 수 있습니다.

타로 마스터의 힐링 노트

"결정의 나침반은 자신의 마음을 들여다봄으로써 정해진다!"

관계에 어떤 결정을 내리든 '감정적 안정'과 '상대의 진정성 있는 변화'를 최우선으로 하지만, 자신만의 내면에 따른 신중한 계획과 명확한 기준을 세워서 현명하게 나아가는 것이 중요합니다.

상담 후 내담자의 결과

또다시 헤어질 위기에 놓여서 재상담을 받고 리딩을 살펴본 결과, 이미 화해하고 받아들이는 과정이 반복되고 마음의 여유까지 잃은 상태라 헤어지기로 하고 헤어졌습니다. 알면서 한 선택이었음에도 많이 힘들었지만, 옆에서 같이 있어 준 친구들 덕분에 공허함과 외로움들의 위기를 잘 헤쳐나갔어요. 시간이 좀 지난 뒤 전부 차단해 놓은 상태라 직접적인 연락은 아니었으나 친구를 통해서 안부를 물었다는 얘기를 전해 들었습니다. 하지만 지금은 마음에 여유도 되찾고 많이 정리가 된 상태이므로 이별에 만족합니다. 타로 상담과 리딩을 통해서 스스로 미래를 결정하고 대비할 수 있어서 정말 큰 도움이 되었습니다.

위치별 리딩 해석 포인트

위치	타로 카드		핵심 의미	리딩 해석 포인트
1. 현재 상황		5번 교황	혼란 상황, 중재자	관계 유지에 대한 망설임. 즉흥적 결정보다는 타인의 조언을 필요로 함.
2. 가까운 미래		펜타클 4	현상 유지, 집착, 안정 추구	관계 정리 초기, 변화보다는 현상 유지. 답답함.
3. 먼 미래		컵 5	상실감, 후회, 공허	이별 후 상실감과 허전함. 상담·회복 전략 없으면 심리적인 고통을 겪음.
4. 가까운 미래		소드 에이스	통찰, 새로운 기회	관계 유지 선택 시 새로운 이성적 판단의 기회. 상대의 진심 변화 확인 필요.
5. 먼 미래		20번 심판	책임, 성찰, 재회	관계 회복 가능하나, 진정한 변화와 책임 의식 필요. 과거 행동에 대한 결과가 나타남.

5 카드

삼자택일 질문 20

“어느 고등학교를 가는 것이 좋을까요?”

국제고

3 [먼 미래]
잘 포용하고
공부도 잘한다.

외고

5 [먼 미래]
편안해진다.

자사고

7 [먼 미래]
스스로는 만족하지만,
남들에게는 힘들어 보인다.

2 [가까운 미래]
즐겁고 행복하고
축하받게 된다.

4 [가까운 미래]
혼란스럽지만 해결되고
좋은 선생님 만나서
학습 기회가 온다.

6 [가까운 미래]
성실하고, 우직하나
재미는 없다.

1 [현재 상황]
현실적으로
잘 조율하고 있다.

총평 : 가장 좋은 곳은 국제고이며, 2순위는 외고, 3순위는 자사고로 보입니다. 하지만, 결과를 보면 세 곳 모두 나쁘지는 않습니다. 마음이 가는 곳을 선택하면 되겠어요!

질문 상황

내담자는 현재 중 3인 아들의 상급학교 진학 문제로 고민이 되어 상담을 진행하였습니다. 어떤 학교를 정하는 것이 좋을지 함께 살펴보도록 하겠습니다.

리딩 카드의 메시지를 따라가 볼까요?

1 [현재 상황] **'펜타클 6'** 〈균형, 조율, 지원〉

현재는 균형과 조율이 잘 이루어져 있는 상황이에요. 가정과 주변에서 실질적·정서적 지원이 제공되고 있으며, 여러 선택지를 비교하고 조정할 수 있는 여건이 마련되어 있네요. 이 시점에서 중요한 것은 외부의 권유나 압력이 아니라 자녀의 내적 선호를 명확히 하는 것입니다.

2 [국제고 가까운 미래] **'완즈 4'** 〈즐거움, 소속감, 성취〉

학교생활이 즐겁고 축하받는 분위기가 조성됩니다. 소속감과 성취감이 높아 학급·학교 행사에서 긍정적 경험을 얻기 쉽습니다.

3 [국제고 먼 미래] **'컵 퀸'** 〈안정적 유지, 자연스러운 포용〉

안정적인 학습 환경에서 잘 유지하며, 학업과 정서적 지지가 균형을 이루어 학습 능률 또한 좋아질 가능성이 높습니다.

- **징짐** 사회적 만족감과 정서적 지지, 친화적 교우관계 형성.
- **유의점** 지나친 편안함이 학업 목표를 약화시킬 수 있으므로 학습 동기 점검 필요.
  자녀가 '함께하는 즐거움'을 중시한다면 적극 고려하되, 장기적 학업 계획을 병행하세요!

4 [외고 가까운 미래] **'5번 교황'** 〈규범적 혼란, 멘토 도움〉

초반에는 규범적·제도적 혼란이 있을 수 있으나 좋은 교사나 멘토를 만날 가능성이 있습니다. 체계적 지도와 전통적 교육 가치가 큰 역할을 합니다.

5 [외고 먼 미래] **'컵 기사'** 〈정서적 안정, 편안함〉

시간이 지나면서 정서적 안정과 편안함을 찾게 되고, 친절한 관계 속에서 적응할 가능성이 큽니다.

- **장점** 신뢰할 수 있는 지도자(교사)와 안정적인 학습 환경.
- **유의점** 처음에는 혼란이 있으므로 적응 지원이 필요합니다. 교사의 철학과 학교의 상담·지원 체계를 직접 확인한 뒤 선택하세요!

6 [자사고 가까운 미래] **'펜타클 8'** 〈성실, 꾸준함〉

성실하고 꾸준히 노력하는 환경입니다. 실력 향상에는 유리하나 일상의 재미는 적을 수 있습니다.

7 [자사고 먼 미래] **'12번 매달린 남자'** 〈자기만족, 내적 가치 실현〉

다른 사람들이 보기에는 힘들어 보일 수 있으나 본인은 그 선택에 만족하며 자기만의 가치를 실현할 가능성이 있습니다.

- **장점** 자기 주도적 성장과 실력 축적.
- **유의점** 대외적 인정이나 사회적 생활에서 소외감을 느낄 수 있습니다. 자녀가 내적인 성취감과 집중력을 중시한다면 유리하나, 사회적 경험의 균형을 보완할 방안을 마련하세요!

타로 마스터의 힐링 노트

"자녀가 '즐거움과 소속감'을 원하면 국제고, '안정적 지도와 편안함'을 원하면 외고, '성실한 실력 축적과 자기만족'을 원하면 자사고를 우선 고려하십시오."

상담 후 내담자의 결과

내담자의 아들은 국제고에 대하여 깊은 관심을 가지고 열심히 공부하여 최종 합격하였습니다. 앞으로의 학교 생활이 무척이나 기대가 됩니다. 축하합니다!!

위치별 리딩 해석 포인트

위치	타로 카드		핵심 의미	리딩 해석 포인트
1. 현재 상황		펜타클 6	균형, 조율, 지원	외부 권유보다 자녀 내적 선호를 명확히 하는 시점. 실질적·정서적 지원이 제공되는 상태.
2. 국제고 가까운 미래		완즈 4	즐거움, 소속감, 성취	학교생활에서 축하받고 즐거운 경험 가능. 함께하는 즐거움을 중시하는 자녀에 긍정적.
3. 국제고 먼 미래		컵 퀸	안정적 유지, 자연스러운 포용	정서적 지지와 학업 균형. 학습 능률 향상 가능. 장기적 학업 계획 병행 필요.
4. 외고 가까운 미래		5번 교황	규범적 혼란, 멘토 도움	초기 혼란이 발생하지만, 체계적 지도·교육 가치 중요. 좋은 교사·멘토 만날 가능성.
5. 외고 먼 미래		컵 기사	정서적 안정, 편안함	친절한 관계 속 적응 가능. 학교 상담·지원 체계 확인 필요.
6. 자사고 가까운 미래		펜타클 8	성실, 꾸준함	노력과 실력 향상에 유리하지만, 일상의 재미는 적음.
7. 자사고 먼 미래		12번 매달린 남자	자기만족, 내적 가치 실현	외부에서는 힘들어 보여도 선택 만족, 자기만의 가치 실현 가능.

7 카드

삼자택일 질문 21

"해외 여행지 선택으로 고민 중인데, 어디가 좋을까요?"

중국

3 [먼 미래]
편안한 느낌으로
가족과의 소통이 원활하다.

일본

5 [먼 미래]
급한 마음에 계획이 어긋나거나
실수할 수 있다.

베트남

7 [먼 미래]
해보고 싶은 것에
대한 기회가 온다.

2 [가까운 미래]
돈 관리가 잘된다.

4 [가까운 미래]
처음엔 어린아이처럼
즐겁고 자유롭다.

6 [가까운 미래]
많은 것을 시도해 보려 하고
계획보단 상황에 따라
거기에 맞춰 간다.

1 [현재 상황]
협상, 조율하고 있다.

총평 : 실속과 교감은 중국, 즉각적 즐거움은 일본(계획 필수!), 감정 회복과 모험은 베트남, 어떤 선택이든 꼼꼼한 준비는 필수!

질문 상황

내담자는 여행을 좋아하는 50대 남성으로, 이번에 가게 될 가족 여행지로 어떤 나라가 좋을지 궁금하여 타로를 보게 되었습니다. 과연 타로는 어떤 선택지를 보여줄까요?

리딩 카드의 메시지를 따라가 볼까요?

1 [현재 상황] **'펜타클 3'** 〈실무적 조율, 협상〉

현재 내담자는 예산과 실무적 요소를 중심으로 협상하고 조율하는 단계에 있습니다. 비용 대비 효과, 동행자와의 역할 분담, 일정·숙소·교통의 현실성이 면밀히 검토되고 있으므로, 이 기반 위에서 각 목적지의 장단점을 비교하는 방식이 적절합니다.

2 [중국 가까운 미래] **'펜타클 킹'** 〈재정 안정, 실속〉

재정적 안정과 실속을 지키는 흐름입니다. 비용 관리가 잘되어 지출이 안정적이며, 예산 면에서 후한 평가를 받기 쉽습니다.

3 [중국 먼 미래] **'컵 2'** 〈관계적 교감, 편안함〉

가족과의 편안한 소통과 교감이 형성됩니다. 동행자와의 유대나 현지인과의 교류에서 만족스러운 정서적 교감이 기대됩니다.

- **장점** 예산 관리가 용이하고, 안정적인 여행을 통해 관계 회복이나 교류에 적합해요!

4 [일본 가까운 미래] **'19번 태양'** 〈즐거움, 활기〉

초기 체험은 매우 즐겁고 활기찬 분위기입니다. 문화·음식·활동에서 즉각적인 만족감을 얻을 가능성이 큽니다.

5 [일본 먼 미래] **'소드 기사'** 〈계획 어긋남, 실수 위험〉

계획의 어긋남, 실수, 혹은 예상치 못한 문제로 인해 결과가 만족스럽지 않을 우려가 있습니다. 일시적인 즐거움에 비해 전체적인 만족도가 떨어질 수 있습니다.

- 장점 즉각적 즐거움과 편의성, 풍부한 문화 체험이 기대되네요!

6 [베트남 가까운 미래] **'완즈 시종'** 〈시도, 도전, 유연함〉

시도와 도전의 기운이 강하며 계획보다 상황에 맞춰 유연하게 즐기는 여행이 됩니다. 활동적이고 즐거운 경험이 예상됩니다.

7 [베트남 먼 미래] **'컵 에이스'** **〈정서적 충만, 회복〉**

새로운 정서적 기회와 회복, 혹은 감성적 충만함을 얻는 계기가 됩니다. 여행 후에도 마음에 남는 긍정적 변화가 형성될 수 있습니다.

- 장점 모험적이면서도 감정적으로 풍요로운 체험을 제공하며, 유연한 일정으로 뜻밖의 기회를 만날 가능성이 크겠어요!

타로 마스터의 힐링 노트

"마음이 원하는 곳이 행복을 향한 나침반!"

우선순위를 명확히 하십시오.
예산과 안정성·관계 회복이 최우선이면 중국을 권합니다.
즉각적 즐거움과 편의성을 원하되 세부 일정 관리를 철저히 할 수 있다면 일본을 고려하십시오.
감정적 회복과 모험·새로운 경험을 원하면 베트남이 가장 유리합니다.

상담 후 내담자의 결과

타로의 리딩을 듣고, 여행지를 베트남으로 정하고 다녀오게 되었습니다. 다양한 체험으로 즐거웠고, 몸도 마음도 치유가 되는 최고의 여행이었습니다.

위치별 리딩 해석 포인트

위치	타로 카드		핵심 의미	리딩 해석 포인트
1. 현재 상황		펜타클 3	실무적 조율, 협상	예산, 일정, 숙소, 교통 등 현실적 요소를 점검하며 각 선택지를 비교하는 단계.
2. 중국 가까운 미래		펜타클 킹	재정 안정, 실속	비용 관리가 잘 되고, 예산 대비 실속 있는 선택 가능.
3. 중국 먼 미래		컵 2	관계적 교감, 편안함	동행자, 현지인과의 유대 형성 가능, 정서적 만족 기대.
4. 일본 가까운 미래		19번 태양	즐거움, 활기	문화, 음식, 활동에서 즉각적 즐거움과 활기 경험 가능.
5. 일본 먼 미래		소드 기사	계획 어긋남, 실수 위험	태양 카드의 즐거움에 비해 전체적인 만족도 낮을 가능성, 성급함 주의.
6. 베트남 가까운 미래		완즈 시종	시도, 도전, 유연함	계획보다 상황에 맞춰 유연하게 즐기는 여행, 활동적 경험 예상.
7. 베트남 먼 미래		컵 에이스	정서적 충만, 회복	여행 후에도 마음에 남는 긍정적 변화, 새로운 감성적 기회 가능.

7 카드

매직 7 배열법
(Magic 7 Spread)

매직 7 배열법은 타로 리딩에서 '질문에 대한 흐름과 결과'를 간단하고 명확하게 확인하기 좋은 7장 배열법이에요. 특히 앞으로의 방향을 묻는 상황에 자주 활용됩니다.

카드 배열과 위치 의미

총 7장을 뽑아 그림과 같이 배치합니다.

- **과거** 현재 질문과 연결된 이전의 배경이나 원인
- **현재** 지금 상황의 핵심, 문제의 중심
- **미래** 가까운 전망, 앞으로 다가올 흐름
- **조언** 내담자가 취해야 할 태도, 해결 실마리
- **방해 요소** 장애물, 한계, 주의해야 할 점
- **환경/주변 상황** 외부 조건, 주변인, 사회적 흐름
- **최종결론** 최종적으로 도달할 가능성이 큰 결론이나 방향

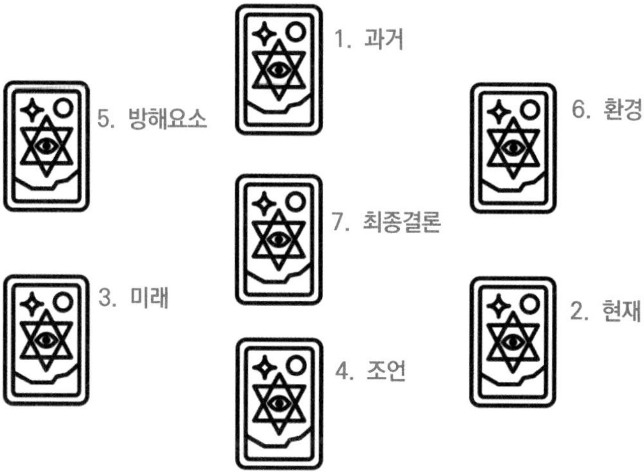

특징

7장의 균형→ 과거·현재·미래(1~3번)로 흐름을 보고, 조언·방해(4~5번)에서 실질적 힌트를 얻으며, 환경·결과(6~7번)로 외부와 최종 전망을 파악합니다.
명확성→ 10장짜리 켈틱 크로스보다 짧고 간결해, 초보자도 이해하기 쉽습니다.
유연성→ 일반 질문, 관계, 사업, 진로, 양자택일 상황까지 두루 적용할 수 있습니다.

해석 팁

1~3번 (과거-현재-미래) = 사건의 시간적 흐름
4~5빈 (조언-방해) = 내담사가 식섭 농제하거나 점검할 수 있는 영역
6~7번 (환경-결과) = 외부적 요인과 최종 귀결

특히 4번과 5번 카드는 서로 대비되는 의미로 해석하면 내담자에게 구체적 지침을 줄 수 있습니다.

7 카드

질문 1

**"절대 농지 땅을 위탁 구매했어요.
6개월 이내 매매가 가능할까요?"**

1 [과거]
이성적, 논리적으로 결정했었다.

5 [방해요소]
매매에 대해 막연하게 생각하고 있다.

6 [환경]
불안하게 유지되는 환경이다.

7 [최종결론]
가망이 없진 않으나 돈이 안 움직인다.

3 [미래]
감정을 중시하는 카드라서 현실적인 이득을 얻기가 힘들다.

2 [현재]
원하는 것을 조율하기 위해 말이 오고 갈 수 있다.

4 [조언]
관리를 잘할 필요가 있다.

총평 : 6개월 이내 매매는 쉽지 않으며, 조건 조율과 감정 절제가 관건이다. 욕심을 내려놓고 현실적인 안목과 인내를 가지는 것이 필요하다.

질문 상황

내담자는 60대 남성입니다. 지인의 소개로 절대 농지 땅을 위탁 구매했는데, 세월이 한참 지난 요즘 6개월 이내에 농지 매매가 가능한지 알고 싶다고 하였습니다. 매직 7 배열법으로 질문에 대한 해답을 찾아가는 과정을 함께 떠나보겠습니다.

리딩 카드의 메시지를 따라가 볼까요?

1 [과거] **'소드 킹'** 〈이성적 통제, 분석력〉

내담자의 이성적이고 분석적인 태도를 보여주고 있습니다. 이 사안에 대해 매우 논리적으로 접근하고 있으며, 때로는 강한 의지로 상황을 통제하려 했었네요.

2 [현재] **'펜타클 6'** 〈균형, 주고받음〉

농지 매매 과정에서 금전적인 부분이나 조건 조율에 있어 상대방과의 유연한 소통과 타협이 매우 중요해 보입니다. 혼자서 결정하기보다는 주변 사람들과의 협력을 통해 균형을 찾아야 합니다.

3 [미래] **'6번 러버스'** 〈현실적 상황, 감성적 선택〉

중요한 선택에 있어 내면과의 조화가 요구됩니다. 이는 단순한 거래를 넘어, 매매 과정에서 자신의 가치관에 부합하는 신중한 결정이 필요하나 감정을 중시해서 현실적인 이득을 얻기가 힘들 수 있겠어요.

4 [조언] **'8번 힘'** 〈인내, 부드러운 설득〉

내면의 용기와 인내, 그리고 부드러운 통제를 의미해요. 매매가 생각만큼 빠르게 진행되지 않더라도 강압적인 방식보다는, 끈기 있고 부드러운 설득으로 상황을 이끌어가는 지혜가 필요함을 조언해 줍니다. 감정을 절제하고 장기적인 관점에서 접근하세요.

5 [방해] **'컵 7'** 〈혼란, 비현실적 기대〉

때때로 비현실적인 기대나 너무 많은 선택지로 인한 혼란을 경고하는 카드입니다. 매매에 대해 막연한 상상이나 과도한 욕심을 가지고 있는 것이 방해 요소로 작용하네요. 현실적인 시각을 가지고 현재 상황을 냉철하게 분석하는 것이 중요해요.

6 [환경] **'펜타클 2'** 〈감정이 파도치는 환경〉

끊임없이 균형을 맞추고, 유연하게 움직여야 하는 상황을 암시해요. 매매 과정에서 다양한 변수들이 발생하며, 이에 맞춰 지속적으로 조건과 우선순위를 조절해야 할 환경입니다. 능숙하게 저글링 하듯이 유연하게 대처하는 능력이 요구되네요.

7 [결론] **'펜타클 10'** 〈완성, 안정, 궁극적 성취〉

안정성, 완성, 그리고 궁극적인 성공과 번영을 상징하네요. 이 카드는 내담자의 목표인 매매가 결국에는 성공적으로 마무리될 수 있음을 보여주지만, 이는 단기적인 성과보다는 안정적으로 단계를 밟아가야 얻을 수 있는 결과임을 나타냅니다. 즉, 최종적인 결실은 보장되나, 그 과정에 인내가 필요하다는 뜻입니다.

타로 마스터의 힐링 노트

"절대 농지 매매, 6개월 안엔 힘들지만 기다림 끝엔 성사 찬스 온다!"

이 일곱 장의 카드가 전하는 메시지를 종합해 볼 때, 6개월 이내의 절대 농지 매매는 예상보다 어려울 것으로 보입니다. 이는 실패를 의미하기보다는, 매매 성사를 위해 충분한 시간과 노력이 필요하다는 타로의 따뜻하고 현실적인 조언입니다.

상담 후 내담자의 결과

주변 사람들과 여러 가지로 상의 결과 올해 농번기인 가을 추수 지나고 농네 이장단을 통해 적극적으로 매수자를 찾아보기로 했습니다. 6개월 이내에는 어렵겠지만 서두르지 않고, 현실적인 조언을 받아들여 대안을 세우고자 합니다.

위치별 리딩 해석 포인트

위치	타로 카드		핵심 의미	위치별 리딩 해석 포인트
1 과거		소드 킹	이성적 통제, 분석력	상황을 논리적으로 주도하며 통제.
2 현재		펜타클 6	균형, 주고받음	금전·조건 조율 과정에서 균형이 중요한 시기.
3 미래		6번 러버스	현실적 상황, 감성적 선택	현실적 판단을 요구하는 상황에서 감성적 판단을 함.
4 조언		8번 힘	인내, 부드러운 설득	인내와 조율을 통한 지혜로운 소통의 필요.
5 방해		컵 7	혼란, 비현실적 기대	비현실적인 막연한 기대나 다양한 선택으로 인한 혼란.
6 환경		펜타클 2	감정이 파도치는 환경	불안한 마음을 유지하고 있는 상황.
7 결론		펜타클 10	완성, 안정, 궁극적 성취	현실적인 완성의 성취와 안정. 단기적인 성과에 대한 기대는 금물.

7 카드

질문 2

"3개월 후 중국 공연이 계획대로 진행될 수 있을까요?"

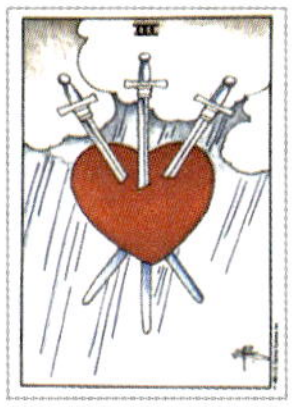

1 [과거]
이성적으로는 올바른 판단을 했으나 마음은 불편하다.

5 [방해요소]
균형 및 조율을 해야만 하는 상황이다.

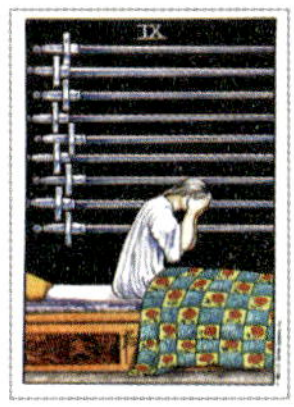

6 [환경]
여건이 만만치 않다.

7 [최종결론]
더 기다려야 한다.

3 [미래]
일이 축소되거나 어그러진다.

2 [현재]
과거에 간 적이 없는 곳이어서 막연하게 순수한 느낌을 갖는다.

4 [조언]
마음을 다스려라.

총평 현재 흐름으로는 예정대로 진행되기 어렵다. 대신 지금부터 유연하게 준비하면, 더 나은 기회를 만들 수 있다.

질문 상황

내담자는 20대 후반 댄스팀 리더입니다. 중국 공연 일정이 잡혔고, 어느 정도 날짜나 경제적인 부분에서 협의가 이뤄진 상태입니다. 하지만, 아직 계약서에 도장을 찍기 전이라 지금 흐름대로 잘 흘러갈 것인지에 대해 상담을 받게 되었습니다. 질문에 대해 타로는 어떤 이야기를 들려줄까요? 그 여정을 함께 떠나보겠습니다.

리딩 카드의 메시지를 따라가 볼까요?

1 [과거] **'소드 3'** 〈마음의 상처, 실망, 염려〉

내담자의 마음속에 이미 걱정과 염려가 가득하다는 것을 보여줍니다. 어떤 형태로든 마음의 고통이나 답답함, 또는 실망스러운 소식을 이미 직감하고 있거나 경험하고 있을 수 있어요. 계획이 순조롭지 않고 마음의 상처를 받을 수 있는 상황에 있었음을 나타냅니다.

2 [현재] **'컵 6'** 〈따뜻한 교류, 추억, 유대감〉

현재 내담자는 그 상처 속에서도 다시 따뜻한 에너지를 찾고 계시네요. 어쩌면 팀 동료들과의 돈독한 유대감이나 과거의 행복했던 추억 속에서 위안을 얻고 있을 수 있습니다. 현재는 계약에 대해서 순수한 마음으로 기다리고 있습니다.

3 [미래] **'16번 타워'** 〈갑작스러운 붕괴, 급진적 변화〉

타워 카드는 가장 강력하고 급진적인 변화를 예고합니다. 3개월 후 중국 공연은 현재의 계획대로 진행되기 매우 어려울 수 있다고 말해줍니다. 예상치 못한 돌발 상황, 갑작스러운 중단, 또는 구조적인 변화로 인해 현재 세워둔 계획이 완전히 무너질 가능성이 높아 보입니다. 이는 피할 수 없는 변화이며, 기존의 틀이 깨지는 경험이 될 거예요.

4 [조언] **'14번 절제'** 〈조화, 균형, 인내〉

급하게 서두르거나 감정적으로 대응하기보다는, 상황을 차분하게 받아들이고 서로 다른 요소들을 지혜롭게 통합하려는 노력이 필요해요. 유연성과 균형 감각이 위기를 극복하는 열쇠가 됩니다.

5 [방해] **'컵 킹'** 〈불안한 환경〉

물 위에 있다는 것은 현실적인 안정감이 약하다는 것입니다. 내담자가 상황을 통제하고 조율하는 데 필요한 정서적인 성숙함과 리더십을 갖춰야 합니다.

6 [환경] **'소드 9'** 〈불안, 걱정, 두려움〉

내담자를 둘러싼 환경, 즉 팀이나 주변 사람들의 분위기가 현재 매우 불안하고 걱정이 많은 상태로 보입니다. 보이지 않는 곳에서 밤잠을 설치며 고민하고 있네요. 마음의 평정을 유지하면서 내면의 두려움에 사로잡히지 않는 것이 중요해요.

7 [결론] **'2번 고위 여사제'** 〈숨겨진 정보, 기다림〉

모든 것이 명확하게 드러나지 않아 더 기다릴 수도 있겠어요. 공연과 관련된 모든 정보가 공개되지 않거나, 아직 숨겨진 요소들이 있을 수 있어요. 예상과는 다르게 또 다른 기회를 기다리게 될 수도 있을 것입니다.

타로 마스터의 힐링 노트

"3개월 뒤 중국 공연, 삐걱거릴 수 있지만, 마음 단단히 하고 유연하게 가면 새 길이 열린다!"

3개월 후 중국 공연은 현재 계획된 대로 순조롭게 진행되기 어렵습니다. 하지만, 이것이 결코 포기를 의미하는 것은 아니에요. 과도한 불안에 사로잡히기보다는 마음의 평정을 유지하는 것이 중요합니다. 또한, 모든 것을 완벽하게 통제하려 하기보다는, 변화를 받아들이고 유연하게 대처할 때 새로운 가능성을 발견할 수 있어요.

상담 후 내담자의 결과

“더 기다려야 한다"라는 타로 카드의 결론대로 금전적인 부분에서 업체의 말이 바뀌는 바람에 조율이 원활하지 않았고, 중국 공연은 취소되었습니다. 타로 카드의 결론대로 공연이 진행되진 않았지만, 마음의 준비를 할 수 있어서 다른 기회를 제안받는 데 큰 도움이 되었습니다.

위치별 리딩 해석 포인트

위치	타로 카드		핵심 의미	위치별 리딩 해석 포인트
1번 과거		소드 3	마음의 상처, 실망, 염려	이미 상처나 실망을 경험하였고, 현재의 고민은 이전부터 마음에 쌓여온 불안과 답답함의 연장선.
2번 현재		컵 6	따뜻한 교류, 추억, 유대감	팀원 서로에게 기댈 수 있는 순수한 마음은 최고의 위안.
3번 미래		16번 타워	갑작스러운 붕괴, 급진적 변화	기존의 틀이 깨질 만큼 큰 변수가 있으니, 그에 대한 철저한 대비가 필요.
4번 조언		14번 절제	조화, 균형, 인내	위기의 순간에도 균형과 인내를 통한 절제의 미덕.
5번 방해		컵 킹	불안한 환경	필요시 평정과 리더십의 충분한 발휘가 어려울 때, 이성적이고 성숙한 대응강구.
6번 환경		소드 9	불안, 걱정, 두려움	내담자를 둘러싼 팀이나 주변 분위기 자체가 불안정하기에 내면의 평정을 지키는 것이 최대 관건.
7번 결론		2번 고위 여사제	숨겨진 정보, 기다림	명확한 결과를 단정 짓기보다 내적인 통찰과 신중한 판단으로 흐름을 지켜보는 지혜가 필요.

7 카드

질문 3

"이번이 대학원 마지막 학기인데, 잘 마무리할 수 있을까요?"

1 [과거]
현실적 조율을 잘하고 있다.

5 [방해요소]
신경 쓸 것이 많아 스트레스를 받는다.

6 [환경]
환경이 어수선하다.

7 [최종결론]
점점 나아져서 잘 마무리 짓게 된다.

3 [미래]
감정이 불안해진다.

2 [현재]
즐겁긴 하나 급하게 가려 하면 불안하고 위험하다.

4 [조언]
자신 있게 나아가라.

총평 : 어차피 해야 할 것이라면, 긍정적으로 받아들이고 추진해라!
결과적으로 잘 마무리되어 기쁘고 행복할 것이다.

질문 상황

내담자는 50세 여성 대학원생입니다. 현재 대학원 마지막 학기를 남겨 둔 상황인데, 자신의 건강 문제를 비롯한 여러 어려움으로 걱정스러운 마음이 크다고 하였습니다. 이번 학기를 잘 마무리할 수 있을지 매직 7 배열법으로 실제적인 마무리가 어떻게 될지 살펴보겠습니다.

리딩 카드의 메시지를 따라가 볼까요?

1 [과거] **'펜타클 6'** 〈균형, 주고받음, 상호 지원〉

내담자는 배우자의 물질적인 지원과 교수님의 조언, 그리고 가족, 동기들의 정서적인 지지가 큰 힘이 되었을 것입니다. 동시에 내담자도 주변 사람들에게 도움을 주면서 균형을 유지해 왔네요.

2 [현재] **'소드 7'** 〈전략, 회피, 은밀한 계획〉

다소 복잡한 상황 속에서 혼자 감당해야 할 짐이 많아 불안해 보입니다. 에너지가 분산되어 집중하기 어렵고, 정면 돌파보다는 자신만의 요령으로 이 상황에서 벗어나려고 합니다.

3 [미래] **'펜타클 2'** 〈잘 유지하기 위한 불안, 다중 과제〉

여러 가지를 동시에 해내야 하는 상황을 나타냅니다. 감정이 불안해지는 카드이므로, 여러 선택지 앞에서 균형을 잘 잡는 것이 중요합니다.

4 [조언] **'7번 전차'** 〈추진력, 결단력, 자신감〉

내담자에게 필요한 것은 바로 '추진력'과 '자신감'입니다. 망설이지 말고 결단력 있게 밀고 나가야 합니다. 주변의 유혹이나 혼란을 잘 다스리고, 자신감 있게 해나간다면 원하는 바를 성취할 수 있습니다.

5 [방해] **'펜타클 킹'** 〈안정, 현실 지향〉

현실적인 부분(성적)에 과도하게 집착할 가능성이 있어요. 너무 잘하려는 현실적인 압박이 오히려 학업 마무리에 방해가 될 수 있으니 이 부분은 좀 내려놓는 연습이 필요합니다.

6 [환경] **'컵 7'** 〈어수선한 환경, 망상, 다수의 선택지〉

수많은 가능성 속에서 혼란을 겪거나, 비현실적인 기대로 인해 실망할 수도 있는 환경이네요. 내담자는 무엇이 진정으로 자신에게 이로운지 명확히 분별하는 지혜가 필요할 것 같습니다.

7 [결론] **'21번 월드'** 〈완성, 성취, 새로운 시작〉

축하드립니다! 마지막 카드가 21번 월드라니, 내담자는 분명히 이번 학기를 성공적으로 마무리할 수 있겠네요. 월드 카드는 모든 노력이 결실을 맺고, 완성되며, 새로운 시작을 의미하는 최고의 카드입니다.

타로 마스터의 힐링 노트

"굳건한 의지로 나아가면, 찬란한 마무리가 기다립니다!"

타로가 전하는 메시지는 매우 긍정적이고 희망적입니다. 마지막 학기를 잘 마무리할 수 있을까요? 라는 질문에 타로는 '그렇다'고 분명히 대답하고 있습니다.
비록 마지막까지 여러 가지 과제들을 동시에 해내야 하는 도전과, 때로는 과도한 선택지나 어수선한 환경으로 인해 혼란을 겪을 수 있지만, 강력한 추진력과 현명하고 실용적인 지혜가 내담자를 이끌 것입니다.

과거의 경험에서 얻은 교훈을 바탕으로, 굳건한 의지와 명확한 목표 의식을 가지고 전진한다면, 분명히 '월드' 카드가 상징하는 완전한 성취와 졸업이라는 찬란한 결실을 맺을 수 있겠어요. 내담자의 노력이 완성된 형태로 빛을 발할 것입니다!!!

상담 후 내담자의 결과

내담자는 마지막 학기에 대한 부담과 여러 난관이 있었지만, 대학원 전 학기 평점 평균 4.5 만점의 우수한 성적으로 학업을 훌륭히 마무리하였습니다. 내담자는 대학원 공부를 지지했던 가족과 교수님들, 동기들, 선·후배들로부터 축하도 많이 받고 기뻐했습니다. 지금은 졸업 후 진로에 대하여 진지하게 고민하며 새로운 출발에 대하여 차근차근 준비하고 있습니다.

위치별 리딩 해석 포인트

위치	타로 카드		핵심 의미	위치별 리딩 해석 포인트
1번 과거		펜타클 6	균형, 주고받음, 상호 지원	성장 배경에 든든한 지원과 교류의 균형.
2번 현재		소드 7	전략, 회피, 요령	내담자가 느끼는 불안, 집중력 부족, 요령을 피움.
3번 미래		펜타클 2	잘 유지하기 위한 불안, 다중 과제	학업, 미래 진로 등에서 균형을 맞추어야 하는 내담자의 불안한 모습을 의미.
4번 조언		7번 전차	추진력, 결단력, 자신감	혼란 속에서도 자신을 단단히 붙들고 흔들림 없이 전진.
5번 방해		펜타클 킹	안정, 현실 지향	안정, 성취, 재물을 뜻하지만, 방해 자리에서는 현실 집착과 과도한 압박으로 작용.
6번 환경		컵 7	어수선한 환경, 망상, 다수의 선택지	어수선한 환경을 상징. 지나치게 많은 기대나 불확실성을 의미.
7번 결론		21번 월드	완성, 성취, 새로운 시작	모든 과정을 마치고 성취에 도달했음을 의미. 반드시 목표를 이룰 수 있음.

7 카드

질문 4

“딸의 중3 새 학기 생활이 어떨까요?”

1 [과거]
잘하려는 의지는
있었으나
뜻대로 되지 않았다.

5 [방해요소]
신경 쓸 것이 많아
집중이 어렵고
스트레스를 받는다.

6 [환경]
교우, 선생님과의 관계가
원만하고 환경이
따뜻하다.

7 [최종결론]
좋아지기 위한 행운과
기회가 온다.

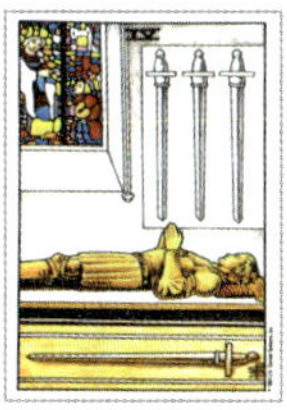

3 [미래]
정체감이나
한계를 느낀다.

2 [현재]
의무감으로 잘 유지는
하나 쉽지는 않다.

4 [조언]
서두르지 말고 차분히
단계적으로 해라.

총평 : 자신감은 있으나 생각처럼 쉽지 않으니 너무 서두르지 말고 차분히 단계적으로 임하면 행운이 따를 것이다.

질문 상황

내담자는 50대 중반의 여성으로 이제 중학교 3학년이 되는 딸의 새 학기 생활이 어떤지 궁금해하셨습니다. 중요한 시기인 만큼 타로가 전하는 이야기에 어머니의 마음으로 귀 기울여 주세요. 그럼 함께 살펴보겠습니다.

리딩 카드의 메시지를 따라가 볼까요?

1 [과거] **'완즈 시종'** 〈호기심, 열정, 새로운 시작〉

지난 학년이나 시기에 무언가 새로운 것에 대한 호기심과 설렘이 가득했었네요. 아마 새로운 꿈을 꾸거나, 뭔가 시도해 보고 싶은 열정이 솟아나는 시기였을 겁니다. 잘하려는 의지가 있었네요.

2 [현재] **'소드 6'** 〈유지, 의무감〉

현재는 삐걱거리는 배를 탄 것처럼 힘들어하고 있습니다. 하지만 목적지를 향해 가려는 의지는 있어 보이네요.

3 [미래] **'소드 4'** 〈휴식, 회복, 성찰〉

이전의 어려움에서 완전히 회복하고 충전하는 시기로 학업이든 관계든, 잠시 한발 물러서서 생각하고 계획하는 조용한 시간을 가질 가능성이 높아 보입니다. 급하게 서두르기보다, 자신의 마음을 다스리고 앞으로 나아갈 준비를 하는 데 집중하는 것이 필요해요.

4 [조언] **'7번 전차'** 〈추진력, 집중, 의지〉

가장 중요한 조언은 강한 의지와 추진력을 가지는 것입니다. 새 학년의 불확실한 상황 속에서도 스스로 목표를 분명히 하고, 흔들림 없이 나아가야 합니다. 주변의 산만한 요인들에 휩쓸리지 않고, 오직 목표만을 향해 집중하는 강인한 마음가짐이 필요합니다. 자신만의 길을 주도적으로 개척해 나간다면 좋은 결과를 얻을 수 있을 거예요!

5 [방해] **'펜타클 킹'** 〈성과에 대한 압박, 현실 부담〉

학교 성적이나 가시적인 성과에 대한 부담이 너무 커서, 자기 본연의 자유로운 에너지를 억누를 수 있어요. 또한, 신경 쓸 것들이 너무 많아 집중이 어렵고, 스트레스에도 취약해 보입니다.

6 [환경] **'완즈 퀸'** 〈자신감, 열정, 사회적 지지〉

둘러싼 환경은 굉장히 활기차고, 열정적이며, 자신감 넘치는 에너지로 가득합니다. 주변에 지지하고 응원해 주는 친구들이나 긍정적인 영향을 주는 인물도 많습니다. 자신도 이러한 환경 속에서 자기 주도성을 발휘하며 즐거움을 찾을 수 있을 거예요.

7 [결론] **'10번 운명의 수레바퀴'** 〈전환점, 행운, 기회〉

모든 것이 딱 들어맞아 돌아가는 수레바퀴처럼, 예상치 못한 행운과 기회가 찾아오며 모든 것이 제자리를 찾아가는 시기가 될 수 있어요. 이는 큰 행운과 중요한 전환을 의미하는 카드이니, 기대하셔도 좋습니다!

타로 마스터의 힐링 노트

"새 학년, 딸에게는 재정비와 도전의 시간! 운명 같은 행운과 기회가 찾아오는 반전의 한 해가 될 거예요!"

딸은 과거의 어려움을 뒤로하고 새 학년을 맞아 스스로 재정비하는 시간을 갖게 될 것으로 보입니다. 때로는 조용하게 휴식을 취하거나 앞으로의 방향을 깊이 고민할 수도 있겠네요. 하지만 이때, 확고한 의지로 자신의 길을 개척하려는 노력이 중요합니다. 주위 환경은 열정적이고 긍정적인 에너지로 지지적이나, 지나친 현실적인 압박은 경계해야 할 부분입니다. 결국, 딸에게 새 학년은 운명적인 전환점이 되어, 예상치 못한 행운과 중요한 기회들을 만나게 될 아주 긍정적인 한 해가 될 것입니다.

상담 후 내담자의 결과

중학교 3학년 딸의 1학기는 초반에 낯선 환경으로 인한 스트레스가 있었지만, 적극적으로 행동하여 점점 더 잘 적응해 나갔어요. 새로운 친구들도 사귀고, 좋은 선생님들 덕분에 즐겁고, 행복하게 학교생활을 하고 있습니다. 2학기도 기대하고 있으며, 학업에도 충실하고 자신만의 길을 주도적으로 개척해 나가서 좋은 결과를 맺고 있습니다.

위치별 리딩 해석 포인트

위치	타로 카드		핵심 의미	위치별 리딩 해석 포인트
1번 과거		완즈 시종	호기심, 열정, 새로운 시작	무언가를 배우고 시도하려는 태동의 에너지와 맞닿아서, 설렘과 활력이 반영됨.
2번 현재		소드 6	유지, 의무감	과거의 어려움에서 벗어나 점차 안정을 찾아가는 흐름.
3번 미래		소드 4	휴식, 회복, 성찰	내면을 돌보고 재충전할 시간이 필요한 상태.
4번 조언		7번 전차	추진력, 집중, 의지	흔들리는 상황 속에서도 스스로 방향을 잡고 강한 추진력을 발휘해야 함을 강조.
5번 방해		펜타클 킹	성과에 대한 압박, 현실 부담	성적이나 결과에 대한 지나친 압박이 본연의 자유와 즐거움을 방해할 수 있음.
6번 환경		완즈 퀸	자신감, 열정, 사회적 지지	활기찬 분위기와 든든한 지지가 함께하고 있어서 주도성을 더 발휘함.
7번 결론		10번 운명의 수레바퀴	전환점, 행운, 기회	흐름이 스스로 맞물려 돌아가며, 뜻밖의 기회와 행운이 다가와 새로운 국면을 만남.

7 카드

질문 5

"3월에 일본 후쿠오카로 여행을 가려고 하는데 분위기가 어떨까요?"

1 [준비과정]
날씨도 좋고,
순수하게 즐거워한다.

5 [방해요소]
계획대로 되지 않는다.

6 [환경]
바람도 불고,
좋은 환경은 아니다.

7 [최종결론]
신경 쓸 것은 많지만
여행을 잘 즐긴다.

3 [결과]
즐겁게 돌아다닌다.

2 [출발시점]
계획대로 해야 할 것은
다하면서 움직인다.

4 [조언]
계획대로 안 되더라도 모든 걸
겸허하게 받아들여라.

총평 : 사소한 오해나 갈등이 생겨 계획대로 되지 않을 수 있으나, 유연하게 대처하면 전반적으로 행복하고 만족스러운 여행이 될 수 있다.

질문 상황

내담자는 50대 초반의 남성으로 대기업에 근무하는 직장인입니다. "일본 후쿠오카로 가족여행을 가게 된다면 어떨까요?"라는 질문에서 가족과의 소중한 추억을 만들고자 하는 마음이 가득 느껴집니다. 3월의 후쿠오카 가족여행 분위기가 어떨지 타로의 여정을 따라가 보겠습니다.

리딩 카드의 메시지를 따라가 볼까요?

1 [준비과정] 19번 '태양' 〈즐거움, 행복, 긍정적 기대〉

가족과의 여행은 늘 즐거웠고, 행복이 넘치는 시간이었을 거예요. 이번 여행 또한 그런 긍정적인 기대와 설렘 속에서 시작되었다는 것을 보여줍니다.

2 [출발시점] '소드 킹' 〈계획, 통제, 이성적 접근〉

여행이 이성적이고 체계적으로 진행되겠네요. 꼼꼼하게 계획을 세우고, 모든 것을 완벽하게 통제하려는 마음이 강해 보입니다. 자칫 가족들에게 권위적인 모습으로 보일 수 있습니다.

3 [결과] '7번 전차' 〈활동, 목표 달성, 장애 극복〉

후쿠오카 여행은 매우 활동적이고 즐거운 여정이 될 것입니다. 계획한 대로 순조롭게 나아가며, 모든 장애물을 극복하고 성공적인 결과를 얻을 수 있을 거예요. 많은 곳을 둘러보고, 활발하게 움직이며 목표를 달성하는 만족감 있는 여행이 될 가능성이 높습니다.

4 [조언] '컵 10' 〈가족의 화목, 사랑, 안정〉

이번 여행에 가장 중요하게 여겨야 할 것은 가족 간의 행복과 화목입니다. 물

7 카드

질적인 만족이나 완벽한 계획보다는, 서로를 이해하고 배려하며 사랑을 나누는 데 집중하세요. 편안하고 안정된 분위기 속에서 서로 포용하려고 노력한다면 최고의 여행이 될 것입니다.

5 [방해] **'소드 시종'** 〈계획의 차질, 변수〉

예상치 못한 작은 문제나 계획의 변경으로 가지 못하는 상황이 될 수도 있습니다. 생각하지 못한 변수가 생길 수 있겠네요.

6 [환경] **'소드 5'** 〈갈등, 자기주장〉

가족 구성원 각각의 자기주장으로 인해 오해나 갈등의 기운이 감돌 수 있습니다. 때로는 희생하거나 양보해야 할 순간이 올 수 있다는 점을 인지하는 것이 좋습니다.

7 [결론] **'펜타클 킹'** 〈안정, 성취, 책임감〉

이 여행은 내담자가 신경 쓸 것이 많아 스트레스도 받고 우여곡절도 있지만 최종적으로는 안정적인 여행이 될 것입니다. 여행을 통해 얻는 경험과 더불어 안정적인 기반 위에서 풍요롭고 견고한 추억을 만들 수 있을 것입니다. 든든한 가장으로서 가족들을 이끌며 성공적으로 여행을 마무리할 수 있을 거예요!

타로 마스터의 힐링 노트

"가족여행, 완벽하지 않아도 괜찮아요. 함께 웃고 함께 하는 순간들이 최고의 추억이 됩니다!"

내담자는 아내, 아들 삼 형제와 함께하는 가족여행이 계획대로 잘 진행되고, 즐거운 분위기에서 소중한 추억을 남길 수 있기를 바라는 마음에 진심인 분이었습니다. 여럿이 함께하는 여행에서 모든 순간이 좋을 수만은 없을 것입니다. 때론 계획대로 되지 않더라도 모든 것을 겸허히 받아들이고, 가족의 이야기에 귀 기울인다면 행복하고 기억에 남는 여행이 될 거예요.

상담 후 내담자의 결과

상담 시 내남자의 여행 목적지는 일본의 후쿠오카였으나, 아내가 갑자기 베트남의 나트랑·달랏으로 가면 어떻겠냐고 하여 목적지가 바뀌게 되었습니다. 나트랑·달랏으로의 여행은 지금까지의 해외여행 중에서 단연코 최고였다고 할 정도로 가족들의 만족도가 높았다고 합니다. 날씨, 음식, 명소, 가이드, 호텔 등 모든 것들이 기대 이상이어서 또다시 가고 싶은 여행지라고 하셨어요. 어느 곳을 가도 여행 운이 따르는 복이 많은 분인 것 같네요!

위치별 리딩 해석 포인트

위치	타로 카드		핵심 의미	위치별 리딩 해석 포인트
1번 과거		19번 태양	즐거움, 행복, 긍정적 기대	과거 여행의 행복했던 기억이 이번 여행 분위기의 순조로운 준비를 의미함.
2번 현재		소드 킹	계획, 통제, 이성적 접근	여행 출발 과정이 철저한 계획하에 이루어져 안정적인 여행이 가능함.
3번 미래		7번 전차	활동, 목표 달성, 장애 극복	여행의 진행은 계획대로 역동적으로 흘러가며, 여러 일정을 소화해내고 성취감을 얻을 가능성이 높음.
4번 조언		컵 10	가족의 화목, 사랑, 안정	계획과 성과보다 가족의 유대와 정서적 교감을 중시해야 행복한 여행이 될 수 있음.
5번 방해		소드 시종	계획의 차질, 변수	원래 계획의 차질이나 변수가 생김.
6번 환경		소드 5	갈등, 자기주장	의견차이나 외부적 변수로 불편한 상황이 생길 수 있음, 양보하거나 손해를 감수해야 함.
7번 결론		펜타클 킹	안정, 성취, 책임감	우여곡절이 있더라도 책임감 있게 가족을 이끌고 소중한 추억을 쌓을 수 있음.

7 카드

질문 6

"남자 친구를 계속 만나는 것은 어떨까요?"

(남자 친구와의 만남을 지속할지, 헤어질지 고민 중인 상황)

1 [과거]
만남이 즐겁고
주도적으로 이끌었다.

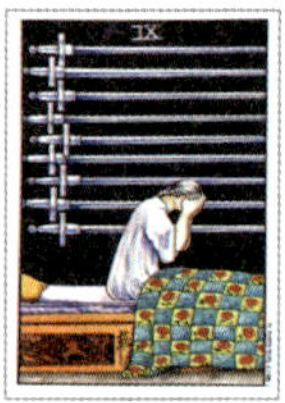

5 [방해요소]
생각이 너무 많다.

6 [환경]
주변이 어수선하여
남친에게만 집중할 상황이
아니다.

7 [최종결론]
어려움을 극복 후 관계를
발전시켜 나간다.

3 [미래]
안정적으로 유지는
되나 재미가 없다.

2 [현재]
의무감으로
관계를 유지한다.

4 [조언]
관계에 대한 확신을
가져라.

총평 : 믿고 의지하며 신뢰를 쌓고, 확신을 가지는 것이 필요하다. 다가올 미래에 불안해하기보다 현재에 집중해야 한다.

질문 상황

내담자는 30대 초반 여성입니다. 만난 지 1년 정도 된 남자 친구랑 헤어져야 하나, 관계를 계속 이어가야 하나 고민이 깊어 보였습니다. 현실적으로 나이 차이가 크게 나지만(연하남), 대화나 현실적인 부분은 잘 통해서 상담을 요청했습니다. 이 질문의 경우, 양자택일 선택법으로 리딩을 하는 것이 기본적이긴 하나, 여기에서는 매직 7 배열법을 통해 좀 더 구체적으로 알아보도록 하겠습니다.

리딩 카드의 메시지를 따라가 볼까요?

1 [과거] '컵 9' 〈만족, 포용, 주도적 관계〉

과거에는 연인과의 관계가 내담자에게 큰 만족감과 행복을 가져다주었습니다. 만남이 즐겁고 관계를 주도적으로 이끌어서 뿌듯한 순간이 많았네요.

2 [현재] '소드 6' 〈이동, 변화, 안정 추구〉

현재는 힘든 상황에서 벗어나고 싶은 마음이 커 보입니다. 불안하거나 답답했던 관계에서 더 평화로운 곳으로 이동하고 싶어 하네요. 의무감으로 관계를 유지하고 있는 듯 보여 안타까운 마음이 듭니다.

3 [미래] '펜타클 8' 〈노력, 인내, 성실〉

미래에는 함께 관계를 더욱 단단하게 만들고, 개선하기 위해 꾸준히 노력하겠네요. 서로 애쓰고 가꾸어 나가는 '노력'과 '인내'가 필요한 시기가 될 것입니다. 마치 공들여 무언가를 만들어가는 것처럼 말입니다.

4 [조언] '펜타클 시종' 〈관계에 대한 불안, 현실적인 접근 필요〉

카드는 상대방을 신뢰하지 못하고 있음을 나타냅니다. 새로운 배움의 자세로 서로를 이해하려고 노력하고, 구체적인 계획을 세워 나가는 것이 중요해요.

서두르지 말고 현실을 직시하는 지혜를 발휘한다면 점점 확신이 생길 수 있습니다.

5 [방해] **'소드 9'** 〈불안, 스트레스, 부정적 감정〉

이 관계를 가로막는 큰 걸림돌은 내담자의 깊은 불안과 걱정입니다. 잠 못 이룰 정도의 스트레스나 자책, 후회 같은 부정적인 감정들이 내담자를 생각의 도가니 속에 옭아매고 있네요. 이런 마음의 짐들이 명확한 판단을 어렵게 하고 있습니다.

6 [환경] **'13번 데스'** 〈종료, 고통, 인내〉

주변 환경이나 전반적인 관계의 흐름이 어수선해서 연인에게 집중하기가 어렵겠어요. 이는 과거를 끝내고 새로운 시작을 알리는 강력한 메시지이기도 합니다. 이제는 과감히 매듭짓고 새롭게 태어나야 할 필요성이 느껴집니다.

7 [결론] **'7번 전차'** 〈의지, 추진력, 자신감〉

지금의 고민과 불안을 극복하고, 강한 의지로 나아가고자 하는 방향으로 이 관계를 이끌어갈 수 있을 거예요. 최종적인 선택과 책임은 내담자에게 있으며, 결정을 내리고 나면 강력한 추진력을 얻게 될 것입니다.

타로 마스터의 힐링 노트

"걱정은 잠시 내려놓아요. 당신의 의지가 곧 새로운 길을 여는 힘찬 전차가 되어 당신을 이끌어줄 거예요"

사랑과 이별의 기로에서 깊은 고민에 빠진 내담자가 힘든 상황을 감내하는 과정이 얼마나 괴로웠을지 짐작이 됩니다. 관계에 대한 불안과 주변의 변화 속에서 신중한 노력이 필요하지만, 결국 내담자의 강한 의지로 관계의 향방을 결정하게 될 것입니다. 아픔 속에서도 피어나는 또 다른 희망을 발견하고, 본인을 위한 길을 당당히 걸어가길 진심으로 응원합니다.

상담 후 내담자의 결과

내담자는 당시 연인관계를 어떻게 할지 선택의 갈림길에서 매우 답답하고 힘들어했어요. 상담 후 남자 친구와 고민을 나눴고, 헤어지기보다 서로 좀 더 노력하고 관계를 개선하는 쪽으로 결정을 내리게 되었어요. 덕분에 불안이나 부정적 생각보다 긍정적인 생각으로 나아가게 되었다고 합니다. 지금은 한발 더 나아가 신중하고 안정적인 관계로 발전했습니다. 상담을 받고 난 뒤 내담자가 전차 카드의 결론대로 지금의 고민과 불안을 극복하고 강한 의지로 나아갈 수 있는 힘을 가질 수 있어서 의미 있는 상담으로 기억됩니다.

위치별 리딩 해석 포인트

위치	타로 카드		핵심 의미	위치별 리딩 해석 포인트
1번 과거		컵 9	만족, 포용, 주도적 관계	포용함으로써 즐겁지만, 마음을 완전히 열지는 못함.
2번 현재		소드 6	이동, 변화, 안정 추구	현실에서 벗어나지 못하는 관계에서 답답함을 느낌.
3번 미래		펜타클 8	노력, 인내, 성실	현실적 노력을 반복적으로 쌓음으로 점차 안정될 수 있음.
4번 조언		펜타클 시종	관계에 대한 불안, 현실적인 접근 필요	관계에 대한 신뢰가 필요함.
5번 방해		소드 9	불안, 스트레스, 부정적 감정	스스로 내적 갈등이 크면 결국 관계에 걸림돌이 됨.
6번 환경		13번 데스	종료, 고통, 인내	과거의 방식을 벗어나, 근본적인 변화를 맞이해야 하는 환경
7번 결론		7번 전차	의지, 추진력, 자신감	선택 이후에는 강력한 주도권을 쥐고 나아가야 함.

7 카드

질문 7

"친구들과 계획된 기존 여행에 남자 친구가 새로 합류하기로 하였는데 여행 분위기가 어떨까요?"

(30대 여자의 입장)

1 [여행전]
계획대로 안 되고
뭔가 어긋난다.

5 [방해요소]
경제적인 부분이
신경 쓰인다.

6 [환경]
편안하고 좋은
분위기이다.

7 [최종결론]
새롭게 자존심을 지킬 수
있는 기회가 온다.

3 [여행후반]
여행 시 완벽하지 못했던 계획으로
인해 아쉬움이 남는다.

2 [여행초반]
신경 쓸 것이 많다.

4 [조언]
상황을 받아들이고
포용하라.

총평 : 환경은 좋으나 신경이 쓰여 즐기지 못하니, 잘하려고 하지 말고 전반적인 흐름을 자연스럽게 그대로 받아들여라!

질문 상황

내담자는 30대 초반의 여성으로, 원래 세 명의 친구와 가기로 한 여행에 갑자기 내담자의 남자 친구가 합류하게 되었어요. 친구들과 나이 차이가 크게 나서 서로 불편할까 봐 걱정되었고, 무사히 여행을 잘 다녀올 수 있을지 궁금해했어요. 질문에 대해 타로는 어떤 이야기를 들려줄지 함께 떠나보겠습니다.

리딩 카드의 메시지를 따라가 볼까요?

1 [과거] '16번 타워' 〈갑작스러운 변화, 사건, 혼란〉

여행 준비 중 내담자에게는 예상치 못한 변화와 급격한 사건이 있었을 것으로 보입니다. 이는 기존의 관계나 상황에 균열을 가져오고, 혼란과 불안을 동반했을 거예요. 그러나 이러한 경험은 오히려 낡은 틀을 깨고 새로운 시각을 얻는 계기가 될 수 있습니다.

2 [현재] '펜타클 킹' 〈스트레스, 현실적 기반, 책임감〉

여행 중, 내담자는 과거의 혼란 속에서도 단단한 안정감과 현실적인 기반을 마련한 상태입니다. 물질적이고 현실적인 측면에서 능숙하며, 책임감 있고 견고한 태도로 자신만의 영역을 구축하고 있네요. 여행 중 신경 쓸 것은 많지만, 친구들의 관계에서도 신뢰를 주는 존재로 자리 잡고 있습니다.

3 [미래] '소드 10' 〈완벽주의, 실망, 새로운 시작〉

여행 후반에, 완벽한 계획을 세워 여행 과정을 매끄럽게 진행하려고 합니다. 하지만 예상치 못한 어려움과 정신적인 고통이 찾아올 수 있습니다. 자칫 여행이 완벽해야만 한다고 생각하다 보면 예상 밖의 상실감을 경험할 수도 있어요. 그러나 동시에 이는 최악의 상황을 지나왔음을 상징하며, 고통의 끝에서 비로소 새로운 시작을 맞이할 수 있는 전환점이 될 수 있습니다.

4 [조언] **'컵 기사'** 〈감성적 소통, 화해, 친절〉

힘들게 느껴지는 순간이 오더라도 감성적이고 부드러운 접근 방식이 필요합니다. 상대방에게 먼저 손을 내밀거나, 진심 어린 마음으로 화해를 제안하며 소통하는 것이 중요해요. 예의 바르고 배려심 있는 태도로 주변 사람들에게 긍정적인 감정의 에너지를 전달해야 합니다.

5 [방해] **'펜타클 퀸'** 〈금전적 부담, 안정 고수〉

여행 중의 장애물은 금전적인 문제로 인하여 주변 상황을 제대로 즐기지 못할 수 있다는 것입니다.

6 [환경] **'완즈 에이스'** 〈열정, 활력, 새로운 시작〉

여행을 둘러싼 환경은 새로운 열정으로 가득합니다. 여행을 통하여 새로운 활력과 생기를 얻을 수 있겠네요. 뜻밖의 제안이나 새로운 도전을 마주할 수 있는 활기찬 분위기가 형성될 것입니다.

7 [결론] **'소드 에이스'** 〈이성적 판단의 기회, 새로운 관점〉

어려움이 있더라도 여행을 통해 내담자는 문제의 본질을 꿰뚫고 확실한 해결책을 찾아낼 것입니다. 이는 냉철한 판단이 요구되지만, 결국은 새로운 관점과 분명한 목표 의식을 가지고 나아갈 수 있는 계기가 될 것입니다.

타로 마스터의 힐링 노트

"여행길에 잠깐의 구름은 있어도, 이제는 화창한 앞날이 기다리고 있어요!

미래의 소드 10번이 조금 걱정될 수도 있겠지만, 이 카드는 '더는 나빠질 수 없는 지점'이라는 뜻이기도 합니다. 너무 완벽하려고 하지만 않는다면, 바닥을 찍고 올라갈 일만 남았다는 긍정적인 의미로도 해석할 수 있어요! 다행히 여행의 환경은 편안해 보입니다. 이번 여행이 내담자에게 새로운 전환점이 되길 진심으로 바랍니다.

상담 후 내담자의 결과

약간의 부담과 책임감을 안고 시작된 여행이었으나 재미있게 잘 놀았어요. 그런데 술을 마시면서 사소한 이야기 중에 감정 조절을 못 해 잠깐의 어려움이 생겼었어요. 다행히 다음 날, 바로 오해를 풀고 잘 마무리 지어서 즐겁고 재미있는 시간을 보내고 무사히 돌아왔어요.

위치별 리딩 해석 포인트

위치	타로 카드		핵심 의미	위치별 리딩 해석 포인트
1번 과거		16번 타워	갑작스러운 변화, 사건, 혼란	갑작스러운 사건이나 기존 계획이 어긋날 수 있었음.
2번 현재		펜타클 킹	스트레스, 현실적 기반, 책임감	혼란을 지나 안정감을 회복하고, 친구들 사이에서 책임 있는 역할을 하고 있음.
3번 미래		소드 10	완벽주의, 실망, 새로운 시작	여행 중 어려움이나 실망을 겪지만, 그것이 상황 전환의 계기가 됨.
4번 조언		컵 기사	감성적 소통, 화해, 친절	감정적으로 부드럽게 소통하고, 관계를 회복하는 태도가 필요.
5번 방해		펜타클 퀸	금전적 부담, 안정 고수	익숙함을 지키려는 마음이 새로운 경험을 받아들이는데 제약이 됨.
6번 환경		완즈 에이스	열정, 활력, 새로운 시작	외부 상황이 새로운 활력과 기회로 가득 차 있음, 도전적인 분위기가 형성됨.
7번 결론		소드 에이스	이성적 판단의 기회, 새로운 관점	최종적으로 상황의 본질을 파악하고, 새로운 결단을 내려 앞으로 나아감.

7 카드

질문 8

"여자 친구의 친구들과 여행을 가는데 분위기가 어떨까요?" (20대 남자의 입장)

1 [여행전]

서로 간의 소통이 원활하여 상대를 배려한다.

5 [방해요소]

모든 것을 받아줘야 하고, 자기주장을 하지 못한다.

6 [환경]

사람들로부터 인기가 있다.

7 [최종결론]

유지는 하지만, 개인적인 감정 기복은 생긴다.

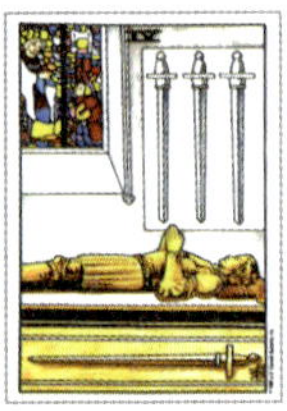

3 [여행후반]

노력하다 지쳐 휴식의 시간을 갖게 된다.

2 [여행초반]

본인이 계획을 이끌고 가는 상황이나 잘하지는 못한다.

4 [조언]

너무 잘하려고 하지 말고 자유롭게 하고 싶은 대로 하라.

총평 : 마음 가는 대로, 자유롭게, 하고 싶은 대로 한다면 즐거운 여행이 될 수 있다.

질문 상황

20대 중반 남성의 사례입니다. 여자 친구가 친구들과 여행을 가는 데 함께 가게 되어 너무 즐거웠으나 여자 친구가 고민이 많아 보였습니다. 이번 여행 분위기가 어떨지 궁금하여 상담을 받게 되었습니다.

리딩 카드의 메시지를 따라가 볼까요?

1 [과거] **'컵 2'** 〈상호 배려, 조화, 유대감〉

과거 여행을 계획하게 된 시작점에서 서로 배려하는 긍정적인 영향을 주고받는 관계에 있었어요. 이번 여행은 서로에 대한 원활한 소통과 결속력을 확인하는 계기가 될 것 같습니다.

2 [현재] **'소드 기사'** 〈추진력, 결단, 리더십〉

여행 초반에는 강력한 추진력과 열정으로 가득합니다. 목표 지향적이고, 계획을 빠르게 실행하려는 적극적인 태도를 보이며, 때로는 다소 성급하게 일을 진행할 수도 있어요. 친구들과의 관계에서도 리더십을 발휘하려는 경향이 있습니다.

3 [미래] **'소드 4'** 〈휴식, 재정비, 잠시 멈춤〉

여행 후반에는 지친 상태에서 휴식이나, 잠시 혼자만의 시간을 가지는 시기가 올 수 있어요. 이는 복잡한 상황이 발생할 수 있음을 의미합니다. 때로는 관계에서의 미묘한 긴장이 지속되어 잠시 시간을 가지고 재정비를 하게 됩니다.

4 [조언] **'완즈 9'** 〈고민, 스트레스, 심리적 안정 필요〉

여행의 과정에서 안정적이긴 하나 약간의 어려움이나 예상치 못한 장애물이 발생할 수 있어요. 이에 대비하여 여유로운 마음을 유지하는 것이 중요합니다. 작은 부분에 너무 집착하지 마세요!

5 [방해] **'컵 퀸'** 〈과도한 배려, 자기주장 부족〉

모든 것을 포용하고 받아 주어야 하며, 자기주장은 하지 못하다 보니 감정적으로 힘들어하거나, 상황에 대한 불필요한 감정 소모를 유발할 가능성이 있어요. 타인의 감정을 지나치게 의식하거나, 감정적인 문제에 깊이 몰입하는 것이 방해 요소가 될 수 있습니다.

6 [환경] **'17번 스타'** 〈희망, 치유, 인기〉

여행을 둘러싼 전반적인 환경은 매우 희망적이고 긍정적이네요. 마음의 평화와 영감을 얻을 수 있는 분위기가 조성되어 있으며, 이 여행에서 당신은 인기인이 될 것입니다.

7 [결론] **'펜타클 2'** 〈균형, 불안감, 유연성〉

유연한 사고와 적응력을 통해 여러 가지 상황 속에서 균형을 찾아가게 됩니다. 예상치 못한 변화에 능숙하게 대처하며, 물질적인 면과 정신적인 면 사이에서 적절한 조화를 이루어낼 것입니다. 이는 결국 만족스러운 결과로 이어질 거예요.

타로 마스터의 힐링 노트

"친구들과 신나는 여행, 너무 애쓰기보다 느긋하게 즐겨 보아요!"

친구들과의 관계 속에서 서로 배려하며 여행을 추진하나, 여러 고민과 지치는 상황으로 인하여 휴식이 필요한 순간을 맞이할 수 있어요. 감정적인 이해관계를 잘 극복하고 유연한 태도로 균형을 찾는다면 희망적인 여행이 될 것입니다. 너무 잘하려고 하기보다는 편안하고 자유롭게 여행을 즐기길 바랍니다.

상담 후 내담자의 결과

여자 친구의 친구들과 함께 가는 첫 여행이라 설레면서 신났어요. 여자 친구가 걱정이 많아 보여서 나는 괜찮고 즐겁고, 기대된다고 말해주며, 걱정을 덜어주려 노력했어요. 신나게 놀던 중에 술이 들어가니까 여자 친구가 감정 조절을 잘 못하는 것처럼 보여서 좀 화가 났어요. 그래서 잠시 혼자만의 시간을 갖기도 했어요. 그런데 여자 친구가 분위기를 풀어보려고 노력했던 것에 대한 오해였단 걸 알고 나서, 다음 날부터 다시 기분을 풀고 즐거운 여행으로 마무리했어요.

위치별 리딩 해석 포인트

위치	타로 카드		핵심 의미	위치별 리딩 해석 포인트
1번 과거		컵 2	상호 배려, 조화, 유대감	여행 계획에 있어 순조로운 소통을 의미.
2번 현재		소드 기사	추진력, 결단, 리더십	여행 과정에 대한 리더십과 적극성을 의미.
3번 미래	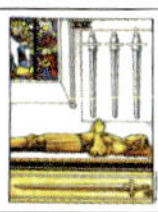	소드 4	휴식, 재정비, 잠시 멈춤	앞으로 마주할 정체·휴식의 시기를 예고.
4번 조언		완즈 9	고민, 스트레스, 심리적 안정 필요	고민이 많으니 불안이나 스트레스에 대한 관리가 필요함.
5번 방해		컵 퀸	과도한 배려, 자기주장 부족	과도한 배려가 여행의 즐거움을 저하시킬 수 있음.
6번 환경		17번 스타	희망, 치유, 인기	다른 사람에게 인정받게 되는 환경.
7번 결론		펜타클 2	균형, 불안감, 유연성	변수 속에서도 즐거움을 유지하기 위한 노력이 발휘됨.

7 카드

질문 9

"주말에 이성과의 만남이 있어요. 어떨까요?"

1 [과거]
만남에 대하여
주저하게 된다.

5 [방해 요소]
서로 자기 이야기만 한다.

6 [환경]
분위기는 만족스럽고
편안하다.

7 [최종결론]
노력한 만큼의
결실은 없다.

3 [미래]
관계가 발전적이진
않지만, 만족감은 있다.

2 [현재]
믹상 만나면
즐거워한다.

4 [조언]
목적 없이 순수하게
만남 자체를 즐겨라.

총평 : 이 만남은 미래지향적이지는 않지만, 그 만남 자체는 즐거운 시간이 될 것입니다. 그 시간 자체를 즐기세요!

질문 상황

20대 후반 여성의 사례입니다. 연애하고 싶어 하던 내담자가 마음에 드는 이성과 연락을 주고받던 중 처음으로 데이트 날짜가 잡혀서 관계적으로 더 발전할 수 있는 계기가 될 수 있는지 궁금해했어요. 매직 7 배열법으로 첫 데이트의 분위기를 살펴보겠습니다.

리딩 카드의 메시지를 따라가 볼까요?

1 [과거] **'소드 시종'** 〈미성숙, 서툰 의사소통〉

과거의 내담자는 생각과 실제 행동 사이에 다소 괴리가 있었을 수 있네요. 어쩌면 이성에 대한 막연한 기대나 혹은 선입견에 사로잡혀 충분히 탐색하지 못했거나, 본인의 의도를 명확히 전달하지 못하는 방식으로 행동했을 가능성도 있어요.

2 [현재] **'완즈 3'** 〈새로운 가능성, 기대, 즐거움〉

현재 내담자의 마음속에는 새로운 만남에 대한 긍정적인 기대와 함께, 더 넓은 세계로 나가고자 하는 설렘이 가득합니다. 이는 단순한 호기심을 넘어, 앞으로 펼쳐질 관계의 지평을 확장하고 싶다는 내면의 바람을 반영하네요. 이번 만남을 통해 예상치 못한 기회를 엿볼 수 있을 것입니다.

3 [미래] **'12번 매달린 남자'** 〈시각의 전환, 내적 깨달음, 인내〉

미래에 내담자는 이 만남을 통해 당장의 현실적인 결과보다는 색다른 시각이나 깊은 통찰을 얻게 되어 내적으로 큰 만족감을 느낄 거예요. 하지만, 이 카드는 묶여있는 카드로 관계가 발전되기는 어려우며 자신만의 만족으로 끝날 수 있습니다.

4 [조언] **'19번 태양'** 〈즐거움, 순수함, 긍정적 에너지〉

이 만남의 가장 중요한 열쇠는 바로 '순수하게 만남 자체를 즐기는 것'입니다. 모든 부담감이나 결과를 향한 집착을 내려놓고, 어린아이처럼 맑은 눈으로 상대를 바라보고 현재의 순간을 만끽한다면, 그 자체로 빛나고 충만한 경험이 될 것입니다. 즐거움과 생명력을 주는 태양처럼, 밝고 긍정적인 에너지를 내보내세요.

5 [방해] **'완즈 5'** 〈갈등, 경쟁, 소통의 어려움〉

만남을 방해할 수 있는 요소는 서로 자신의 이야기만 하려 하거나, 불필요한 경쟁 구도가 형성될 수 있다는 점이에요. 각자의 주장만 내세우다 보면 진정한 소통이 어려워질 수 있으니, 상대를 이해하려 노력하고 경청하는 자세가 중요합니다.

6 [환경] **'컵 9'** 〈만족, 성취감, 비밀스러움〉

만남이 이루어지는 전반적인 분위기는 내담자가 바라던 바를 이루는 듯이 매우 만족스럽고 긍정적일 것입니다. 아마도 편안하고 즐거운 공간에서, 마음이 충족되는 감정을 느낄 수 있을 거예요. 하지만, 상대방의 마음을 정확히 알기는 어렵습니다.

7 [결론] **'펜타클 7'** 〈결실에 대한 불만족, 씨앗 뿌리기〉

이 만남은 연인관계로의 발전이나 결과를 기대할 수 없습니다. 씨앗을 심고 인내하며 기다리는 농부의 마음과 같이 즉각적인 수확은 없어요. 하지만, 이 만남이 뿌려둔 씨앗처럼 미래의 관계 발전을 위한 중요한 초석이 될 수 있습니다.

타로 마스터의 힐링 노트

"이번 만남, 결과보다 과정 속 재미와 의미를 즐기는 게 진짜 포인트!"

내담자의 질문에 담긴 '이성과의 만남'이라는 키워드는 얼핏 가볍게 들릴 수 있지만, 사실 우리 모두에게는 관계를 통한 성장과 행복에 대한 갈망이 담겨 있죠. 이번 리딩을 통해 카드는 내담자에게 "지금 당장 눈에 보이는 결과만을 좇기보다는 주어진 만남 자체를 즐기고 그 안에서 자신만의 의미를 찾으세요"라고 다정하게 속삭이는 듯합니다.

상담 후 내담자의 결과

타로 카드에서 “분위기는 나쁘지 않으나 결실은 없다.”라는 리딩대로 주말 하루 동안 이성과의 만남은 분위기도 나쁘지 않았고 즐거웠으나, 연락을 좀 더 이어가다 이성적인 발전 없이 마무리되었다고 합니다.

위치별 리딩 해석 포인트

위치	타로 카드		핵심 의미	위치별 리딩 해석 포인트
1번 과거		소드 시종	미성숙, 서툰 의사소통	내담자가 이성에 대해 어설픈 시도를 했던 경험을 반영.
2번 현재		완즈 3	새로운 가능성, 기대, 즐거움	내담자가 만남을 통해 관계의 지평을 열고 싶어 함.
3번 미래		12번 매달린 남자	시각의 전환, 내적 깨달음, 인내	당장의 결과보다는 가치관의 변화를 예고, 만남에서 얻는 새로운 통찰을 의미.
4번 조언		19번 태양	즐거움, 순수함, 긍정적 에너지	결과에 집착하기보다 순간을 즐기며 밝은 에너지를 나누는 태도가 중요.
5번 방해		완즈 5	갈등, 경쟁, 소통의 어려움	각자 자기주장만 하다 갈등이 생길 수 있는 위험성을 경고.
6번 환경		컵 9	만족, 성취감, 비밀스러움	만남이 이루어지는 외적 분위기가 편안하고 만족스러움.
7번 결론		펜타클 7	결실에 대한 불만족, 씨앗 뿌리기	즉각적인 성과는 없으나, 시간이 지나면 관계가 자라날 가능성도 있음.

7 카드

질문 10

**"고대하던 비즈니스 미팅이 잡혔어요.
결과가 어떨까요?"**

1 [과거]
미팅전 즐거운 기다림의
시간이었다.

5 [방해요소]
안정적이나
큰돈이 되지는 않는다.

6 [환경]
뭔가 결정해야만 하는
상황이다.

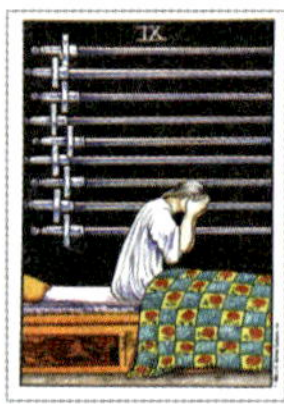

7 [최종결론]
결과는 좋았지만,
앞으로의 일에 대해
생각이 많아진다.

3 [미래]
미팅과정 순수하게 서로
배려하며 상대에게 맞춘다.

2 [현재]
미팅당일 자신감 있게
내 주장을 한다.

4 [조언]
자기의 계획과
위치를 확실히 해라.

총평 : 강한 자신감으로 시작된 미팅은 과정 중에 서로 배려하여 좋은 결과가 나왔지만, 앞으로 할 것에 대한 생각은 많아질 수 있다. 자신의 위치에서 할 수 있는 계획을 세운다면 수월하게 앞으로의 일들이 진행될 것이다.

질문 상황

내담자는 50대 여성 강사입니다. 이번 비즈니스 미팅은 단순한 거래의 장을 넘어, 자신의 역량과 관계를 성찰하는 중요한 기회가 될 것이라고 하며 중요한 미팅이라고 하였습니다. 미팅의 결과는 어떻게 되는지 매직 7 배열법을 통해 펼쳐진 카드의 메시지를 살펴보겠습니다.

리딩 카드의 메시지를 따라가 볼까요?

1 [과거(미팅 전)] **'12번 매달린 남자'** 〈자기만족, 새로운 관점〉

미팅이 성사되기까지 내담자는 단순한 기다림을 넘어, 새로운 관점을 받아들이는 헌신적인 마음가짐으로 임하고 있었네요. 결과에 대한 큰 집착 없이 흐름에 몸을 맡기는 자세로 미팅에 임했을 것 같습니다.

2 [현재(미팅 당일)] **'1번 마법사'** 〈창조, 자신감, 역량 발휘〉

현재 내담자는 자신의 역량과 자원에 대한 확고한 믿음을 가지고 있습니다. 이 미팅에서 타고난 재능과 준비된 기술을 총동원하여 자신의 아이디어를 능숙하게 펼쳐 보일 것입니다. 자신감 넘치는 태도로 주도권을 쥐고, 설득력 있는 논리로 자신의 주장을 펼치겠어요. 이는 기회를 창조하고 현실화하는 강한 의지를 반영합니다.

3 [미래(미팅과정)] **'컵 6'** 〈순수, 배려, 과거의 경험〉

미팅의 흐름은 예상보다 부드럽고 긍정적인 방향으로 흘러갑니다. 비즈니스 관계에서 과거의 좋은 경험을 토대로 상대방과 서로 배려하며 만족스러운 결과를 만들 수 있겠어요.

4 [조언] **'소드 에이스'** 〈명확하고, 결단력 있는 시도〉

미팅이 진행되는 과정에 있어 명확한 사고와 단호한 결단을 요구하네요. 이때 내담자는 자신의 핵심 가치와 목표를 명확히 세워야 합니다. 자기 위치를 확실히 정립하고, 협상에 있어 불필요한 감정이나 부당한 타협 없이 핵심을 꿰뚫는 논리적인 접근이 필요합니다.

5 [방해] **'펜타클 기사'** 〈느림, 신중함, 현실적 태도〉

이 미팅을 방해하는 요소는 바로 재정적인 부분에서의 답보 상태네요. 안정적이지만, 큰 수익이 기대되지는 않습니다.

6 [환경] **'11번 정의'** 〈공정성, 균형, 합리적 판단〉

미팅은 공정성과 합리적인 판단을 할 수 있는 상황이네요. 양측 모두 규칙과 원칙에 따라 움직이며, 최종적인 결론에 도달하기 위한 명확한 결정을 내릴 수 있는 차분한 환경입니다.

7 [결론] '소드 9' 〈계획의 완성, 불안, 심리적 압박〉

미팅의 최종 결과는 예상했던 대로 이루어졌지만, 앞으로 할 일에 대한 생각과 고민은 많아질 것 같습니다.

타로 마스터의 힐링 노트

> "이번 비즈니스 미팅에 대한 리딩은, 원하는 결과를 이루었을 때 미래에 대한 걱정은 즐거운 과정으로 생각하세요."

'마법사'처럼 시작은 활기차지만, '컵 6'의 배려하는 분위기에서 '소드 9'의 생각이 많아지는 흐름은 좋은 결과에 만만치 않은 앞날을 예고하네요. 특히 '소드 9'가 결론에 나왔을 때는 내담자가 겪게 될 괴로움이 느껴져 마음이 쓰였습니다. 내담자가 미리 마음을 잡고, 조언 카드인 '소드 에이스'처럼 자신의 위치와 주장을 확고히 한다면, 충분히 '펜타클 기사'의 방해를 극복하고 더 나은 방향으로 미팅을 이끌어 갈 수 있을 거예요. 내담자가 타로에서의 조언이나 결론을 다시금 잘 되새겨 실전에 임한다면, 때론 마법처럼 좋은 소식으로 결과가 바뀌는 행운이 이루어질 수도 있을 것입니다. 행운을 빌어요~!!!

상담 후 내담자의 결과

내담자는 상담의 조언대로 감정에 치우치기보다 본인의 가치관과 비즈니스 목표를 명확히 하여 미팅에 임했다고 합니다. 덕분에 공정하고 이성적인 결과를 도출하여 목표를 달성했다는 소식을 전해주었어요. 타로 마스터로서 보람되고 뿌듯한 느낌을 선물해 준 사례로 기억이 됩니다.

위치별 리딩 해석 포인트

위치	타로 카드		핵심 의미	위치별 리딩 해석 포인트
1번 과거		12번 매달린 남자	자기만족, 새로운 관점	기다림과 시각 전환의 시간이 있었음. 시작되기만 하면 만족함.
2번 현재		1번 마법사	창조, 자신감, 역량 발휘	준비된 능력과 자원을 활용해 주도적으로 미팅을 이끌며 설득력을 발휘.
3번 미래		컵 6	순수, 배려, 과거의 경험	순수한 감정으로 서로를 배려하며 조율함.
4번 조언		소드 에이스	명확하고, 결단력 있는 시도	협상에서는 내담자의 위치를 확실히 하여 목표에 집중하는 것이 중요함.
5번 방해		펜타클 기사	안정, 신중함, 현실적 태도	현실적인 안정은 있으나 큰 수익을 기대하기는 어려움.
6번 환경		11번 정의	공정성, 균형, 합리적 판단	명확한 결정을 요구하는 상황.
7번 결론	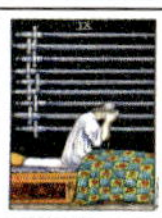	소드 9	계획의 완성, 불안, 심리적 압박	기대만큼의 성과는 얻었으나 미래에 대한 고민은 남음.

7 카드

질문 11

“자녀의 생일파티 분위기가 어떨까요?” (아버지의 입장)

1 [과거] 파티전
나의 위치를 내세울 수 있는 기회이다.

5 [방해요소]
열정적으로 과몰입하여 충동적일 수 있다.

6 [환경]
편안하고 안정적인 분위기이다.

7 [최종결론]
신경 쓸 것이 있었지만 안정적으로 잘 마무리한다.

3 [미래] 파티결과
판단하고 결정한 것들을 잘 해낸다.

2 [현재] 파티상황
상황을 균형 있게 잘 조절한다.

4 [조언]
어수선한 분위기를 잘 관리할 필요가 있다.

총평 : 자연스러운 흐름에 맡기면 안정적으로 생일파티를 마무리할 수 있다. 다만, 어수선한 분위기에서의 돌발적인 상황만 조심하면 된다.

질문 상황

자녀 생일을 맞아 가족이 전부 모여 생일파티 겸 모임을 하려 하는데, 전체적인 분위기는 어떨지 궁금해하였습니다. 매직 7 배열법으로 생일파티 분위기를 살펴보겠습니다.

리딩 카드의 메시지를 따라가 볼까요?

1 [과거(파티전)] **'소드 에이스'** 〈새로운 시작, 명확한 결단, 주관 확립〉

이 파티를 준비하며, 자신의 생각과 주관을 확고히 지켜나갈 기회를 마주했네요. 이는 파티의 방향성이나 컨셉을 결정함에 있어, 자신의 신념을 분명히 하며, 아버지로서의 입지를 단단히 다졌을 거예요.

2 [현재(파티상황)] **'펜타클 6'** 〈균형, 나눔, 재정 관리〉

파티 준비에 필요한 재정적 지출을 현명하게 관리하고 있네요. 이는 파티의 전체적인 흐름을 안정적으로 유지하고 조율하겠네요.

3 [미래(파티결과)] **'11번 정의'** 〈공정, 균형, 원칙적 성취〉

파티는 내담자가 판단하고 결정했던 모든 사항들이 공정하고 원칙에 따라 성공적으로 실현될 것입니다. 사전에 계획한 대로 순조롭게 진행될 뿐만 아니라, 어떠한 갈등이나 오해가 발생하더라도 현명하고 균형 잡힌 대응을 통해 원만하게 해결해 나갈 거예요.

4 [조언] **'10번 운명의 수레바퀴'** 〈흐름, 전환점, 운명에 맡김〉

이 파티의 성공적인 흐름을 위해서는 자연스러운 운명의 흐름에 자신을 맡기는 것이 중요해요. 모든 것을 완벽하게 통제하려 하기보다는 파티를 둘러싼 긍정적인 에너지를 신뢰하고, 그 흐름에 몸을 맡길 때 최상의 결과를 얻겠네요.

5 [방해] '완즈 퀸' 〈열정, 자신감, 즉흥성〉

파티의 원활한 진행을 방해할 수 있는 요소는, 내담자나 혹은 파티의 주요 인물이 지나치게 파티에 과몰입하여 충동적인 행동을 할 수 있다는 점입니다. 열정적이고 창의적인 에너지 뒤에 숨겨진 즉흥성과 감정적인 반응이 돌발 상황을 만들거나, 사소한 의견 충돌을 일으킬 수 있어요. 활기찬 에너지를 안정감 있게 다스리는 것이 필요합니다.

6 [환경] '컵 에이스' 〈새로운 감정, 풍부한 교감, 따뜻한 분위기〉

파티를 둘러싼 전반적인 환경은 포용적입니다. 편안하고 안정적인 분위기 속에서 모두가 따뜻한 마음으로 감성적인 충만함이 넘쳐흐르는 파티가 되겠네요.

7 [결론] '완즈 8' 〈빠른 진행, 순조로운 마무리, 원활한 흐름〉

결론적으로 이번 생일파티는 중간중간 신경 써야 할 작은 일들이 발생했으나, 안정적으로 마무리될 것입니다. 예상치 못한 상황에 대한 현명한 대처로 파티는 순조롭게 진행되고, 모두에게 즐겁고 성공적인 행사로 기억될 거예요.

타로 마스터의 힐링 노트

"완벽보다 즐김! 자연스러운 흐름에 맡기면 세상에서
가장 빛나는 파티가 될 거예요."

어떤 파티든 완벽할 수는 없겠지만, 카드는 신경 쓸 일이 있었어도 결국 '완즈 8'처럼 안정적으로 잘 마무리될 거라고 말해주고 있어요. 이 카드가 정말 다행이라고 생각해요. 내담자가 자녀분의 생일을 최고로 만들어주기 위해 정말 많은 노력을 기울였을 테니까요.

가장 중요한 건 '운명의 수레바퀴' 조언처럼, 너무 애쓰기보다는 흐름에 맡기고 그 순간을 온전히 즐기는 태도가 아닐까요? 사랑하는 자녀와 함께하는 그 순간 자체만으로도 이미 세상에서 가장 빛나는 파티가 될 테니까요!

상담 후 내담자의 결과

자연스럽게 서로 간의 좋은 분위기가 형성되어 즐겁고 기쁜 자리가 되었습니다. 다소 번잡하고 복잡하긴 했어도 전반적으로 차분히 만족스럽게 모임을 잘 마무리했습니다.

위치별 리딩 해석 포인트

위치	타로 카드		핵심 의미	위치별 리딩 해석 포인트
1번 과거		소드 에이스	새로운 시작, 명확한 결단, 주관 확립	파티를 준비하면서 내담자의 주관과 성향을 뚜렷하게 세움.
2번 현재		펜타클 6	균형, 나눔, 재정 관리	파티에서의 분위기를 잘 조율하는 상황.
3번 미래		11번 정의	공정, 균형, 원칙적 성취	파티가 계획대로 진행되고 갈등이 있어도 균형 있게 해결될 전망.
4번 조언		10번 운명의 수레바퀴	흐름, 전환점, 운명에 맡김	모든 것을 통제하려 하기보다 자연스러운 흐름과 긍정적인 에너지를 신뢰.
5번 방해		완즈 퀸	열정, 자신감, 즉흥성	과도한 열정이나 충동적 행동이 돌발 상황을 일으킬 수 있음을 경고.
6번 환경		컵 에이스	새로운 감정, 풍부한 교감, 따뜻한 분위기	파티의 전체 분위기가 사랑과 따뜻함으로 가득 차 만족.
7번 결론	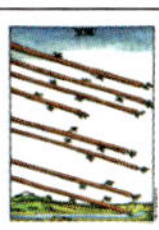	완즈 8	빠른 진행, 순조로운 마무리, 원활한 흐름	예상치 못한 상황에도 잘 대처하며 전체적으로 안정적이고 순조로운 마무리.

7 카드

질문 12

"경기도에 소유하고 있는 집을 매매 할 경우 수익이 어떨까요?"

1 [과거]
누군가로부터
제안을 받았다.

5 [방해요소]
감성적으로 대처한다.

6 [환경]
부동산 경기가 좋지 않다.

7 [최종결론]
매매가 되지는 않지만,
전화위복이 되겠다.

3 [미래]
발전적인 상황이 온다.

2 [현재]
매매할 수 있는
기회가 온다.

4 [조언]
서두르지 말고 성적으로
판단하거나 전문가에게
맡겨라.

총평 : 집의 매매는 어려울 수 있으나, 전화위복의 기회가 되어 오히려 수익적인 면에서는 발전적인 방향으로 진행된다.

질문 상황

내담자는 50대 남성으로, 경기도에 소유한 집을 매매하려고 합니다. 부동산 시장이 활발하지 않아서 매매가 될지, 된다면 수익은 어떨지 궁금해하였습니다. 어떤 결과가 기다리는지 함께 떠나보겠습니다.

리딩 카드의 메시지를 따라가 볼까요?

1 [과거] **'컵 기사'** 〈감성적 제안, 행동 개시〉

내담자는 이미 집의 매매를 위한 제안을 받았으며, 이는 단순히 이성적인 판단을 넘어선 어떤 감성적 동기, 예를 들면 새로운 보금자리에 대한 기대나 현재 상황으로부터의 해방감과 같은 긍정적인 마음에서 행동이 시작되었을 가능성이 크네요.

2 [현재] **'소드 에이스'** 〈명확한 결단, 새로운 시작〉

현재 내담자의 매매 시도는 명확하고 단호한 추진력을 가지고 있습니다. 곧 집을 보러 오는 사람들이 나타날 것이며, 이는 매매 과정에 새로운 진전이 시작되네요. 명확한 의지와 함께 새로운 기회가 주어지고 있고, 실질적이고 이성적인 논의가 시작될 수 있어요.

3 [미래] **'완즈 6'** 〈발전, 성취, 성공〉

예상되는 미래에 이 집은 발전적인 방향으로 진행됩니다. 이 카드는 노력이 결실을 맺고, 성공적인 거래가 성사될 것을 나타내요. 주변으로부터 긍정적인 평가나 인정을 받을 수 있음을 시사합니다. 비록 완벽하지는 않더라도, 수익적인 면에서는 나아질 것입니다.

4 [조언] **'11번 정의'** 〈공정성, 객관성, 철저한 검토〉

매매 과정에서는 감성적인 판단을 배제하고 철저히 이성적이고 공정한 태도를 유지하는 것이 중요해요. 모든 서류와 조건들을 꼼꼼히 확인하고, 불리한 부분이 없는지 객관적으로 검토해야 해요. 가능하다면 관련 분야 전문가의 조언을 구하여 공정하고 합리적인 결정을 내리는 것이 최선의 결과로 이어질 것입니다. 서두르지 않는 인내심이 필요해 보여요.

5 [방해] **'6번 러버스'** 〈관계의 유지, 감정적 동요〉

매매를 방해할 수 있는 요소는 내담자가 결정을 내리는 데 있어 갈등을 겪을 수 있다는 점입니다. 전 세입자와의 관계에서 감정적인 동요가 발생하여, 매매에 대한 합리적인 판단을 흐리게 할 수 있으니 주의해야 해요.

6 [환경] **'소드 9'** 〈불안, 근심, 현실적 어려움〉

현재 부동산 시장의 환경은 내담자에게 근심과 걱정을 안겨줄 수 있습니다. 전반적인 부동산 경기가 좋지 않아 심리적으로 위축되거나, 거래에 대한 불안감을 느낄 수 있어요. 이러한 외부적인 어려움이 내담자의 매매 결정에 부정적인 영향을 미칠 수 있으니, 현실적인 타협을 할 수 있습니다.

7 [결론] **'16번 타워'** 〈전화위복, 갑작스러운 변화〉

궁극적으로 이 매매는 성사되기 어려우나 내부의 문제점(금전적인 부분)은 해결될 수 있습니다. 또한 갑작스러운 변화나 현실적인 상황으로 매매가 아닌 다른 방향의 결과가 생길 수도 있어요. 타워 카드는 기존 세입자의 존재가 새롭게 드러나 유지될 수도 있음을 나타냅니다.

타로 마스터의 힐링 노트

"타워의 번개도 현명한 선택과 차분한 마음이면 새길을 여는 신호탄이 될 수 있어요!"

이성적으로 판단하고 전문가의 도움을 받는다거나, 감성적인 부분이 걸림돌이 되지 않도록 잘 관리한다면, '타워'가 주는 충격을 어느 정도 완화하거나 새로운 방향으로 전환할 수 있을 거예요.

때로는 카드가 현실의 냉정한 모습을 보여주기도 하지만, 그 안에서 어떻게 하면 최선의 길을 찾을 수 있을지 그 방법을 알려주기도 합니다. 내담자가 현명하고 신중한 결정을 내리길 바랍니다.

상담 후 내담자의 결과

매매의 성사가 쉽지 않아 고민하던 중 기존 세입자가 재계약을 원하여 더 좋은 조건으로 전세 계약을 갱신하게 되었습니다.

위치별 리딩 해석 포인트

위치	타로 카드		핵심 의미	위치별 리딩 해석 포인트
1번 과거		컵 기사	감성적 제안, 행동 개시	누군가로부터 제안을 받음.
2번 현재		소드 에이스	명확한 결단, 새로운 시작	계약에 대한 새로운 가능성의 기회가 있음.
3번 미래		완즈 6	발전, 성취, 성공	계약에 대한 발전적인 상황으로 움직이게 됨.
4번 조언		11번 정의	공정성, 객관성, 철저한 검토	계약 과정에서 이성적으로 판단하고, 전문가의 조언을 활용하는 것이 유익함.
5번 방해		6번 러버스	관계의 유지, 감정적 동요	기존 세입자와의 관계가 돈독해져 매매에 불리해질 수 있음.
6번 환경	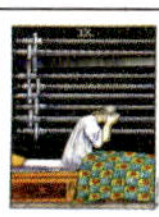	소드 9	불안, 근심, 현실적 어려움	부동산 시장이 불안과 걱정을 주어 매매에 부담으로 작용.
7번 결론		16번 타워	전화위복, 갑작스러운 변화	예상과 다른 상황으로 변수가 생김.

7 카드

질문 13

"전 연인과 재회할 수 있을까요?" (내담자의 입장)

1 [과거]
만족하고 있었으나
속마음을 표현하지
않았다.

5 [방해요소]
서로의 가치관이 다르다.

6 [환경]
재회를 도와주려는
사람이 있다.

7 [최종결론]
재회하기까지 시간이
걸리며 인내를 하게 된다.

3 [미래]
새로운 기회가 주어진다.

2 [현재]
헤어진 상황이지만
상대방을 믿고 있다.

4 [조언]
과거의 문제에 대하여
이성적으로 판단해라.

총평 : 과거의 즐거움을 간직하고 솔직하게 자신의 마음을 표현한다면, 시간은 걸리겠지만 재회의 가능성은 있다.

질문 상황

내담자는 20대 후반의 여성입니다. 과거 연인과의 관계에서 연상으로서 연애 주도권을 잡던 내담자는 이별 후에 자존심을 내려놓고 먼저 연락을 하고 싶었고, 그러면 전 연인과 재회를 할 수 있는지 궁금하여 상담을 요청하였습니다. 함께 재회 가능성을 살펴볼까요?

리딩 카드의 메시지를 따라가 볼까요?

1 [과거] **'컵 9'** 〈감성적 만족, 표현의 부족〉

과거 내담자는 이 관계 속에서 큰 만족감과 여유를 느꼈을 것입니다. 어쩌면 그 만족감이 지나쳐 관계의 소중함을 간과하거나, 혹은 스스로의 노력 없이도 모든 것이 충분하다고 여겼을 수 있어요. 하지만 생각과는 달리 자신의 마음은 잘 표현하지 못한 것 같네요.

2 [현재] **'완즈 2'** 〈신뢰, 발전적 상황 기대〉

헤어진 상황임에도 불구하고 내담자는 아직 상대방에 대한 깊은 믿음을 유지하며, 앞으로의 관계에 대해 숙고하고 있는 상태입니다. 이는 단순히 그리움에 머무는 것이 아니라, 어떠한 결정을 내리거나 행동을 취하기 위한 준비 단계로 보이네요. 상대방과의 관계에 대한 희망을 놓지 않고, 다음 단계를 모색하려는 의지가 엿보입니다.

3 [미래] **'펜타클 에이스'** 〈현실직 제안, 새로운 시삭〉

미래에는 현실적인 관계의 새로운 시작을 암시하네요. 이는 감정적인 재결합보다는, 어떤 실질적인 이유(경제적 문제, 실제적인 도움 등)로 인해 다시 연결될 가능성이 보여요. 단순한 소통을 넘어, 좀 더 구체적이고 현실적인 관계의 틀을 재정립할 기회가 찾아올 것입니다.

4 [조언] **'11번 정의'** 〈공정성, 객관성, 이성적 판단〉

내담자에게 가장 필요한 것은 감정에 휘둘리지 않고 합리적이며 이성적인 판단을 내리는 것입니다. 과거의 잘못을 직시하고, 관계의 본질을 냉철하게 분석하며, 자신과 상대방의 입장을 공정하게 헤아려야 합니다. 성급한 재회를 시도하기보다, 모든 상황을 객관적으로 파악하고 정당한 선택을 내리는 것이 중요해요.

5 [방해] **'5번 교황'** 〈내적 갈등, 혼란스러운 감정〉

재회에 있어 가장 큰 방해 요소는 서로의 다른 가치관입니다. 자신의 생각만을 주장하는 모습이 재회의 길을 방해할 것입니다. 서로의 생각을 존중해야 합니다.

6 [환경] **'컵 에이스'** 〈회복, 정서적 안정, 주변의 지지〉

현재 내담자를 둘러싼 환경은 주변의 따뜻함으로 충만하며 편안한 상태입니다. 이는 내담자 본인이 이별의 슬픔을 넘어 어느 정도 심리적 안정을 찾았음을 의미하네요. 주변의 따뜻한 지지와 긍정적인 분위기는 내담자가 재회에 대한 결정을 내리는 데 긍정적인 영향을 미칠 것입니다.

7 [결론] **'14번 절제'** 〈인내, 균형, 조화〉

최종적인 결론은 인내와 균형을 통한 관계의 조화입니다. 재회를 원한다면 조급함을 버리고, 서로의 다름을 이해하고 맞춰가는 과정이 필수적입니다. 이별의 아픔을 잘 추스르고 감정적, 심리적 균형을 찾아야 비로소 안정적이고 성숙한 재회가 가능할 것입니다. 성급함보다는 긴 안목을 가지고 꾸준히 노력하는 자세가 요구됩니다.

타로 마스터의 힐링 노트

"재회든 아니든, 이번 경험은 내 마음 근육 키우는 성장 운동!"

지금의 편안한 환경 속에서 이성적인 판단을 내리고, 조급함 없이 긴 호흡으로 인내심을 가지고 나아가신다면 분명 좋은 결과가 있으리라 믿어요. 혹시 재회가 아니더라도, 이 모든 과정을 통해 스스로가 더욱 단단하고 균형 잡힌 모습으로 자신을 돌아볼 수 있을 거예요.

상담 후 내담자의 결과

장기적 관점에서 새로운 기회 속에 재회라는 원하는 결과는 아직이지만, 상담 후 시간이 얼마 지나서 SNS '좋아요'를 통해 상대방에게 간접적으로는 연락을 받았습니다. '좀 더 기다려 볼까?' 생각 중입니다.

위치별 리딩 해석 포인트

위치	타로 카드		핵심 의미	위치별 리딩 해석 포인트
1번 과거		컵 9	감성적 만족, 표현의 부족	감정적 충족을 경험했지만, 표현 부족으로 소통이 원활하지 않았음.
2번 현재		완즈 2	발전적 상황 기대, 신뢰	아직 상대를 신뢰하고 있어 다음 단계를 기대하는 상태.
3번 미래		펜타클 에이스	현실적 제안, 새로운 시작	재회 가능성이 '감정'이 아닌 '실질적 이유(현실적 조건)'에서 비롯될 수 있음을 암시.
4번 조언		11번 정의	공정성, 객관성, 이성적 판단	감정적 충동보다 냉철한 분석과 이성적인 태도가 필요함을 강조.
5번 방해		5번 교황	내적 갈등, 혼란스러운 감정	서로 간 가치관의 대립. 소통 부족
6번 환경		컵 에이스	회복, 정서적 안정, 주변이 지지	현재 이별의 아픔을 지나 심리적 안정과 주변의 지지를 얻고 있음.
7번 결론		14번 절제	인내, 균형, 조화	조급함을 버리고 조화를 이루는 과정이 필요, 장기적 관점에서 재회가 가능함을 시사.

질문 14

“전 연인과 재회할 수 있을까요?”(상대방의 입장)

1 [과거]

자신의 가치관이 너무
확고하여 상대가 떠났다.

5 [방해요소]

연애의 주도권을
갖고 싶어 한다.

6 [환경]

안정적이고 편안해서
정리가 된다.

7 [최종결론]

서로의 다툼을 이해하고
조화를 이루려고
노력한다.

3 [미래]

자존심을 내려놓고
본능대로 다가가고 싶어 한다.

2 [현재]

이성적 판단을 내리고
확고한 결정을 하려고 한다.

4 [조언]

감성적으로 생각하고
로맨틱하게 다가가라.

총평 : 차가운 이성으로 끝맺었던 관계가 따뜻한 태양을 향해 나아가고 있다. 서로의 다름을 절제하며 조화로움을 찾아가는 과정에서 재회의 빛을 찾을 수 있다.

질문 상황

상대방은 20대 중반의 남성입니다. 연하였던 남성이 내담자와 재회를 원하고 있는지 매직 7 배열법으로 함께 살펴보겠습니다.

리딩 카드의 메시지를 따라가 볼까요?

1 [과거] **'소드 10'** 〈완벽주의, 확고한 가치관〉

과거의 관계가 지나친 완벽주의나 냉철한 논리 추구로 인해 극단적인 종결을 맞이했네요. 한쪽 또는 양쪽 모두에게 깊은 상처와 좌절감을 안겨주었으며, 모든 것이 끝났다고 느낄 만큼의 고통스러운 순간이 있었음을 보여줍니다.

2 [현재] **'소드 킹'** 〈이성적 태도, 자존심 짱!〉

현재 상대방의 마음은 매우 이성적이고 확고부동합니다. 강한 자존심과 냉철한 판단력으로 인해, 먼저 연락하거나 감성적으로 다가가는 것에 극도의 거부감을 보이네요. 겉으로는 단호하고 흔들림 없는 태도를 유지하며, 자신의 입장을 고수하려는 경향이 두드러집니다.

3 [미래] **'19번 태양'** 〈관계 회복, 긍정적 변화〉

놀랍게도 가까운 미래에는 현재의 완강한 태도를 벗어나, 다시 관계에 긍정적인 빛이 비칠 가능성이 높습니다. 자존심의 무게를 내려놓고 진정한 행복과 즐거움을 찾아 움직이고 싶어 하는 내면의 강한 욕구가 발현될 거예요. 이는 관계 회복을 향한 긍정적이고 적극적인 의지를 예고하며, 어둠을 걷어내는 태양처럼 명료하고 희망찬 전환점을 맞이할 것입니다.

4 [조언] **'컵 기사'** 〈감성적 접근, 진실된 마음〉

재회를 위한 가장 중요한 조언은 바로 '감성적인 접근'입니다. 냉철한 이성이

나 논리 대신, 진실된 감정과 따뜻한 마음으로 로맨틱하게 다가가야 합니다. 상대방의 얼어붙은 마음을 녹이고, 관계에 다시 사랑과 꿈을 불어넣기 위해서는 감성적이고 부드러운 언어와 태도가 필수적입니다.

5 [방해] **'컵 킹'** 〈자기중심적, 지나친 리더십〉

관계 회복을 가로막는 주요 방해 요소는 상대방이 관계의 주도권을 쥐고 싶어 하는 경향입니다. 감성적이고 성숙해 보이는 컵 킹이지만, 자신의 중심을 지키려 하여 자신의 방식과 감정의 흐름에 따라 관계를 이끌려 할 수 있어요. 이는 유연한 소통을 방해하고, 진정한 조화를 이루는 데 걸림돌이 될 수 있습니다.

6 [환경] **'완즈 8'** 〈상황 정리, 안정된 변화〉

현재 상대방을 둘러싼 환경은 혼란스러웠던 상황들이 점차 안정되고 정리되는 국면에 접어들었음을 나타냅니다. 이는 관계 재정립을 위한 외부적, 혹은 내면적인 환경이 점차 우호적으로 변화하고 있음을 의미해요.

7 [결론] **'14번 절제'** 〈인내와 균형, 조화로운 관계〉

두 사람의 관계가 서로 이해하려는 깊은 노력을 통해 조화를 이루게 됩니다. 인내와 조절, 그리고 타협을 통해 서로의 부족한 부분을 채워가며 균형 잡힌 관계로 나아갈 수 있어요. 카드의 최종 결론을 보면, 재회는 가능하지만 두 사람 모두 절제 카드의 상태로 재회까지는 시간이 걸릴 수 있겠네요.

타로 마스터의 힐링 노트

"닫힌 문도 마음이 먼저 움직이면 열리듯, 상처와 고집을 딛고 천천히 스며들 때 진짜 사랑의 빛을 찾을 수 있어요."

처음에는 상처로 끝나고, 지금은 굳건한 자존심으로 문을 닫아두었지만, 내면 깊은 곳에서는 다시 따스한 태양을 향해 움직이고 싶어 하는 간절함이 보이네요. 어쩌면 그 상처와 고집이 우리를 더 단단하게 만들고, 진정한 의미의 '조화'와 '절제'를 배우는 값진 기회가 될 수 있어요.

중요한 것은 이성적 판단과 더불어 감성적인 다가감의 중요성이에요. 조급해하지 않고, 서로의 공간을 존중하며 천천히 스며드는 과정 속에서 진정한 관계의 빛을 발견할 수 있기를 바랍니다.

상담 후 내담자의 결과

연하였던 남성은 내담자에게 SNS '좋아요' 같은 간접적인 연락을 남겼습니다.

위치별 리딩 해석 포인트

위치	타로 카드		핵심 의미	위치별 리딩 해석 포인트
1번 과거		소드 10	완벽주의, 확고한 가치관	지나친 완벽주의와 확고한 판단으로 관계가 끝나는 극단적 상황이 있었음을 보여줌.
2번 현재		소드 킹	이성적 태도, 자존심 짱!	상대방은 자신의 입장을 고수, 이성적이지 못한 것에 대해 거부감이 강한 상태임.
3번 미래		19번 태양	관계 회복, 긍정적 변화	자존심을 내려놓고 즐거움과 긍정적인 변화를 향해 움직일 가능성이 큼.
4번 조언		컵 기사	감성적 접근, 진실된 마음	재회를 위해서는 따뜻한 감성과 진실된 언어로 상대에게 다가가는 것이 필요.
5번 방해		컵 킹	자기중심적, 지나친 리더십	상대방을 자신의 방식으로 관계를 이끌려 하면 유연한 소통을 방해할 수 있음.
6번 환경	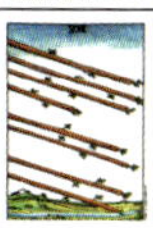	완즈 8	상황 정리, 안정된 변화	상대방을 둘러싼 혼란스러운 환경이 점차 정리, 우호적으로 변화하는 국면.
7번 결론		14번 절제	인내와 균형, 조화로운 관계	서로의 차이를 인정하고 인내, 조화를 이루어 안정적이고 균형 잡힌 관계로 나아갈 수 있음. 시간이 필요.

7 카드

질문 15

**"가정용 음식물처리기 정부 지원 신청을 했어요.
어떻게 될까요?"**

1 [과거]
경쟁이 치열한 상태였다.

5 [방해요소]
필요 이상으로 신경을 많이 쓰니 불안하다.

6 [환경]
환경은 좋다.

7 [최종결론]
정부에서 현실적인 지원을 받는다.

3 [미래]
지원 신청 서류를 잘 준비하여 좋은 결과가 예상된다.

2 [현재]
직접 움직여서 행동하고 추진한다.

4 [조언]
지원 신청 서류를 꼼꼼하게 살펴봐라.

총평 : 경쟁적인 상황 속에서도 적극적인 노력과 좋은 환경 그리고 꼼꼼한 준비가 조화를 이루어, 정부 지원을 받을 수 있다.

질문 상황

구청에서 친환경 조성 사업으로 가정용 음식물처리기 정부 지원 사업을 시행한다고 합니다. 자격 여건이 되어 신청하였는데 잘 될까요?

리딩 카드의 메시지를 따라가 볼까요?

1 [과거] **'소드 5'** 〈경쟁과 도전, 불편함〉

이 신청 과정은 치열한 경쟁 혹은 개인적인 도전과 같은 상황이었어요. 이는 지원 대상 선정을 둘러싼 높은 경쟁률이나, 신청 절차상의 어려움 등으로 인해 불편한 부분이 있었습니다.

2 [현재] **'완즈 기사'** 〈적극적, 열정적인 행동〉

현재 내담자는 음식물처리기 정부 지원 신청에 대해 매우 의욕적이며 적극적으로 행동하고 있음을 나타냅니다. 직접 발 벗고 나서 정보를 찾고, 필요한 절차를 추진하는 등 열정적인 모습을 보이고 있습니다.

3 [미래] **'소드 퀸'** 〈공정한 심사, 명확한 결과〉

가까운 미래, 신청 결과는 서류상의 명확한 기준과 규정에 의해 결정될 것입니다. 만약 신청 서류에 결격사유가 없고, 자격요건을 모두 충족시킨다면 정당하게 지원이 이루어질 것입니다. 감정적 판단이 아닌, 냉철하고 이성적인 심사를 통해 결과가 내려질 것입니다.

4 [조언] **'소드 킹'** 〈꼼꼼한 검토, 신중함〉

지원 자격요건과 제출해야 할 서류들을 다시 한번 매우 꼼꼼하고 신중하게 검토할 필요가 있습니다. 작은 실수나 누락 된 부분이 없는지 확인하고, 법적이나 행정적인 측면에서 빈틈이 없는지 전문가의 시선으로 점검하는 것이 중요합니다.

5 [방해] **'펜타클 킹'** 〈과도한 집착, 불안〉

내담자가 물질적 결과에 너무 집착하거나, 안정성을 추구하려다 오히려 과도한 걱정과 불안에 휩싸일 수 있어요. 불필요한 과몰입이 스트레스를 유발할 수 있음을 의미합니다.

6 [환경] **'펜타클 9'** 〈여유, 긍정적인 환경〉

현재 내담자를 둘러싼 환경은 매우 여유롭고 긍정적입니다. 물질적으로 안정되어 있으며, 자신의 노력으로 일궈낸 성과를 누릴 준비가 되어있는 상황입니다. 이는 정부 지원을 받기에 매우 유리하고 적절한 환경이고, 재정적 안정을 바탕으로 신청이 순조롭게 진행될 수 있음을 보여줍니다.

7 [결론] **'펜타클 10'** 〈성공적인 지원, 안정, 기쁨〉

최종적으로 내담자는 정부 지원을 받을 수 있겠어요. 이는 단순히 재정적 이득을 넘어, 가정에 소소한 기쁨과 도움이 될 것입니다.

타로 마스터의 힐링 노트

"결과는 이미 금빛 확정. 방해는 괜한 걱정일 뿐이니 편하게 앉아 축하만 하면 됨!"

결론 카드가 이렇게 확실하게 '돈에 대한 완성으로 현실적으로 정부 지원을 받는다'라고 나왔으니, 내담자는 정말 기분 좋으시겠어요. '펜타클 킹'이 방해에 있는 건, 아마 좋은 결과가 나올 텐데도 괜한 불안감 때문에 에너지를 소모하지 말라는 뜻 아닐까요? 편안하게 결과를 기다리면 좋은 소식이 올 것입니다. 미리 축하드려요!

상담 후 내담자의 결과

요구되는 서류를 완벽히 준비, 제출하여 순조롭게 정부 지원을 받았습니다.

위치별 리딩 해석 포인트

위치	타로 카드		핵심 의미	위치별 리딩 해석 포인트
1번 과거		소드 5	경쟁과 도전, 불편함	신청 과정에서 치열한 경쟁이나 절차상의 어려움으로 심리적 부담과 불편을 겪음.
2번 현재		완즈 기사	적극적, 열정적인 행동	음식물처리기 정부 지원 신청을 위해 직접 나서서 정보를 찾고 필요한 절차를 추진, 열정적인 상태.
3번 미래		소드 퀸	공정한 심사, 명확한 결과	신청 결과는 서류와 규정에 따라 정당하게 결정될 것으로 보임.
4번 조언		소드 킹	꼼꼼한 검토, 신중함	제출 서류와 요건을 전문가의 시선으로 점검, 실수 없이 준비하는 것이 필요.
5번 방해		펜타클 킹	과도한 집착, 불안	물질적 결과나 안정성에 대한 지나친 걱정이 심리적 방해 요소.
6번 환경		펜타클 9	여유, 긍정적인 환경	재정적 안정과 노력으로 일궈낸 환경이 지원 신청에 유리하게 작용하고 있음.
7번 결론		펜타클 10	성공적인 지원, 안정, 기쁨	정부 지원이 성공적으로 이루어져 가정에 소소한 기쁨과 도움을 가져 올 전망.

9 카드

하트 (궁합) 배열법
(Heart Spread)

하트 배열법(Heart Spread)은 '두 사람의 관계 흐름과 감정의 균형'을 보는 데 특화된 타로 스프레드예요. 연애, 썸, 재회, 이별 후 감정 정리 등 사랑과 관계 중심 리딩에서 가장 많이 활용됩니다.

하트 배열법의 해석 포인트

하트 배열법은 '서로의 마음이 얼마나 조화되는가'를 중심으로 리딩해요.
단순히 "잘 될까요?"보다는
"서로의 속도와 감정이 얼마나 맞아가고 있는가"
"각자가 관계 안에서 무엇을 배우고 있는가"를 보여줍니다.

'과거 – 현재 – 미래'의 시간 흐름뿐 아니라, 감정의 교차점(7~9번 카드)에서 관계의 성장 가능성을 찾는 것이 포인트예요.

위치별 해석 팁

위치	해석 팁
① 내담자 과거	이 관계를 바라보는 내담자의 '기본 태도'와 과거 연애의 영향
② 내담자 현재	내담자가 지금 어떤 마음으로 이 관계를 바라보는지
③ 내담자 미래	관계가 진행될 때 내담자가 느낄 감정과 변화
④ 상대자 과거	과거 경험이 현재 관계에 어떤 벽이나 패턴으로 작용하는지
⑤ 상대자 현재	감정의 온도, 관계에 대한 진심 여부
⑥ 상대자 미래	관계가 깊어질 때 상대가 느낄 부담·책임·결심 등
⑦ 조언 카드	서로의 균형점, 관계의 치유 포인트
⑧ 내담자 개인 조언	관계의 주도권, 감정 관리, 자기 표현 방법
⑨ 상대자 개인 조언	관계에서 상대가 배워야 할 과제 또는 역할

9 카드

궁합 질문 1

“짝사랑하는 여성의 궁합”

내담자(여성)

상대자(남성)

1 [내담자 과거]
관심이 있어 노력했지만 생각대로 되지 않았다.

4 [상대자 과거]
스스로 만족하고 있는 상태라서 새로운 것에 도전하지 않는다.

2 [내담자 현재]
관계를 잘 만들어 가기 위해 노력하고 있다.

5 [상대자 현재]
내담자에게 긍정적인 시선과 호감을 가지고 있다.

3 [내담자 미래]
현실적인 부분을 생각하며 관계를 유지해 나간다

6 [상대자 미래]
변화를 원하지만 무엇을 해야 할지 알지 못한다.

8 [내담자 개인적 조언]
조급하기보다 진심과 배려의 태도로 관계를 끌어가는 게 중요하다.

7 [조언]
편안하고 순수하게, 자존심이나 현실을 생각하지 말고 솔직해야 한다.

9 [상대자 개인적 조언]
자신의 감정을 솔직하게 드러낼 때, 관계에 도움이 된다.

총평 : 두 분의 인연은 편안한 호감이 서서히 깊어지는 흐름으로 자연스럽게 가까워질 가능성이 큽니다. 조급함보다는 진정성과 따뜻한 접근이 짝사랑을 사랑으로 이어주는 핵심이 되겠네요.

질문 상황

20대 여성으로 여자가 짝사랑 중인 남자와 궁합이 잘 맞을지 궁금해 하트 배열법으로 보게 되었습니다. 여자는 그 전부터 남자의 존재를 알고 있었으나 남자는 여자의 존재를 알게 된 지 얼마 안 된 상황입니다.

리딩 카드의 메시지를 따라가 볼까요?

1 [내담자 과거] **'펜타클 7'** 〈오래 마음을 품어온 기다림, 결실 부족〉

여성은 오랫동안 한 사람을 바라보며 기다림·고민·조심스러운 관심을 품어왔습니다. 노력은 했으나 상대의 반응은 답답하기만 합니다. 하지만 노력이 의미 없지는 않네요.

2 [내담자 현재] **'펜타클 3'** 〈관계 형성을 위한 협력·노력〉

현재는 상대와의 관계를 더 잘 이어가기 위해 노력하고 협력하고 싶은 마음이 커져 있습니다. 상대에게 좋은 인상을 주고 싶고, 함께 무언가 만들어나갈 기반을 만들고자 부드럽게 접근하는 단계입니다.

3 [내담자 미래] **'펜타클 퀸'** 〈환경의 안정·현실 유지〉

둘 사이에 분위기나 환경은 좋아지지만, 연애의 감정보다는 현실적인 생각이 더 많이 들게 되어 고민이 생깁니다. 그러나 관계를 잘 유지하기도 합니다.

4 [상대자 과거] **'컵 4'** 〈새로운 인연에 무기력, 관심 부족〉

남성은 새로운 연애에 대해 소극적인 모습을 보이네요. 혼자도 불편함이 없어서 굳이 새로운 사람을 받아들이려고 하진 않습니다.

5 [상대자 현재] **'완즈 6'** 〈열정, 의욕, 미래로의 이동〉

지금 남성은 연애에 대한 열정과 의욕을 키워나가는 상태입니다. 관계에서도 진행하고 싶은 마음이 강하네요. 당신을 긍정적으로 바라보고 있을 가능성이 커요. 이 카드엔 "난 더 멀리 갈 거야"라는 의미도 포함됩니다.

6 [상대자 미래] **'컵 7'** 〈감정, 혼란, 선택, 고민〉

향후 남성은 다양한 감정과 선택지 속에서 혼란, 망설임, 확신 부족을 느낄 수 있습니다. 당신에 관한 관심이 사라지는 것이 아니라, "이 관계를 어떻게 해야 좋을지 결정하기 어렵다"라는 흐름입니다. 당신에게 확신을 두지 못하고 있습니다.

7 [조언] **'컵 6'** 〈편안함, 순수한 연결, 친근함〉

이 관계는 순수함·친밀감·자연스러운 교감이 가장 좋은 힘이 됩니다. 상대에게 부담을 주기보다는, 편안하고 따뜻한 분위기를 만드는 것이 궁합을 좋게 만들어요. 자존심과 현실 직시는 도움이 되지 않겠어요.

8 [내담자 개인적 조언] **'8번 힘'** 〈진심, 부드러운 힘, 자기 확신〉

여성은 지금처럼 부드럽고 진심 어린 용기를 계속 유지하는 것이 중요해요. 조급함 대신 따뜻한 인내와 자신감이 관계를 앞으로 이끕니다. 힘 카드는 '말보다 태도가 상대의 마음을 움직인다'라는 메시지를 담고 있습니다.

9 [상대방 개인적 조언] **'컵 킹'** 〈감정 성숙, 표현, 정서 안정〉

상대는 자신의 감정을 좀 더 성숙하게 인식하고 표현해야 합니다. 감정 회피를 줄이고, 진정하고 안정된 마음으로 관계에 참여할 때 두 사람의 연결이 훨씬 깊어질 수 있어요. 상대가 감정적으로 안정될수록 당신에게 열린 마음을 보여줄 가능성이 큽니다.

타로 마스터의 힐링 노트

"운명은 가끔, 눈치 보던 마음 대신 '용기 한 스푼'에 살짝 미소 지어요."

이 짝사랑은 감정이 일방적이기보다, 서서히 양방향으로 열리는 타입의 흐름을 갖고 있습니다. 내담자의 마음은 오래 준비되어 있었고, 상대는 이제 막 당신을 바라보며 "이 사람 누구지?"에서 "괜찮은 사람 같다"로 감정이 자라는 단계입니다.

다만 상대는 미래에 감정이 복잡해질 수 있어, 너무 빠른 진전이나 강한 고백보다는 편안함, 기분 좋은 대화, 자연스러운 접근이 가장 효과적입니다. 조급함을 내려놓고, 상대의 마음이 익어갈 시간을 믿는 것. 그것이 이 관계를 아름답게 성장시키는 길입니다.

여성이 지금 당장 하면 좋은 행동 3가지

가벼운 호감 신호 보내기

그의 SNS 스토리에 공감 이모티콘 하나, 짧은 리액션 하나 정도로 부담 없이 '나 너에게 관심 있어요'를 자연스럽게 보여주세요.

대화의 작은 핑계 만들기

최근에 그가 올린 게시물이나 관심사와 연결해 "이거 보니까 너 생각났어." 같은 가벼운 메시지를 먼저 건네면 흐름이 자연스럽게 이어져요.

자기 페이스 유지하며 매력 키우기

운동·취미·외모 관리처럼 '나를 빛나게 하는 일'을 꾸준히 해두면 그가 다가올 때 더 매력적으로 보이고 관계의 주도권도 지킬 수 있어요.

위치별 읽는 해석 포인트

위치	타로 카드		핵심 의미	위치별 리딩 해석 포인트
1 내담자 과거		펜타클 7	오래 마음을 품어온 기다림, 결실 부족	상대를 조용히 지켜보며 감정을 천천히 키워온 노력. 하지만 아직 풍족한 결실을 보진 못함.
2 내담자 현재		펜타클 3	관계 형성을 위한 협력·노력	지금은 상대에게 좋은 인상을 주기 위해 성실하게 소통하고, 자연스럽게 연결되려는 상태.
3 내담자 미래		펜타클 퀸	환경의 안정, 현실 유지	관계를 유지하면서 현실적인 부분을 고민하는 카드. 애정과 물질사이에서의 고민.
4 상대자 과거		컵 4	새로운 인연에 무기력, 관심 부족	처음엔 감정적으로 닫혀 있었고, 누군가를 받아들일 준비가 덜 된 시기. 누가 다가와도 반응이 약했음.
5 상대자 현재		완즈 6	열정, 의욕, 미래로의 이동	내담자에게 좋은 감정을 느끼고 있으며, 긍정적으로 바라보고 관심을 가지기 시작한 상태.
6 상대자 미래		컵 7	감정, 혼란, 선택, 고민	앞으로 잠시 마음이 흔들리거나 여러 가능성 속에서 고민할 수 있는 시기. 확정적 감정보다 탐색 중인 느낌.
7 조언		컵 6	편안함, 순수한 연결, 친근함	무리한 접근보다 자연스럽고 순수한 분위기로 다가가는 것이 관계 발전에 가장 효과적. 부담은 금물.
8 내담자 조언		8번 힘	진심, 부드러운 힘, 자기 확신	따뜻하고 진정성 있는 태도로 자신감을 가지고 다가가기. 강함보다 배려가 매력 포인트.
9 상대자 조언		컵 킹	감정 성숙, 표현, 정서 안정	마음이 흔들리지 않도록 자신의 감정을 정리하고 솔직하게 표현해야 관계가 안정적으로 발전.

9 카드

궁합 질문 2

“연애를 시작한 커플의 궁합”

내담자(여성)

상대자(남성)

1 [내담자 과거]
기준과 균형을 가장 먼저 보는 사람이다.

4[상대자 과거]
상대방이 있음으로 안정감을 느끼며 미래를 꿈꾼다.

2 [내담자 현재]
편안하고 즐겁다. 서로 소통이 잘되고 만족감은 높으나 설레임은 약하다.

5 [상대자 현재]
즐거운 모습을 보이지만, 진중한 모습을 보여주지 못한다.

3 [내담자 미래]
편안하고 만족하지만 더 더이상 노력하지 않는다. (소확행)

6 [상대자 미래]
자기 삶의 안정과 즐거움을 우선시하며, 결혼은 서두르지 않는다.

8 [내담자 개인적 조언]
불만을 쌓아두고 부드러운 언어로 바로 풀지 않는다면 탑이 무너질 수 있다.

7 [조언]
관계는 신뢰, 진솔한 대화, 예의가 가장 중요한 시점.

9 [상대자 개인적 조언]
조금 더 솔직하고 적극적인 표현이 필요하다.

총평 : 지금 두 사람은 편안하고 즐거운 흐름으로 서로에게 자연스럽게 스며드는 단계로 보인다. 다만 곧 감정의 속도 차이와 고민이 생기는 시기가 지나가며 관계의 진짜 힘이 시험대에 오른다. 너무 조급해 하지 말고 신뢰를 쌓아가면, 시간이 두 사람의 방향성을 더 명확하게 열어줄 것이다.

질문 상황

연애를 시작한 지 얼마 안 된 30대 남녀 커플입니다. 여성은 결혼하고 싶어서 결혼에 맞는 상대를 찾기 위해 소개팅을 하다 지금의 남자 친구를 만나게 되었습니다. 아직 서로에 대해 잘 모르지만, 이 관계가 진지하게 이어질 수 있을지, 결혼으로 발전할 가능성이 있는지, 지금 남자 친구가 현재 본인과 잘 맞는 사람인지 궁금하여 하트 배열법으로 상담을 하게 되었습니다.

리딩 카드의 메시지를 따라가 볼까요?

1 [내담자 과거] '11번 정의' 〈균형, 형평성〉

당신은 소개팅을 통해 "결혼에 맞는 상대를 찾겠다"는 명확한 기준과 판단력으로 감정에 쉽게 휘둘리기보다 올바른 선택을 하려고 했습니다. 즉, 이 만남도 좋아서만이 아니라 조건과 방향성도 괜찮은지 따져보고 시작한 모습입니다.

2 [내담자 현재] '컵 3' 〈즐거운 만남, 친근함, 가벼운 안정감〉

지금 당신은 이 관계가 즐겁고 가볍게 흘러가는 상태입니다. 초반의 경계심이 꽤 풀렸고, 편안함·친근함·즐거운 대화가 흐르고 있어요. 다만 컵 3은 아직 깊고 절실한 감정까지 올라간 상태는 아님을 말합니다. 정말 결혼까지 갈 수 있는지에 대한 확신은 아직 없고, "현재는 좋지만, 앞으로는 어떨까?" 하는 고민이 남아있습니다.

3 [내담자 미래] '컵 4' 〈정체·흔들림, 만족감 감소, 고민·재평가〉

앞으로 당신은 이 관계에서 만족함 속에서 정체 구간을 경험할 수 있습니다.

상대가 결혼에 대한 적극적인 신호를 보여주지 않거나, 당신의 기대에 비해 상대의 행동이 미래지향적이지 않다고 느낄 수도 있어요.

4 [상대자 과거] **'완즈 2'** 〈관계 가능성 탐색, 확신보다는 전망을 봄〉

남자 친구는 당신을 만나서 성안에 있는 것 같은 안정감을 느낀 것 같아요. 더불어 미래를 같이 이야기해 주기도 하고요. 지난 과거는 있을 수 있지만 당신과의 미래를 생각하고 있네요.

5 [상대자 현재] **'소드 7'** 〈속마음 감춤, 경계심, 솔직함 부족〉

지금 상대는 자신의 속마음이나 미래 계획에 대해 신중하지 못한 가벼운 모습을 보여주고 있습니다. 속도 조절을 하려 하거나, 말은 재미있게 하나 진짜 진심을 보여주진 못하고 있어요. 타인에게 쉽게 마음을 열지 않거나, 아직 확신을 갖지 못했기 때문에 탐색 중일 수 있어요. 단, 소드 7은 거짓·속임수를 직접 의미하는 것은 아니나 "솔직함 부족, 경계심"은 분명 나타나 있습니다.

6 [상대자 미래] **'펜타클 9'** 〈독립 성향, 안정 추구〉

상대는 조만간 자기 만족·경제적 안정·독립성을 중요하게 생각하는 상태에 들어갑니다. 풍요로움에서 오는 여유와 즐거움이 결혼을 미루게 할 수도 있습니다. 당신과의 관계는 즐겁고 행복하지만 구속당하고 싶지 않은 마음이 같이 존재합니다. 당신과 함께할 미래에 대해 확신을 보여주는 것이 중요합니다.

7 [조언] **'5번 교황'** 〈안정적·차분한 진전〉

둘 사이에는 서로 통하지 않는 언어들이 존재할 확률이 높습니다. 서로 즐겁기는 하지만 미래에 관한 생각들은 서로 다릅니다. 많은 대화를 통해 서로의 다름을 인정하고 그 차이를 줄여나가는 것이 필요해요.

8 [내담자 개인적 조언] **'16번 타워'** 〈고정관념 붕괴, 재정비〉

이 관계에서 당신에게 기대 붕괴 혹은 감정적 충격이 한번 올 수 있습니다. 결혼을 향한 조급함, 기준, 기대치를 잠시 무너뜨릴 필요가 있어 보입니다. 타워는 피해야 하는 사건이 아니라, 진짜 상대를 볼 수 있다는 메시지입니다.

9 [상대방 개인적 조언] **'완즈 시종'** 〈열정·시도 증가, 관계 에너지 가동〉

상대는 이 관계에서 좀 더 솔직하고 직진하는 태도, 주도적인 표현이 필요합니다. 그가 마음속에는 관심이 있어도 행동이 소극적일 수 있는데, 이 카드는 그가 "더 적극적으로 다가가라, 표현하라, 열정을 보여라"는 조언을 필요하다는 의미입니다.

타로 마스터의 힐링 노트

"관계는 답을 찾아가는 문제가 아니라, 서로를 알아가는 모험이다."

지금은 즐겁고 가벼운 연애 흐름으로 보입니다. 하지만 미래에 감정적 혼란과 고민이 생길 수 있어요. (컵4·타워)
상대는 당신을 나쁘게 보지 않지만, 아직 확신이 없는 듯합니다. 그는 결혼을 서두르는 타입이 아니며, 자기 안정과 즐거움을 중요시하네요. 관계를 결혼으로 연결하고 싶다면 속도 조절 + 신뢰 쌓기 + 차분한 대화가 핵심입니다. 결혼 가능성 자체는 있어요. 하지만 급하게 결혼 이야기를 꺼내는 건 당장은 비추천입니다. 다만 "시간, 신뢰, 깊이"가 쌓여야 열릴 길입니다.

상담 후 내담자의 결과

초반에는 서로 편안하고 즐거운 흐름으로 자연스럽게 연애가 이어졌지만, 시간이 지나면서 남자친구는 점점 자신의 일과 개인적인 안정에 더 집중하게 되었습니다. 연락이 뜸해지고 관계의 속도가 느려지고 마음의 교류가 줄어드는 걸 느꼈고, 결혼에 대한 진지한 대화도 진전되지 않아 점점 정서적 거리감이 생겨났습니다. 6개월 정도 사귀다가 서로의 삶의 방향과 우선순위가 맞지 않다는 결론에 이르렀고, 큰 갈등 없이 조용히 이별을 선택하게 되었습니다.
이 관계가 남긴 의미를 생각해 보니 즐거움과 친밀감 속에서도 상대의 속도와 우선순위가 다르면 감정이 흔들릴 수 있다는 것을 체감하며, 관계 속 감정과 현실의 균형이 중요하다는 걸 배웠습니다. 그리고 앞으로 만날 사람과의 관계에서 더 깊이 이해하고 신중하게 선택할 수 있는 밑거름이 되었습니다.

위치별 리딩 해석 포인트

위치	타로 카드	핵심 의미	위치별 리딩 해석 포인트
1 내담자 과거	 11번 정의	균형, 형평성	이성적 기준, 결혼 적합성 중심의 만남, 균형·원칙을 중시하는 연애 성향
2 내담자 현재	 컵 3	즐거운 만남, 친근함, 가벼운 안정감	즐거움·친밀감·가벼운 안정감, 하지만 깊은 감정은 아직 아님
3 내담자 미래	 컵 4	정체·흔들림, 만족감 감소, 고민·재평가	심심함·고민·정체감, 관계 만족감이 떨어지며 진지한 고민 시기 도래
4 상대자 과거	 완즈 2	관계 가능성 탐색, 확신보다는 전망을 봄	선택지 탐색, 확신보다는 가능성을 보는 스타일, 연애 초반 다각도로 판단하던 흐름
5 상대자 현재	 소드 7	속마음 감춤, 경계심, 솔직함 부족	속마음 노출 조심스러움, 탐색·경계 심리, 솔직함이 약간 부족
6 상대자 미래	 펜타클 9	독립 성향, 안정 추구	독립성·안정 중심, 결혼 서두르지 않음, 스스로 기반을 갖춘 후에야 관계 발전을 고려
7 조언	 5번 교황	안정적·차분한 진전	차분한 대화, 신뢰 쌓기, 전통적·정석적 방식으로 진행, 속도 조절 필요
8 내담자 조언	 16번 타워	고정관념 붕괴, 재정비	오래된 기대·조급함을 내려놓기, 생각의 틀을 깨야 올바르게 관계가 보임
9 상대자 조언	 완즈 시종	열정·시도 증가, 관계 에너지 가동	더 솔직하고 적극적이어야 함, 감정 표현 강화, 관계에 에너지 투입 필요

9 카드

궁합 질문 3

"과거 썸남과 재회하고 싶은 여성의 궁합"

내담자(여성)

상대자(남성)

1 [내담자 과거]
일로 협력하면서
좋은 감정이
생겼다.

4[상대자 과거]
상대는 인기 있는
존재였다.

2 [내담자 현재]
이성적인 판단으로
현재 상황을
확실하게 하려한다.

5 [상대자 현재]
그는 당신을
좋은 기억으로
간직하고 있다.

3 [내담자 미래]
상대방과 일을
우선하는 관계로
유지된다.

6 [상대자 미래]
그는 당신과
가벼운 즐거움을
가지려 한다.

8 [내담자 개인적 조언]
주변에 도움을 구해본다.

7 [조언]
상대의 생각을 받아들이고
왜곡하지 말아야 한다.

9 [상대자 개인적 조언]
당신의 마음을
솔직하게 표현해야 한다.

총평 : 당신은 진지하고 현실적인 만남을 원하고, 상대는 당신에게 호감이 있지만 진중한 만남보다는 가볍게 시작하고 싶어한다. 둘 사이에 간극을 좁힐 필요가 있어 보인다.

질문 상황

20대 여성으로 전에 썸을 타다 끝난 사이인데 다시 이어질 수 있을지 궁금하여 하트 배열법을 보게 되었습니다. 연락이 끊긴 지 꽤나 오래된 사이인데 다시 이어질 수 있을까요?

리딩 카드의 메시지를 따라가 볼까요?

1 [내담자 과거] **'펜타클 3'** 〈신중한 감정 표현, 현실적 접근, 협력〉

과거의 당신은 상대와 관계를 '공들여 쌓아가는 과정'으로 바라봤습니다. 감정보다는 신뢰와 협력, '우리 잘 맞는지'를 확인하는 태도가 강했지요. 상대에게 성실하게 다가갔지만, 그만큼 감정의 열정보다는 현실적인 균형을 중시했어요. 당신의 진심은 분명했지만, 그 속도가 너무 안정적이어서 상대는 "조금 느리다"고 느꼈을 수도 있네요.

2 [내담자 현재] **'소드 킹'** 〈이성적 판단, 감정 통제〉

지금의 당신은 이 관계를 감정보다 이성으로 분석하고 있습니다. "이 관계가 다시 가능할까?" "그가 정말 나에게 맞는 사람일까?" 같은 질문을 스스로에게 던지고 있죠. 감정은 남아 있지만, 스스로 상처받지 않기 위해 마음에 울타리를 치고 있습니다. 당신은 지금 확실하게 결정하려 하고 있어요.

3 [내담자 미래] **'8번 힘'** 〈내면의 회복, 감정의 성숙〉

미래의 당신은 감정의 중심을 되찾습니다. 당신은 감정에 휘둘리지 않으며, 상대방과의 관계에서 적정한 선을 지키면서 만남을 이어가고 있습니다. 연인이 되기에는 적극성이 부족해 보여요.

4 [상대자 과거] **'17번 스타'** 〈인기, 비현실적, 감성적 인물〉

그는 당신에게 '빛나는 존재'였습니다. 상대는 인기가 있는 사람이어서 당신이 쉽게 다가가기가 어려웠을 거예요. 또한, 상대는 당신만을 특별하게 생각하지는 않았겠네요.

5 [상대자 현재] **'컵 10'** 〈정서적 안정, 감정의 완결〉

현재의 상대는 감정적으로 안정된 시기에 있습니다. 자기 삶에 여유가 있고, 인간관계나 감정적 만족감이 충만한 모습이에요. 이 시점에서 당신을 떠올릴 때, 그는 좋았던 기억의 사람으로 회상하고 있습니다. 하지만 컵의 카드는 수동적 카드이기 때문에 다시 시작하려는 마음은 약할 수 있습니다. 오히려 그는 당신의 연락을 기다릴지도 모릅니다.

6 [상대자 미래] **'소드 7'** 〈불안, 가벼운 즐거움, 모방〉

상대는 다시 감정의 혼란에 빠질 수 있습니다. 당신에 대한 호감이 남아 있어 가벼운 마음으로 소식을 전할 수 있어요. 이때의 마음은 당신에 대한 불안함에서 생기는 배려이기도 해요. 당신이 부담스러워 할까봐 장난스럽게 다가가네요.

7 [조 언] **'5번 교황'** 〈혼란, 중재, 동상이몽〉

이 관계의 키워드는 '혼란과 서로 다른 생각'입니다. 따라서 필요한 것은 성숙한 대화와 신뢰의 회복입니다. 다시 시작하고 싶다면, 먼저 진심 어린 대화를 나누는 것이 필요합니다. 이전보다 더 성숙한 의사소통을 해야 해요.

8 [내담자 개인적 조언] **'20번 판결'** 〈관계의 부활, 인연의 재평가〉

이 카드는 '관계의 부활', '과거의 재평가'를 상징합니다. 당신은 곧 이 인연에 대한 중요한 결심의 시점을 맞이할 것입니다. 이 관계를 완전히 놓을 것인지, 아니면 한 번 더 시도할 것인지를 명확히 선택해야 해요. 혼자 결정하지 못한다면, 동료에게 도움을 부탁해보아요.

9 [상대방 개인적 조언] **'3번 여왕'** 〈따뜻한 표현, 감정의 개방〉

상대는 즐거움보다는 진지함이 필요해요. 당신에게 다가가고 싶다면, 머리로 계산하기보다 따뜻하고 진실한 표현을 해야 해요. 그가 자신의 감정을 부드럽게 드러낼 때, 두 사람의 관계는 한결 따뜻해질 수 있습니다.

타로 마스터의 힐링 노트

"사랑이 끝났다고 생각한 순간, 마음은 가장 진실한 질문을 던진다."

당신과 그 사람의 관계는 이미 한 번 완성의 단계(펜타클 3 → 컵 10)를 거쳤습니다. 그만큼 서로에게 남은 감정의 흔적도, 배움의 여운도 깊습니다.
줄간은 오케이
지금 이 인연은 '다시 만날 수 있느냐'보다 '이 관계에서 내가 어떤 사람으로 성장했는가'를 묻고 있습니다. 만약 다시 이어진다면, 그것은 과거의 반복이 아니라 새로운 형태의 관계가 될 것입니다.
당신이 이성에서 벗어나 진심을 회복할 때, 그는 조심스럽게 다시 다가올 가능성이 있습니다. 그러나 재회를 원한다면, '결과를 기대하는 연락'이 아니라 그의 안부를 진심으로 묻는 따뜻한 한마디가 첫걸음이 될 거예요.

상담 후 내담자의 결과

타로 상담을 받고 나니 마음이 한결 가벼워졌어요. '힘'카드가 나왔을 때, 괜히 눈물이 핑 돌았어요. 그동안 그 사람을 잊으려 애쓰며, 나 자신도 꽁꽁 묶어두었던 것 같아요. 타로를 보고 한 달 후쯤, 연락이 끊겼던 그 사람에게서 SNS 메시지가 온 거예요.
"요즘 잘 지내?"
라는 짧은 한마디였지만, 그 안에 담긴 망설임과 그리움이 느껴졌어요. 이제는 '다시 만나야 할까?'보다 '다시 만나게 된다면, 어떤 대화로 서로의 진심을 전할까?'를 고민하게 돼요. 조금은 설레고, 조금은 조심스럽지만, 이번엔 더 솔직하게, 그리고 더 따뜻하게 그를 만나려고 해요.

위치별 리딩 해석 포인트

위치	타로 카드		핵심 의미	위치별 리딩 해석 포인트
1 내담자 과거		펜타클 3	신중한 감정 표현, 현실적 접근, 협력	감정보다 신뢰와 협력을 중시. 느리지만 성실한 사랑의 태도.
2 내담자 현재		소드 킹	이성적 판단, 감정 통제	상처를 피하기 위해 마음을 조심스럽게 다룸. 냉정하지만 마음은 여전.
3 내담자 미래		8번 힘	내면의 회복, 감정의 성숙	감정을 다스리며 관계에 여유를 갖는 시기. 부드럽지만 단단한 자신감.
4 상대자 과거		17번 스타	인기, 비현실적, 감성적 인물	상대가 인기가 많아 내담자는 현실적인 거리감을 느낌. 상대는 모든 사람을 좋아함.
5 상대자 현재		컵 10	정서적 안정, 감정의 완결	과거의 기억을 좋은 추억으로 간직. 현재는 안정속에서 새로운 시도를 추구.
6 상대자 미래		소드 7	불안, 가벼운 즐거움, 모방	상대는 불안하지만 당신에게 가볍게 다가가려고 함.
7 조언		5번 교황	혼란, 중재, 동상이몽	재회를 원한다면 감정보다 '대화의 품격'이 중요. 서로의 성장 존중.
8 내담자 조언		20번 판결	관계의 부활, 인연의 재평가	다시 시작할 수 있는 기회. 과거의 감정이 아닌 새 출발로 접근해야 함. 주변의 도움 필요.
9 상대자 조언		3번 여왕	따뜻한 표현, 감정의 개방	상대는 진심을 표현해야 관계가 자라남. 감정을 숨기면 기회는 사라짐.

9 카드

궁합 질문 4

새로 들어온 직장 동료와의 궁합"

내담자

상대자(직장 동료)

1 [내담자 과거]
처음에는 불확실하고
감정이 흔들리는 시기였다.

4[상대자 과거]
자기 뜻대로 되지 않아
불만이 있었다.

2 [내담자 현재]
지금은 이성적
판단과 기준으로
관계를 조율한다.

5 [상대자 현재]
친근함과 호감을
적극적으로
드러난다.

3 [내담자 미래]
수동적이지만
한결같은 모습으로
관계를 유지한다.

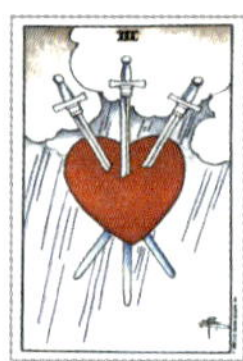

6 [상대자 미래]
작은 오해나
감정적 거리감이
생길 수 있다.

8 [내담자 개인적 조언]
부담을 혼자 짊어지지 말고
에너지를 분배하라.

7 [조언]
이벤트성의 즐거움을
부담스러워하지 말고
편안하게 받아들여라.

9 [상대자 개인적 조언]
솔직한 관심과
표현이 관계를
자연스럽게 이어준다.

총평 : 새로 합류한 동료와의 관계는 어색함과 부담감 속에서 시작되었다. 상대방의 적극적인 모습에 작은 오해나 거리감이 생길 수 있으나, 사소한 관심과 배려로 충분히 극복 가능해 보인다. 천천히 신뢰를 쌓아가면서 부담스러워하지 않으며 편안하게 생각한다면 안정적이고 긍정적인 동료 관계로 자리잡을 수 있다.

질문 상황

20대 여성으로 다니는 직장에 새로운 직장 동료가 합류했다. 불편한 마음이 들어 관계를 어떻게 해야 될 지 몰라 앞으로 잘 지낼 수 있는지 궁금하여 하트 배열법으로 궁합을 보게 되었다.

리딩 카드의 메시지를 따라가 볼까요?

1 [내담자 과거] **'18번 달'** 〈혼란, 불확실, 어색함〉

처음에는 불확실함과 불안, 혼란이 많았던 시기였네요. 상대와의 관계에서도 감정의 흐름이 모호하거나 상대를 판단하기 어려웠을 수 있습니다. 즉, 관계에서 배려하고 포용하지만 불편함이 공존했던 상황이었어요.

2 [내담자 현재] **'11번 정의'** 〈합리적 판단, 기준, 균형〉

지금은 감정보다는 합리적 판단과 기준으로 관계를 바라보고 있습니다. "이 사람과 잘 지낼 수 있을까?"를 논리적으로 평가하며, 객관적 기준으로 호감과 친밀감을 판단하는 시기입니다. 즉, 감정과 업무를 깔끔하게 분리하려는 마음이 강합니다.

3 [내담자 미래] **'펜타클 기사'** 〈실용성, 책임감, 안정적 관계〉

앞으로는 실용적이고 책임감 있는 방식으로 관계를 발전시키게 됩니다. 즉, 작은 친절, 업무 지원, 협력 등을 통해 관계가 차분히 자리 잡는 흐름입니다. 호감은 유지되지만, 속도는 느리고 천천히 신뢰를 쌓는 방식이 될 것으로 보여요. 다만 적극성은 부족해 보입니다.

4 [상대자 과거] **'펜타클 7'** 〈당황, 실망, 인내〉

상대는 처음에는 나름 노력한다고 하였지만, 노력만큼의 성과가 없어 크게 실망했었네요. 상대는 당황스러워했고, 내담자는 혼란스러워해서 분위기가 어수선했던 시기였습니다.

5 [상대자 현재] **'6번 연인'** 〈친근함, 호감, 유대〉

현재는 호감과 친근함이 활발히 드러나는 상태입니다. 동료로서 가까워지고 싶은 마음, 유대감을 쌓고 싶은 욕구가 강하며, 자연스럽게 다가오는 모습이 보입니다.

6 [상대자 미래] **'소드 3'** 〈상처, 오해, 거리감〉

미래에는 내담자의 소극적, 수동적인 모습에 상대는 오해나 실망, 거리감이 생길 수 있습니다. 서로 기대치가 다르거나, 소통 부족으로 마음이 상할 가능성이 있어요. 다만, 이는 큰 갈등이라기보다는 작은 감정적 상처나 오해의 수준입니다.

7 [조 언] **'컵 시종'** 〈친근함, 작은 관심, 신뢰〉

'물고기가 컵 안으로 뛰어 들어온다'는 것은 즐거운 일이지만, 예상치 못한 상황이라서 마냥 즐기지만은 못합니다. 즐거운 것은 즐거운 것으로 받아들이세요.

8 [내담자 개인적 조언] **'완즈 10'** 〈부담, 책임, 에너지 관리〉

자신의 부담이나 책임을 너무 혼자 짊어지지 마세요. 관계를 잘 유지하려다 무리하게 에너지를 쓰거나 과도하게 신경 쓰지 않도록 주의가 필요합니다. 모든 것을 혼자 하려 하지 말고 상대와 적절히 나누세요.

9 [상대방 개인적 조언] **'완즈 에이스'** 〈적극적 접근, 시작, 표현〉

상대는 적극적인 접근과 솔직한 관심이 관계를 좋게 만드는 핵심입니다. 호감이 있다면 진심이 담긴 행동이나 말로 표현하면, 관계가 더 자연스럽게 이어질 수 있습니다.

타로 마스터의 힐링 노트

"작은 친절이 큰 신뢰가 되는, 느리지만 확실한 관계의 마법."

새로운 만남은 설렘과 불안이 함께 찾아오지만, 천천히 쌓이는 신뢰가 가장 큰 힘입니다. 작은 친절, 사소한 관심, 편안한 대화가 관계를 단단하게 만들어 줄 거예요. 조급해하지 말고 서로의 속도를 존중하면, 오늘의 호감은 내일의 좋은 동료 관계로 자연스럽게 이어집니다.

상담 후 내담자의 결과

새로 합류한 직장동료와의 관계는 처음에는 어색해서 왠지 모를 불편한 분위기였습니다. 시간이 지나면서 나는 내가 할 것만 최선을 다하고 상대방과 선을 지키며 관계를 유지해 나갔습니다. 그랬더니 오히려 상대가 적극적으로 친근감을 표현하며 가까워지고자 했습니다.

관심과 배려를 통해 서로에게 편안하고 안정적인 동료 관계를 유지하려고 하는데 작은 오해와 거리감도 생겨 불편한 마음에 적당한 선을 유지하려고 합니다. 하지만 카드를 보니 내가 적극적으로 다가가지 않는 모습에 상대가 스트레스를 받지 않을까 걱정되는 마음도 있습니다.

위치별 리딩 해석 포인트

위치	타로 카드		핵심 의미	위치별 리딩 해석 포인트
1 내담자 과거		18번 달	혼란, 불확실, 어색함	처음에는 동료와의 관계를 받아들이면서도 불편하고 어색해했던 시기
2 내담자 현재		11번 정의	합리적 판단, 기준, 균형	현재는 호감과 관계를 논리적으로 평가, 감정과 업무 분리
3 내담자 미래		펜타클 기사	실용성, 책임감, 안정적 관계	현실적인 안정감을 통해 관계를 차분히 쌓아가는 흐름
4 상대자 과거		펜타클 7	당황, 실망, 인내	상대는 노력했지만, 뜻대로 되지 않아 실망, 인내가 필요함
5 상대자 현재		6번 연인	친근함, 호감, 유대	현재는 동료로서 가까워지고 싶어하는 마음, 적극적 친근감
6 상대자 미래	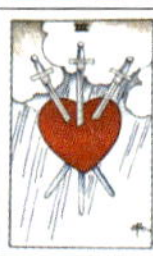	소드 3	상처, 오해, 거리감	작은 오해나 실망, 기대치 차이로 감정적 거리 생길 가능성
7 조언		컵 시종	친근함, 작은 관심, 신뢰	상대의 호의를 호의로써 왜곡 없이 받아들여야 함
8 내담자 조언		완즈 10	부담, 책임, 에너지 관리	관계 유지에 지나친 노력이나 부담을 혼자 지지 않도록 주의
9 상대자 조언		완즈 에이스	적극적 접근, 시작, 표현	솔직한 관심과 친근한 행동으로 관계를 자연스럽게 이어갈 필요

10 카드

켈틱 크로스 배열법
(Celtic Cross Spread)

타로 리딩에서 가장 클래식하고 전통적인 10장 배열법으로, “문제의 전반적인 구조와 깊은 원인, 흐름, 결말까지 총체적으로 분석하는 데 최적화된 스프레드”입니다. 복잡한 상황일수록 켈틱 크로스가 강력한 통찰을 줍니다.

카드 배열과 위치 의미

총 10장을 다음과 같이 배치합니다.
(중앙 6장 + 오른쪽 세로 4장)

- **현재, 시작** → 질문의 핵심 이슈
- **방해 요소** → 현재를 막는 힘 혹은 도전 과제
- **과거, 준비** → 현재 상황을 만든 배경
- **가까운 미래** → 가까운 시일 내 변화 흐름
- **내적 상황** → 의식적인 태도 / 스스로 인식하는 마음
- **외적 상황** → 겉으로 드러나지 않는 현실적 영향 / 숨겨진 기반
- **내가 보는 나** → 지금 이 문제를 대하는 내담자의 마음가짐
- **남이 보는 나** → 주변 사람들 / 사회적 분위기 / 현실적 조건
- **조언** → 내담자가 가장 간절하지만 동시에 가장 피하고 싶어하는 지점을 정확히 찌르는 조언
- **최종 결론** → 전체 흐름이 향하는 방향 / 결과

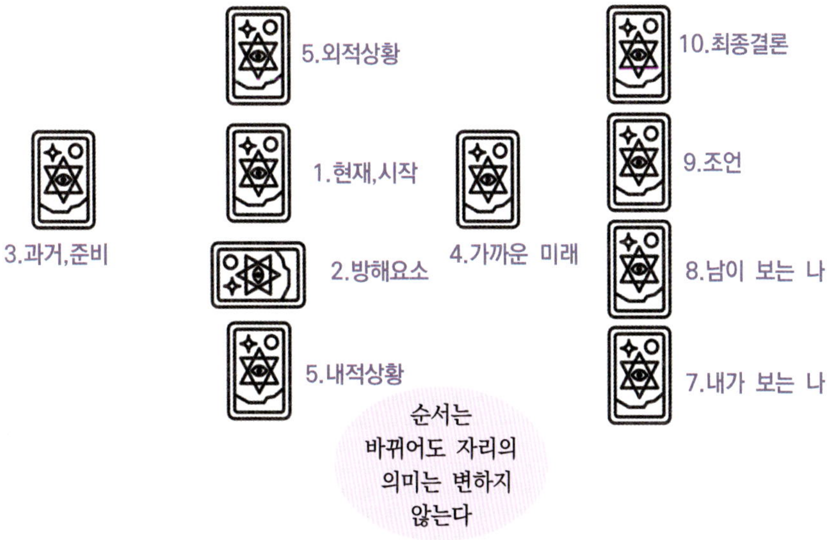

특징

- **10장의 정교한 구조** → '내적 상황 vs 외적 상황', '가까운 미래 vs 최종
- **깊이 탐구형 스프레드** → 질문이 단순하지 않을 때, 관계·진로·인생 고민처럼 복합적일 때 특히 효과적
- **심리 진단 + 해결책 제시** → 외적 상황(6번)과 내적 상황(5번)의 차이를 비교하면 내담자의 '진짜 고민'을 파악할 수 있음

해석 팁

- **문제의 뼈대 (1~2번)** = 현재의 중심축과 맞서는 힘
- **시간의 흐름 (3~4번)** = 과거 → 가까운 미래
- **내부 vs 외부 상황 (5~6번)** = 진짜 욕구 vs 겉으로 말하는 의도
- **내가 보는 나 vs 남이 보는 나 (7~8번)** = 본인의 태도 vs 남에게 비쳐지는 모습
- **조언 (9번)** = 직면해야 할 핵심 과제로 제시
- **전체 결론 (10번)** = 흐름이 향하는 최종 귀결

캘틱 크로스

질문 1

“새로운 사업은 어떨까요?” (사업운)

6 [외적 상황]
자유롭고 즐거워 보이나 무모한 도전으로 보일 수 있다.

10 [최종 결론]
주변으로부터 관심을 받아 즐거워진다.

3 [과거, 준비]
재미있고 즐겁고 유혹적이다.

1 [현재, 시작]
막상 해보니 현실적으로 신경 쓸 것이 많다.

4 [가까운 미래]
결실이 있고 행복하다.

9 [조언]
인정하고 잘 받아들여라.

2 [방해 요소]
돈에 집착하면 즐길 수 없다.

8 [남이 보는 나]
잘 조율하고 중재한다.

5 [내적 상황]
감당하기 힘들어 갈등이 생긴다.

7 [내가 보는 나]
시작한 것을 끝까지 잘 유지한다.

총평 : 불안한 시작으로 힘들 수 있으나 자신감을 가지고 움직이면 잘 극복할 수 있다. 단, 서두르지 말고 즐기면서 하다 보면 행복한 결실을 맺을 수 있다.

질문 상황

내담자는 40대 여성으로 하는 일을 즐기면서도, 기회가 와서 겸업으로 새로운 사업을 시작하게 되었습니다. 새로운 사업은 어떻게 펼쳐질까요? 카드들이 전하는 새로운 사업의 분위기와 삶의 지혜에 귀 기울이는 시간이 되기를 바랍니다.

리딩 카드의 메시지를 따라가 볼까요?

1 [현재, 시작] **'소드 9'** 〈불안, 걱정, 과도한 고민〉

새로운 사업을 막상 시작하시고 나서, 이런저런 생각들이 정말 많아지셨을 것 같아요. 현실적인 고민이 꽤 무겁게 느껴집니다.

2 [방해 요소] **'펜타클 4'** 〈집착, 소유, 내려놓음 필요〉

이 카드에서는 내담자가 돈이나 소유에 너무 집착한다면, 그 과정을 즐길 수 없습니다. 돈보다는 일 자체의 즐거움에 의미를 두는 것이 좋을 것 같아요.

3 [과거, 준비] **'15번 악마'** 〈유혹, 매혹, 강렬한 열정〉

이 사업을 처음 준비했을 때는 정말 재미있고, 빠져들 만큼 강한 매력을 느꼈던 것 같아요! 뭔가 헤어 나올 수 없는 유혹처럼 느꼈다고 나오네요. 그만큼 열정이 대단했다는 의미겠죠?

4 [가까운 미래] **'완즈 4'** 〈축하, 성취, 안정적 기반〉

가까운 미래에는 아주 좋은 소식이 기다리고 있네요! 열심히 노력한 만큼 좋은 결실을 맺고, 아주 행복하고 안정적인 시기를 맞이하게 될 거라고 해요.

5 [내적 상황] **'소드 2'** 〈갈등, 망설임, 균형 모색〉

마음속으로는 지금 하는 일이 조금 부담스럽고, 이걸 내가 과연 감당할 수 있을까 하는 생각도 들 수 있겠어요. 또 어떻게 해야 할지 이러지도 저러지도 못하는 갈등이 많아지겠네요.

6 [외적 상황] **'0번 바보'** 〈자유, 도전, 무모함〉

겉으로 보기엔 정말 자유롭고 즐겁게 사업을 진행하시는 것처럼 보이지만, 주변에서는 '저렇게 무모하게 도전해도 괜찮을까?' 하는 시선도 있을 수 있겠네요. 그래도 그만큼 내담자의 용기와 도전 정신이 돋보인다는 의미겠죠!

7 [내가 보는 나] **'4번 황제'** 〈권위, 리더십, 유지〉

내담자 스스로는 이 사업을 리더십 있게 잘 이끌어 간다고 생각하고 있네요. 역시 황제 카드답게 든든하고 믿음직스러운 모습이에요! 다만, 황제의 권위의식은 다른 사람들에게 불편할 수 있어요.

8 [남이 보는 나] **'5번 교황'** 〈지혜, 신뢰, 중재자〉

다른 사람들이 내담자를 볼 때는, 참 지혜롭고 현명하게 여러 상황을 잘 조율하고, 또 사람들을 잘 중재해 주는 사람으로 생각하고 있어요. 믿고 의지할 수 있는 분이라는 거겠죠?

9 [조언] **'컵 10'** 〈감사, 만족, 정서적 충만〉

지금 주어지는 모든 상황이나 결과들을 있는 그대로 감사히 여기고, 기쁜 마음으로 받아들이라고 조언하고 있어요. 행복은 이미 내 안에 있다는 메시지 같아요!

10 [최종 결론] **'17번 스타'** 〈희망, 즐거움, 인기〉

최종 결론은 '스타' 카드예요! 이 사업으로 엄청난 부나 명예를 얻는 건 아니더라도, 내담자 자체가 이 일을 통해 즐거워하고, 그 즐거움이 주변 사람들에게도 전달되어서 많은 인기를 얻고 관심을 받게 될 거라고 하네요. 정말 밝은 미래가 기다리고 있는 것 같아요!

타로 마스터의 힐링 노트

"돈 생각은 넣어두고, 처음 느꼈던 그 재미랑 패기만 다시 켜면, 이 사업, 이미 스타 엔딩 예약 완료!"

새로운 사업을 시작하며 현실적인 고민과 부담감(소드 9, 2), 그리고 '무모한 도전이 아닐까!' 하는 외부 시선(바보)은 어쩌면 너무나 당연한 감정일 수 있어요.

하지만 내담자는 이 사업을 시작할 때 강렬한 유혹(악마)과 재미를 느꼈고, 스스로도 책임감 있는 리더(황제)로, 주변에서도 지혜로운 조율자(교황)로 보고 있답니다. 내담자의 안팎으로 이미 멋진 기운들이 가득해요!

카드는 돈에 대한 생각을 내려놓고(펜타클 4), 지금 이 일을 온전히 즐기라고 조언하고 있어요. 가까운 미래에는 행복한 결실(완즈 4)이 기다리고 있으며, 최종적으로는 명예와 상관없이 즐거움과 사람들의 관심, 사랑을 받게 될 거예요(스타). 그러니 모든 순간과 결과를 감사히 인정하고 받아들이는(컵 10) 자세가 중요하답니다. 내담자의 용감한 도전이 모든 과정을 빛낼 거예요. 걱정은 잠시 내려두고 이 여정을 즐겨보세요.

상담 후 내담자의 결과

새로운 사업을 시작해서 일년 동안 프로그램을 잘 진행하고 있습니다. 기존 사업과 병행하다 보니 시간적, 환경적 어려움은 있지만, 서로 보완, 상생의 영향을 주고받아 시너지가 나고 있어요. 돈에 대한 생각은 내려놓고, 온전히 즐기고 보람되게 일을 하고 있어서 행복합니다.

위치별 리딩 해석 포인트

위치	타로 카드		핵심 의미	위치별 리딩 해석 포인트
1 현재	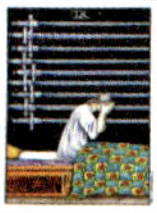	소드 9	불안, 걱정, 과도한 고민	새로운 사업을 시작하며 현실적 고민이 크게 다가옴. 무거운 심리 상태.
2 방해		펜타클 4	집착, 소유, 내려놓음 필요	돈·안정에 대한 집착이 흐름을 막을 수 있음. 즐거움을 잃지 말라는 메시지.
3 과거		15번 악마	유혹, 매혹, 강렬한 열정	시작 당시 강렬한 유혹과 열정으로 빠져들었음. 집착에 대한 경계 필요.
4 가까운 미래		완즈 4	축하, 성취, 안정적 기반	노력의 결실이 나타나며 행복하고 안정적인 시기를 맞이함. 좋은 소식 도래.
5 내적		소드 2	갈등, 망설임, 균형 모색	내면에서는 부담과 갈등 존재. 선택에 대한 고민이 깊어짐.
6 외적		0번 바보	자유, 도전, 무모함	겉으론 즐겁고 자유롭게 보임. 주변은 무모해 보지만 도전 정신을 높게 평가.
7 나		4번 황제	권위, 리더십, 유지	스스로는 든든한 리더, 책임감 있게 사업을 이끌어 간다고 생각함.
8 남		5번 교황	지혜, 신뢰, 중재자	주변에서는 현명하고 의지할 수 있는 중재자나 해결사로 인식.
9 조언		컵 10	감사, 만족, 정서적 충만	현재 주어진 상황을 감사히 받아들이고, 관계와 행복을 중시할 것.
10 결론		17번 스타	희망, 즐거움, 인기	사업을 통해 즐거움과 희망을 얻고, 주변의 관심과 지지를 받게 됨. 밝은 미래.

질문 2

"베트남(나트랑, 달랏)으로 여행을 가면 어떨까요?"

6 [외적 상황]

돈을 아끼며 잘 유지하고
유혹에 넘어가지 않는다.

10 [최종 결론]

새로운 세계를 접하면서
생각의 틀이 전환될 수
있다.

3 [과거, 준비]

여행에 대해 기대한다.

1 [현재, 시작]

가이드 안내에
잘 따르게 된다.

4 [가까운 미래]

즐겁고 만족스럽다.

9 [조언]

상황에 흔들리지 말고,
자신만의 길을 가라.

2 [방해 요소]

관심거리가 많아서
유혹도 많다.

8 [남이 보는 나]

활동적이고 열정적이다.

5 [내적 상황]

자기에게 불만이 없다.
(자기만족의 카드)

7 [내가 보는 나]

얌전하고 차분하며,
수동적이다.

총평 : 베트남 여행은 내면의 깊은 성찰과 예상치 못한 변화를 통해 큰 성장과 깨달음을 가져올 것이다. (인생의 전환점이 될 특별한 여정)

질문 상황

내담자는 40대 중반의 여성으로, 베트남(나트랑, 달랏)으로 가족여행을 갈 예정인데, 이번 여행이 어떨지 궁금하여 질문하게 되었습니다. 타로 카드가 전하는 메시지를 통해 여행의 여정이 어떠한지 살펴보도록 하겠습니다. 카드들이 전하는 따뜻한 메시지에 마음을 열어보는 시간이 되기를 바랍니다.

리딩 카드의 메시지를 따라가 볼까요?

1 [현재, 시작] **'컵 퀸'** 〈편안함, 감정적 안정, 수용적 태도〉

지금 내담자는 여행을 시작하면서 크게 뭔가를 주도하기보다는, 마음 편하게 가이드의 안내에 몸을 맡기고 싶으신 것 같아요. 마치 잔잔한 바다처럼 여유롭고 평화로운 시작이 될 것 같네요!

2 [방해 요소] **'14번 절제'** 〈유혹 조절의 어려움, 선택의 딜레마〉

방해 요소가 '절제' 카드라니…. 여행 가서 자유가 주어지면, 아마 맛있는 음식이나 쇼핑 같은 유혹이 엄청 많을 수 있다는 뜻이에요! "이거 살까, 말까?", "이거 먹을까, 말까?" 하면서 고민이 좀 많을 수도 있겠네요. 그래도 현명하게 잘 헤쳐나갈 거예요!

3 [과거, 준비] **'완즈 시종'** 〈기대와 호기심, 설렘〉

내담자가 이번 베트남 여행을 예전부터 꽤 많이 기대하고 설레는 마음으로 기다려 왔다는 걸 알 수 있어요. 여행 계획 세울 때도 상상만으로도 즐거웠을 것 같아요!

4 [가까운 미래] **'7번 전차'** 〈강한 추진력, 활기찬 전개, 만족감〉

가까운 미래에는 정말 좋은 일이 있을 것 같아요! 혹시 이 여행이 '어쩌다 보니 가게 되었네?' 하고 떠밀리듯 오게 되었더라도, 막상 가보면 너무 즐겁고 만족스러운 시간을 보내게 될 거래요! 오히려 기대 이상으로 만족감이 클 거예요!

5 [내적 상황] **'9번 은둔자'** 〈내적 평화, 자기만족, 깨달음〉

내담자는 마음속으로 지금 스스로에게 아무 불만이 없고, 편안하고 만족스러운 상태라고 나오네요. 여행 중에도 스스로에게 집중하며 휴식과 재충전의 시간을 가질 수 있을 것 같아요. 자기만족도가 높은 분이네요!

6 [외적 상황] **'펜타클 4'** 〈알뜰함, 절제된 소비, 실속형〉

겉으로 보이는 내담자의 모습은 꽤 알뜰하고 현명할 것 같아요. 돈을 아낄 줄 알고, 불필요한 지출이나 유혹에도 쉽게 넘어가지 않는 모습으로 주변 사람들이 보지 않을까요?

7 [내가 보는 나] **'2번 여사제'** 〈차분함, 관찰자 모드, 조용한 참여〉

내담자 스스로는 이번 여행에서 얌전하고 차분하게, 그리고 조금 수동적인 태도로 움직일 것으로 생각하고 있네요. 조용히 사색하며 여행을 즐기려는 마음이 크신가 봐요.

8 [남이 보는 나] **'완즈 기사'** 〈활동가, 에너지 넘침, 분위기 메이커〉

그런데 말이죠, 다른 사람들이 내담자를 볼 때는 예상외로 엄청 활동적이고, 누구 보다 신나 하는 모습을 보게 될 것 같아요! '어, 생각보다 활발하네?' 하는 반전 매력을 보여 줄지도요!

9 [조언] **'18번 달'** 〈혼란, 예측 불가 상황, 감정 기복〉

여행 중에 예상치 못한 상황이 발생하거나, 마음이 좀 혼란스럽고 갈팡질팡할 수도 있다는 뜻이에요. 너무 당황하거나 걱정하지 마시고, 마음의 평정심을 유지하려고 노력하면 잘 넘어갈 수 있을 거예요.

10 [최종 결론] **'16번 타워'** 〈충격적 깨달음, 사고 전환, 큰 변화〉

오! 최종 결론이 '타워' 카드네요! 이건 정말 인상 깊은데요. 이번 베트남 여행은 내담자에게 새로운 세계를 접하게 해주면서, 생각의 틀 자체를 뒤흔드는 강렬한 경험이 될 수 있대요! 충격적일 정도로 큰 깨달음이나 변화를 가져올 수도 있겠어요. 특히 예상 밖의 사고를 주의해야 한다는 메시지도 함께 있네요. 꼭 조심하세요!

타로 마스터의 힐링 노트

"베트남의 숨결 속, 타워처럼 허물어진 낡은 틀. 그 자리에서 피어난 진정한 만족과 새로운 나!"

지금 내담자는 (컵 퀸)처럼 평온한 마음으로, 여유롭게 여행을 즐기려는 듯하네요. 스스로는 여사제처럼 차분할 것이라 생각하지만, 실제로는 완즈 기사처럼 활기찬 모습으로 다른 사람들에게 비칠 거예요. 과거부터 품어온 여행에 대한 기대감(완즈 시종)이 이 여정의 즐거운 시작을 알리고 있습니다.

때로는 자유시간의 유혹(절제)과 알뜰함(펜타클 4) 사이에서 갈등할 수도 있고, 여행 중 혼란스러운 순간(달)을 겪을 수도 있습니다. 하지만 걱정하지 말아요. 설령 계획에 없던 여행이더라도, 가까운 미래에는 전차처럼 즐겁고 만족스러운 경험이 될 거예요. 내면 깊이 자신에게 만족하며(은둔자) 이번 여행을 온전히 누리게 될 겁니다.

가장 중요한 메시지는 최종 결론, '타워' 카드입니다. 이 베트남 여행은 단순한 휴식을 넘어, 내담자의 생각의 틀을 깨고 새로운 세계관을 안겨줄 충격적이고도 강력한 전환점이 될 거예요. 큰 깨달음과 성장을 가져다줄 소중한 기회가 될 거에요. 다만, 사고는 조심해야 합니다.
내담자의 이번 베트남 여행이 단순한 추억을 넘어, 삶에 깊은 의미와 새로운 변화를 가져다주는 소중한 경험이 되기를 진심으로 응원합니다.

상담 후 내담자의 결과

내담자는 20년 전 베트남 하노이, 하롱베이로 여행을 다녀온 적이 있었는데, 그때의 기억이 좋지 않아 다시는 베트남 여행만큼은 가지 않을 것이라 다짐했었다고 합니다. 그런데 이번 베트남 나트랑, 달랏 여행을 통해 '베트남의 재발견'이라고 표현할 정도로 큰 깨달음과 만족을 느꼈다고 합니다. 생각의 틀을 뒤흔드는 강렬한 경험이었다는 타로의 결론이 귀가 막히게 딱 맞아떨어진 것 같네요!

위치별 리딩 해석 포인트

위치	타로 카드		핵심 의미	위치별 리딩 해석 포인트
1 현재		컵 퀸	편안함, 감정적 안정, 수용적 태도	주도하기보다는 흐름에 맡기고 싶은 여행 태도. 감성 중심의 평화로운 시작.
2 방해		14번 절제	유혹 조절의 어려움, 선택의 딜레마	음식·쇼핑 등에서 "살까 말까" 고민 많아질 수 있음. 균형 유지가 관건.
3 과거		완즈 시종	기대와 호기심, 설렘	여행 전부터 이미 마음이 여행지에 가 있었음. 준비과정도 즐거웠음.
4 가미		7번 전차	강한 추진력, 활기찬 전개, 만족감	실제 여행이 시작되면 예상보다 훨씬 신나고 적극적으로 즐기게 됨.
5 내적		9번 은둔자	내적 평화, 자기만족, 깨달음	혼자만의 시간·사색·깨달음을 원하는 상태. 마음은 매우 안정적.
6 외적		펜타클 4	알뜰함, 절제된 소비, 실속형	주변에서는 "지출을 잘 컨트롤하는 사람"으로 보임.

7 나		2번 여사제	차분함, 관찰자 모드, 조용한 참여	스스로는 조용히 즐기면서 따르는 여행자라고 생각.
8 남		완즈 기사	활동가, 에너지 넘침, 분위기 메이커	실제로는 의외로 활발하고 신나는 사람으로 보여짐. 반전 매력.
9 조언		18번 달	혼란, 예측불가 상황, 감정 기복	갑작스러운 변수에 휘둘리지 말고 마음의 평온을 유지해야 함.
10 결론		16번 타워	충격적 깨달음, 사고 전환, 큰 변화	여행이 인생의 시야를 뒤흔드는 계기가 될 수 있음. 이동 안전 주의 필수.

질문 3

"친구가 이상형의 외모를 갖춘 이성과 썸을 탔다가 못 잊고 있는 상황이에요. 앞으로 어떻게 될까요?"

6 [외적 상황]
연애보다는 현실에 집중한다.

10 [최종 결론]
만남의 기회가 온다.

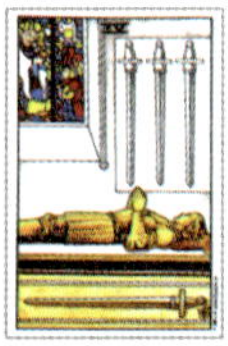

3 [과거, 준비]
정체된 관계를 유지한다.

1 [현재, 시작]
현재는 만족하지만, 발전적인 관계를 원한다.

4 [가까운 미래]
주변의 조언이 서로 달라서 혼란스럽다.

9 [조언]
마음 가는 데로 진행해라.

2 [방해 요소]
너무 희망적인 미래를 기대하고 있다.

8 [남이 보는 나]
열정은 있는데, 행동하지 못한다.

5 [내적 상황]
의욕적으로 도전하여 결실을 보고 싶어 한다.

7 [내가 보는 나]
당당하고 자신감 있다.

총평 : 이 관계는 내담자의 친구가 주도권을 잡고 적극적으로 나갈 때, 새로운 가능성과 현실적인 안정도 함께 찾아온다.

질문 상황

20대 여성 내담자의 친구가 꿈에 그리던 이상형에 부합하는 이성과 썸을 타게 되었는데 앞으로 둘 사이의 관계가 어떻게 흘러갈지 궁금하여 대신 타로 상담을 받았습니다. 친구분이 이상형의 외모를 가진 분과 썸을 탔는데, 아직도 잊지 못하고 있다니 정말 마음이 아프겠네요. 켈틱 크로스 배열을 보니, 친구분의 속마음이 아주 잘 드러나 있어요. 제가 하나씩 따뜻하게 풀어서 설명해 드릴게요.

리딩 카드의 메시지를 따라가 볼까요?

1 [현재, 시작] **'21번 월드'** 〈완성, 안정된 태도, 속도 조절〉

지금 친구는 관계의 속도를 좀 늦추고, 썸남에게 천천히 조심스럽게 다가가고 싶어 하는 것 같아요. 뭔가 서두르기보다는 완벽한 타이밍을 기다리거나, 조심스럽게 탐색하는 중인가 봅니다.

2 [방해 요소] **'완즈 3'** 〈희망적 미래 기대〉

친구의 가장 큰 방해 요소는 바로 '기대하는 마음'이래요! 속으로는 '빨리 이 관계를 진전시키고 싶다!'는 마음이 막 불타오르고 있을 거예요. 겉으로는 월드 카드처럼 천천히 가고 싶어 하는데, 내면의 섣부른 기대가 발목을 잡을 수도 있겠네요. 이 괴리가 좀 힘들 수 있겠어요.

3 [과거, 준비] **'소드 4'** 〈휴식, 회복, 감정적 정체기〉

썸을 탈 때에는, 관계의 발전이 되지 않았던 것 같아요. 이전 관계에서 쉬거나, 자기만의 시간을 가지면서 에너지를 충전했던 시기가 있었네요.

4 [가까운 미래] **'18번 달'** 〈혼란, 불확실성, 감정 기복〉

가까운 미래에는 친구의 마음이 좀 혼란스러울 수 있다고 해요. '과연 이 관계를 이어갈까 말까?', '어떻게 해야 할까?' 하고 많이 고민하고 갈팡질팡할 수 있는 시기네요. 주변의 의견도 나뉘고 있어요.

5 [내적 상황] **'완즈 6'** 〈승리 욕구, 의욕, 변화〉

친구의 마음속은 이 썸 관계에 대해 빨리 도전해서 확실한 결과를 보고 싶어 하는 열정이 엄청나네요! 의욕적으로 도전하고 싶어 하는 마음이 크겠네요.

6 [외적 상황] **'펜타클 10'** 〈현실 집중, 전환기〉

재미있는 건, 겉으로 봤을 때 친구분은 지금 연애 문제와 상관없이 자신의 일이나 현실에 매우 집중하고 있는 것처럼 보이네요. 어수선한 환경에, 돈에 대한 완벽주의 같은 모습이 더 두드러져 보일 수 있다는 거겠죠. 썸 타는 일에 신경 쓸 겨를이 없어 보일 수도 있고요!

7 [내가 보는 나] **'완즈 킹'** 〈자존감, 리더십, 열정가〉

친구는 이 썸 관계에서 스스로 당당하고 자신감이 있네요.' 나는 멋진 사람이고, 충분히 매력적이야!' 하고 생각하실 것 같아요.

8 [남이 보는 나] **'완즈 시종'** 〈풋풋함, 열정, 어린 아이〉

그런데 다른 사람들이 친구를 볼 때는 '열정은 넘치는데 아직 그 열정을 어떻게 다뤄야 할지 모르는 풋내기 같아'라고 느낄 수도 있네요. 자신감 넘치는 모습 뒤에 숨겨진 풋풋한(?) 모습이 매력으로 비칠 수도 있고요!

9 [조언] **'7번 전차'** 〈추진력, 결단, 적극성〉

가장 중요한 조언은 바로 '전차' 카드네요! 이건 "주저하지 말고 밀어붙여라!"라는 아주 강력한 메시지예요. 혼란스럽고 성급한 마음이 들더라도, 용기를 내서 앞으로 나아가라는 조언이네요!

10 [최종 결론] **'펜타클 에이스'** 〈새로운 기회, 현실적인 시작〉

최종 결론은 '펜타클 에이스'예요! 친구에게 그 이상형의 이성과 새로운 만남의 기회가 올 거라는 희망찬 메시지네요! 아마 친구분이 밀어붙인다면 분명 좋은 기회가 생길 거예요.

타로 마스터의 힐링 노트

겉은 신중하지만 속은 조급한 친구, 혼란 속에서도 전차처럼 한 걸음 내딛으면 달콤한 기회가 기다리고 있어요!

친구는 현재 관계의 속도를 조절하며 신중하게 다가가고 싶어 하지만(월드), 마음속 깊이 숨겨진 기대(완즈 3)가 가장 큰 걸림돌이 되고 있네요. 겉으로는 능숙해 보이는 자신감(완즈 킹)과 달리, 주변에서는 아직 서툰 열정(완즈 시종)을 가진 모습으로 비치기도 한답니다. 과거의 정체기(소드 4)를 넘어, 지금은 이 썸에 대해 발전하고 싶어 하는 마음(완즈 6)이 간절해 보입니다.

가까운 미래에는 혼란스러운 감정(달)으로 '할까 말까' 망설이는 순간이 찾아올 수 있어요. 하지만 카드가 전하는 가장 강력한 조언은 바로 '전차' 카드입니다. 이 복잡한 마음을 뚫고 용기 있게 앞으로 나아가라는 메시지예요.

걱정은 잠시 내려놓아요! 최종적으로 친구에게는 그토록 기다리던 '만남의 기회'(펜타클 에이스)가 찾아올 것입니다. 지금은 잠시 혼란스럽고 답답할지라도, 용기를 내어 한 걸음 더 내딛는다면 분명 새로운 문이 열릴 거예요. 친구의 앞날에 희망찬 기회가 가득하기를 진심으로 응원합니다.

상담 후 내담자의 결과

상대방도 친구에게 호감 표시를 하고 어느정도 마음이 있어 보였지만 연애보다는 현재 일이나 미래적인 부분에서 고민을 하다 흐지부지 끝난 사이가 되었습니다.

위치별 리딩 해석 포인트

위치	타로 카드		핵심 의미	위치별 리딩 해석 포인트
1 현재		21번 월드	완성, 안정된 태도, 속도 조절	안정적인 틀 안에서 타이밍을 기다리는 신중한 태도.
2 방해		완즈 3	희망적 미래 기대	미래에 대한 황금빛 기대가 방해 요소로 작용.
3 과거	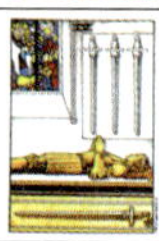	소드 4	휴식, 회복, 감정적 정체기	연애의 발전이 이루어지지 않은 상태.
4 가미		18 달	혼란, 불확실성, 감정 기복	"이 관계가 맞을까?" 고민 많고 감정이 오락가락하는 시기.
5 내적		완즈 6	승리 욕구, 의욕, 변화	확실한 관계 발전을 바라는 내면의 강한 의욕.
6 외적		펜타클 10	현실 집중, 전환기	겉으로는 연애보다 일·금전·생활 안정에 더 집중하는 모습처럼 보임.
7 내나		완즈 킹	자존감, 리더십, 열정가	"나는 매력 있고 주도권을 쥘 수 있어!"라는 자신감.
8 남나		완즈 시종	풋풋함, 열정, 어린 아이	외부에서는 아직 경험이 부족한 순수한 열정가처럼 보임.
9 조언		7번 전차	추진력, 결단, 적극성	망설이지 말고 과감하게 행동하라는 강력한 조언.
10 결론		펜타클 에이스	새로운 기회, 현실적인 시작	밀어붙이면 실제 연애로 발전할 수 있는 확실한 가능성 도래.

질문 4

"한 달 정도 잠수를 탄다면, 나의 인간관계가 어떻게 될까요?"

6 [외적 상황]
주변에서 찾는 사람이 많다

10 [최종 결론]
편안해지고 안정된다.

3 [과거, 준비]
신경쓸 것이 많아 스트레스를 받는다.

1 [현재, 잠수 시점]
더이상 무엇인가를 하기가 싫다.

4 [가까운 미래]
맞이한 상황을 받아들이게 된다.

9 [조언]
본인이 하고 싶은 것에 대한 구체적인 목표나 대책을 세워라.

2 [방해 요소]
안정적이지 못한 경제 상황이 문제이다.

8 [남이 보는 나]
결단력 있고 단호하다.

5 [내적 상황]
마음이 편해지길 기대한다.

7 [내가 보는 나]
생각이 많아 미리 걱정을 한다.

총평 : 잠시 관계에서 멀어지는 시간이 오히려 향후 인간관계를 더욱 견고하고 풍요롭게 만들 중요한 기회가 된다.

질문 상황

20대 여성입니다. "한 달간 잠수를 탈 예정인데 나에게 좋은 영향을 줄까요?" 하고 인간관계가 어떻게 될지 궁금해하셨습니다. 켈틱 크로스 배열을 보니, 아주 흥미로운 메시지들이 가득하네요. 제가 하나씩 따뜻하게 풀어서 설명해 드릴게요.

리딩 카드의 메시지를 따라가 볼까요?

1 [현재, 잠수 시점] **'컵 4'** 〈무기력 속의 안정, 잠시 멈춤〉

내담자는 만사가 귀찮은데도, 나름 지금의 상태에 만족하고 있는 것처럼 보여요. 억지로 활발하게 움직이기보다는 잠시 멈춰서 편안함을 느끼고 싶은 마음이 큰 것 같습니다.

2 [방해 요소] **'펜타클 기사'** 〈현실 문제, 특히 금전〉

방해 요소로 펜타클 기사가 나왔으니, 잠수 기간 동안 안정적인 돈에 대한 문제가 생길 수 있다는 의미로 보여요. 예기치 않은 지출이 생기거나, 돈 때문에 신경 쓸 일이 생길 수도 있겠네요.

3 [과거] **'펜타클 킹'** 〈책임과 부담, 과도한 관리〉

그전에는 신경 쓸 일들이 정말 많아서 스트레스를 많이 받았던 것 같아요. 잠수를 결정하게 된 것도 어쩌면 그런 스트레스에서 벗어나고 싶었던 마음이 컸을 수도 있겠네요.

4 [가까운 미래] **'컵 10'** 〈감정적 안정, 평화로운 만족〉

가까운 미래에는 정말 편안해지기를 원한대요! 이 잠수가 내담자에게 마음의 평화와 휴식을 가져다줄 수 있다는 아주 좋은 신호 같습니다. 딱 원하시던 평안함을 얻으실 수 있을 거예요!

5 [내적 상황] **'컵 에이스'** 〈감정적 충전, 행복감〉

내담자 마음속으로는 이 잠수 기간이 정말 너무너무 편안하고 행복해질 기회가 될 거래요! 마음이 아주 풍요로워지고 평화로울 것 같네요. 딱 내담자에게 필요한 시간인 것 같습니다.

6 [외적 상황] **'17번 스타'** 〈인기, 유혹〉

겉으로 봤을 때 내담자는 이 잠수 기간 동안에도 온 세상이 자신을 축복해 주는 것처럼 즐겁고 밝게 보일 거라고 합니다. 잠수 중인데도 주변 사람들이 많이 찾겠네요!

7 [내가 보는 내] **'소드 8'** 〈미리 걱정, 불안, 스스로를 묶는 생각〉

내담자 스스로는 '내가 너무 예민하고 생각이 많아서 미리 걱정을 사서 하는 경향이 있어'라고 생각하고 계시는군요. 걱정이 많고 섬세한 부분이 있는 것 같습니다.

8 [남이 보는 내] **'11번 정의'** 〈단호함, 균형 잡힌 사람〉

그런데 다른 사람들이 내담자를 볼 때는 아주 결단력 있고 단호하며, 똑 부러진 사람으로 본대요! 내담자가 생각하는 것보다 훨씬 더 강하고 올곧은 이미지로 비치나 봅니다. 반전 매력인데요!!

9 [조언] **'컵 7'** 〈선택 명확화, 상상에서 현실로〉

중요한 조언이네요! 이 잠수 동안 내담자가 '진정으로 하고 싶은 것'이 무엇인지 구체적인 목표를 세워보는 게 좋대요. 막연히 쉬는 것보다 무엇을 위해 쉬고, 무엇을 할지 정하면 더 유익한 시간을 보낼 수 있을 것입니다.

10 [최종 결론] **'완즈 2'** 〈확장된 시야, 안정된 환경〉

최종 결론은 '완즈 2'네요! 이 한 달 잠수가 내담자의 인간관계, 그리고 전반적인 삶에 더 큰 편안함과 안정감을 가져다줄 거라고 합니다. 잠수 후에 오히려 더 긍정적인 방향으로 나아갈 수 있다는 의미 같아요!

타로 마스터의 힐링 노트

겉으로는 단호해 보여도, 내면은 예민 모드! 잠수 한 달로 재충전하고 즐거움과 안정감을 한껏 챙길 기회!

지금 내담자는 만사가 귀찮은(컵 4) 상태네요. 과거에는 신경 쓸 일이 많아 스트레스를 받았지만(펜타클 킹), 내면으로는 편안함을 갈망하고 있네요(컵 10, 컵 에이스). 스스로는 걱정이 많고 예민하다(소드 8)고 느끼겠지만, 다른 사람들은 내담자를 단호하고 똑 부러진 사람(정의)으로 보고 있답니다. 이 잠수 기간 동안 돈 문제가 방해가 될 수도 있고(펜타클 기사), 외적으로는 주변 사람들이 자꾸 찾을 수도 있어요.

카드가 건네는 중요한 조언은, 단순히 쉬기만 하기보다 '무엇을 하고 싶은지' 구체적인 목표를 세워보라(컵 7)는 것입니다. 이 잠수는 막연한 시간이 아니라, 내담자에게 깊은 재충전과 내면의 안정을 가져다줄 소중한 기회가 될 거예요.
궁극적으로 이 한 달 잠수는 내담자의 인간관계를 포함한 삶 전반에 더 큰 편안함과 안정감(완즈 2)을 선사할 것입니다. 걱정은 잠시 내려두고, 자신을 위한 귀한 이 시간을 온전히 누렸으면 하는 바람입니다.

상담 후 내담자의 결과

한 달 동안 잠수를 타려고 했지만 방해 요소와 현실적인 문제 때문에 제대로 된 잠수를 타지 못했습니다. 상담을 통해서 과거의 스트레스 요인이 남자 친구였고, 그로 인해 스트레스를 많이 받았던 것을 알게 되었어요. 결론적으로 제대로 된 잠수를 타지 못해서 아쉬웠지만, 다음에 잠수를 타게 된다면 좀 더 현실적 요소를 준비하고 잠수를 탈 수 있을 것 같아 도움이 되었답니다.

위치별 리딩 해석 포인트

위치	타로 카드		핵심 의미	위치별 리딩 해석 포인트
1 현재		컵 4	무기력 속의 안정, 잠시 멈춤	움직이긴 귀찮지만 지금의 고요함을 유지하고 싶은 마음.
2 방해		펜타클 기사	현실 문제, 특히 금전	쉬는 동안 예상치 못한 지출이나 돈 걱정이 생길 수 있음.
3 과거		펜타클 킹	책임과 부담, 과도한 관리	잠수를 선택한 건 그동안의 과한 부담에서 벗어나고 싶은 마음 때문.
4 가미		컵 10	감정적 안정, 평화로운 만족	휴식이 실제로 마음의 평화를 가져다주는 긍정적인 전환점.
5 내적		컵 에이스	감정적 충전, 행복감	혼자 있는 시간이 오히려 힐링이 되고 내면이 꽉 채워짐.
6 외적		17번 스타	인기, 유혹	겉으로는 잠수 중이라도 여전히 주변에 좋은 에너지를 주는 사람으로 보임.
7 내나		소드 8	미리 걱정, 불안, 스스로를 묶는 생각	"나는 예민하고 생각이 많아서 힘들어"라고 스스로 인식.
8 남나		11번 정의	단호함, 균형 잡힌 사람	실제로는 강단 있고 결정 잘하는 사람으로 보임 (갭 매력!).
9 조언		컵 7	선택 명확화, 상상에서 현실로	쉬는 동안 '무엇을 위해 쉬는지' 목표를 구체화하면 훨씬 의미 있는 휴식이 됨.
10 결론		완즈 2	확장된 시야, 안정된 환경	이 휴식이 이후 인간관계와 생활 전반을 더 안정적으로 바라보게 만드는 계기.

캘틱 크로스

질문 5

"새로운 모임을 만들려고 하는데 분위기가 어떨까요?"

6 [외적 상황]

체계적으로 완벽하게 잘하고 있다.

10 [최종 결론]

신경 쓸 것이 많아 힘들 수 있지만 분위기는 좋다.

3 [과거, 준비]

누군가 다가왔고, 나도 기대가 된다.

1 [현재, 시작]

내가 모든 것을 포용한다.

4 [가까운 미래]

기존모임에 변화가 생기지만 유지된다.

9 [조언]

당당하고 자신만만한 건 좋으나 구설수를 조심해라.

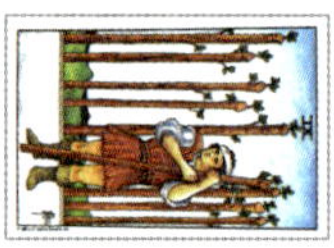

2 [방해 요소]

맡은 역할이 많아 신경 쓸 것이 많다.

8 [남이 보는 나]

관리, 통제, 조절을 잘한다.

5 [내적 상황]

조직적이고 안정감 있다.

7 [내가 보는 나]

책임지고 잘 하려 한다. (완벽주의)

총평 : 처음에는 두려움과 부담이 있지만, 따뜻한 관계 속에서 안정감과 유대감을 키워 가는 모임이 된다.

질문 상황

60대 은퇴자가 기존의 정기 모임 중 기존 일부 멤버와 새로운 멤버를 통합해서 새로운 모임을 만들려고 합니다. 새로운 모임의 분위기는 어떨까요?
켈틱 크로스 배열을 보니, 내담자분의 열정과 고민이 아주 잘 드러나 있어요. 제가 하나씩 따뜻하게 풀어서 설명해 드릴게요.

리딩 카드의 메시지를 따라가 볼까요?

1 [현재, 시작] **'컵 10'** 〈포용과 조화, 희생〉

지금 내담자는 이 모임을 시작하면서 '내가 모든 걸 다 끌어안고 수용해야지!' 하는 넓은 마음을 가지고 계신 것 같아요. 모두를 아우르려는 포용력이 느껴집니다.

2 [방해 요소] **'완즈 9'** 〈과로, 스트레스, 안정된 환경〉

방해 요소가 완즈 9라서... 이 모임이 시작되면 겉으로는 안정되어 보여도, 생각보다 신경 쓸 일이 많아질 수 있대요. 혼자서 너무 많은 역할과 책임을 짊어지게 될 수도 있겠어요.

3 [과거, 준비] **'컵 시종'** 〈순수한 열정, 제안, 수용〉

이 모임을 시작하기 전, 아마 다른 누군가가 '이런 모임 어때요?' 하고 먼저 제안했을 수도 있고요. 내담자 스스로도 '아, 나도 이런 거 하고 싶다!' 하는 마음이 있었을 거예요. 또, 뭔가 남들에게 인정받고 싶은 순수한 욕구도 있었던 것 같습니다.

4 [가까운 미래] **'13번 데스'** 〈변화와 혼란 속 유지〉

데스 카드가 가까운 미래에 나왔네요. 기존 모임에 많은 혼란과 변화가 생기지만, 끈기 있게 '그래도 해내야지!' 하는 마음으로 끝까지 유지하려 노력하겠네요. 한번 시작한 건 쉽게 포기하지 않으실 것 같네요!

5 [내적 상황] **'소드 퀸'** 〈조직력, 명확한 기준과 체계〉

내담자 마음속으로는 이 모임을 아주 조직적이고 단단하게 자리 잡게 하고 싶어 하는 강한 의지가 있어요. 모임이 안정적으로 운영되기를 바라는 것 같습니다. 똑 부러지는 카리스마가 느껴져요!

6 [외적 상황] **'소드 10'** 〈완벽주의, 의무감〉

겉으로 봤을 때 내담자는 이 모임을 정말 체계적이고 논리적으로 완벽하게 잘 운영하려고 노력하는 모습으로 보입니다. 빈틈없이, 흐트러짐 없이 딱딱 맞춰서 진행하려는 모습으로 보일 것입니다. 완벽주의자 느낌!

7 [내가 보는 나] **'완즈 10'** 〈책임, 과부하, 완벽주의〉

내담자 스스로도 '내가 모든 책임을 지고 완벽하게 잘 해내야지!'하고 생각하고 계시네요. 책임감이 강하고 완벽주의 성향이 엿보입니다. 스스로에게 거는 기대가 너무 커 보여요.

8 [남이 보는 나] **'8번 힘'** 〈리더십, 통솔력〉

다른 사람들이 내담자를 볼 때 '아, 저 사람은 모임에 대해 사자와 같은 의욕과 열정을 가지고 모든 상황을 능숙하게 리드할 줄 아는 사람이야!' 하고 생각할 거래요. 카리스마 있게 상황을 이끌어 나가는 모습을 좋게 봐줄 것 같습니다.

9 [조언] **'완즈 6'** 〈성과보다 균형〉

가장 중요한 조언은 '완즈 6'이에요. 당당하고 자신만만한 건 정말 좋은데요. 자칫하면 주변 사람들의 구설수나 질투를 불러일으킬 수도 있습니다. 너무 성과만 내세우기보다는 고삐를 여유 있게 당겨 겸손하고 천천히, 그리고 차근차근 단계적으로 진행하면 더없이 좋겠어요.

10 [최종 결론] **'펜타클 퀸'** 〈안정적 정착, 내적 집착〉

이 모임의 환경 자체는 아주 좋고 안정적으로 흘러갈 거예요. 하지만 내담자 본인은 좀 불편하거나, 계속 신경 쓸 일이 많아져서 힘들 수도 있겠네요. 전반적으로 모임은 잘 유지될 수 있을 것 같습니다.

타로 마스터의 힐링 노트

겉으로는 강력한 리더, 속으로는 열정 만렙! 하지만 완즈 6처럼 천천히, 여유 있게 모임을 키우는 게 승리의 비결!

모임을 향한 내담자의 넓은 포용력(컵 10)과, 조직을 단단히 만들고 싶은 내면의 의지(소드 퀸), 그리고 모든 것을 책임지고 완벽하게 해내려는 열정(완즈 10, 소드 10)이 강하게 느껴집니다. 남들은 내담자를 강한 리더십과 뛰어난 추진력을 가진 사람(힘)으로 보지만, 실제로는 많은 역할과 신경 쓸 일들(완즈 9)이 생길 수 있어요. 때로는 모임이 힘들더라도 끈기 있게 유지하려는 모습(데스)이 나타날 겁니다.

카드가 전하는 가장 중요한 조언은 '완즈 6'입니다. 내담자의 자신감과 리더십은 좋지만, 때로는 구설수나 질투를 조심하며 과도한 자신감을 드러내지 않는 것이 중요합니다. 모임을 '차츰차츰 천천히 단계적으로' 성장시키는 지혜가 필요해요.

결론적으로, 모임의 환경 자체는 매우 좋고 잘 유지될 것이지만(펜타클 퀸), 내담자는 그 과정에서 끊임없이 신경 쓰고 불편함을 느낄 수도 있습니다. 이 모든 것은 내담자가 완벽하게 해내려는 열정 때문이니, 조금은 자신을 내려놓고 여유를 가지는 것도 중요해요.

내담자의 빛나는 열정과 강한 리더십으로 이 모임이 잘 자리 잡을 것이라 확신합니다. 지혜롭게 조절하며, 성공적인 모임을 만드시길 바랍니다.

상담 후 내담자의 결과

새로운 모임을 만든 결과 기존 모임은 자연스럽게 해체되고, 기존 모임 바탕에 신규 멤버들의 유입으로 인하여, 모임이 더욱 활발하고 회원들의 분위기도 좋아져 모두가 만족스러운 회합이 되었습니다.

위치별 리딩 해석 포인트

위치	타로 카드		핵심 의미	위치별 리딩 해석 포인트
1 현재		컵 10	포용과 조화, 희생	모두를 따뜻한 포용력으로 받아들임.
2 방해		완즈 9	과로, 스트레스, 안정된 환경	외적으로는 안정적이지만 내적으로는 부담 누적 가능.
3 과거		컵 시종	순수한 열정, 제안, 수용	누군가의 제안 혹은 본인의 호기심으로 시작.
4 가미		13번 데스	변화와 혼란 속 유지	혼란의 순간이 와도 포기보단 구조를 다시 세우며 이어감.
5 내적		소드 퀸	조직력, 명확한 기준과 체계	모임을 체계적으로 만들고 싶어하는 냉철한 의지.
6 외적		소드 10	완벽주의, 의무감	주변에선 '흠잡을 데 없이 철저하게 운영하는 사람'으로 보임.
7 나		완즈 10	책임, 과부하, 완벽주의	'내가 다 짊어져야지'라는 부담감을 가지게 됨.

8 남		8번 힘	리더십, 통솔력	사람들은 '저 사람은 모임에 대해 열정과 의욕을 가지고 있는 리더'라 생각함.
9 조언		완즈 6	성과보다 균형	성과에 너무 자만하지 말고 여유 있는 마음으로 주변을 살펴라.
10 결론		펜타클 퀸	안정적 정착, 내적 집착	모임은 잘 굴러가지만, 본인의 스트레스 관리 필요.

질문 6

"학교 과제가 많아 스트레스가 심한데, 잘 해낼 수 있을까요?"

6 [외적 상황]
열심히 노력하고 있다.

10 [결론]
억지로 무리해서 이겨내려 하다 보니 신경 쓰이고 혼란스럽다.

3 [과거, 준비]
노력한 만큼 잘되지 않았다.

1 [현재, 시작]
잘 유지하고 있다.

4 [가까운 미래]
반복된 일상 속에서도 행운이 찾아오게 된다.

9 [조언]
속마음을 솔직하게 표현하는 것이 필요하다.

2 [방해 요소]
승리자가 되려 한다.

8 [남이 보는 나]
체계적이고 안정적이며 맡겨진 것을 잘한다.

5 [내적 상황]
감정적으로 흔들리고 혼란스럽다.

7 [내가 보는 나]
새로운 기회에 대해 만족한다.

총평 : 과제로 인한 스트레스가 있지만, 강한 의지와 노력으로 공부에서 성과를 이룬다. 다만 불확실성과 내면의 불안이 있으니 자기 돌봄과 균형 잡힌 마음가짐이 중요하다. (즐거움과 부담감이 공존하고 있는 상황)

질문 상황

내담자는 50대의 여성 대학원생으로, 학교 과제로 인한 스트레스가 심해 지금의 상황을 잘 극복해 낼 수 있을지 궁금해하였습니다. 켈틱 크로스 배열법을 통해 학업 스트레스로 인한 내담자의 깊은 고민을 함께 살펴보겠습니다. 잠시 모든 것을 내려놓고, 카드들이 전하는 메시지에 마음을 열어보도록 하겠습니다.

리딩 카드의 메시지를 따라가 볼까요?

1 [현재, 시작] **'4번 황제'** 〈의무감, 유지, 자존심〉

지금 내담자는 많은 과제와 스트레스 속에서도 사실 꽤나 꿋꿋하게 잘 버티고 지켜내고 있는 것 같습니다. 황제 카드처럼 겉으로는 강하고 든든한 모습으로 이 상황을 헤쳐나가고 있네요.

2 [방해 요소] **'완즈 6'** 〈승부욕, 인정욕구〉

그런데 내담자를 힘들게 하는 방해 요소는 바로 '승리자가 되고 싶어 하는 마음'인 것 같아요. 잘하고 싶은 욕심이 너무 커서 스스로를 더 압박하고 힘들게 만들고 있지는 않은가요? 이겨내야 한다는 부담감이 스트레스로 다가오는 것 같습니다.

3 [과거, 준비] **'펜타클 7'** 〈노력 대비 결과의 답답함〉

이 과제들을 시작하기 전부터, 노력한 만큼 결과가 잘 나오지 않아서 속상하고 답답함을 느꼈던 것 같습니다. '이렇게까지 했는데 왜...' 하는 마음이 있었겠네요.

4 [가까운 미래] **'10 운명의 수레바퀴'** 〈전환점, 흐름의 변화〉

정말 다행이에요! 가까운 미래에는 '운명의 수레바퀴'가 나왔네요. 지금은 힘들더라도 이 상태를 꾸준히 유지하면, 앞으로 상황에서 행운이 찾아올 거예요! 노력했던 것들에 대한 결실을 맺을 운의 흐름이 보입니다.

5 [내적 상황] **'18번 달'** 〈불안, 혼란〉

하지만 마음속으로는 지금 감정적으로 많이 흔들리고 혼란스러운 상태라고 합니다. 과연 잘 될지, 이 길이 맞는지, 마음속에서 고민과 불안이 많을 것 같아요.

6 [외적 상황] **'완즈 퀸'** 〈열정, 성실, 워커홀릭〉

겉으로 봤을 때 내담자는 정말 불꽃처럼 열정적으로, 누구보다도 열심히 노력하고 있는 모습으로 보입니다. 주변에서는 내담자의 그런 노력을 다 알아봐 줄 거예요!

7 [내가 보는 나] **'컵 에이스'** 〈성장 욕구, 새로운 기회, 내적 만족〉

스스로는 이 모든 과정을 통해 새로운 것에 도전하고 배우면서 즐거움을 느끼고 싶어 하는 마음이 크신 것 같습니다. 힘들어도 배우고 성장하는 것 자체에 의미를 두는 분이네요.

8 [남이 보는 나] **'소드 퀸'** 〈유능함, 냉철한 조율자〉

그런데 다른 사람들이 내담자를 볼 때는 아주 체계적이고 안정적으로, 자기 맡은 바를 똑 부러지게 잘 해내는 사람으로 본대요! 내담자가 생각하는 것보다 훨씬 더 유능하고 빈틈없는 모습으로 비치나 봅니다.

9 [조언] **'컵 퀸'** 〈감정 절제, 주체성 필요, 포용〉

내담자는 다른 사람들의 어려움을 잘 받아주고 포용해 주는 좋은 분입니다. 그런데 정작 자신의 속마음은 잘 이야기하지 않는 경향이 있대요. 그러니 감정을 솔직하게 표현하고, 무엇보다 남들보다 자기 자신을 먼저 챙기는 것이 중요하다고 조언하네요!

10 [최종 결론] '소드 5' 〈과도한 힘겨루기, 무리한 승부욕〉

지금 내담자는 이 모든 학업 스트레스를 '억지로 무리해서라도 이겨내려고' 하다 보니, 오히려 신경 쓸 일이 더 많아지고 마음이 더 혼란스러워지는 것 같습니다. 너무 애쓰기보다는 조금은 내려놓고 지혜롭게 가는 방법을 찾아야 할 때라는 메시지네요.

타로 마스터의 힐링 노트

"이미 잘하고 있지만, '완벽하게 해내야 한다.'는 마음이 오히려 자신을 괴롭히고 있어요. 지금은 강함보다 '적당히 내려놓는 지혜'가 필요한 시기!"

지금 내담자는 겉으로는 황제처럼 굳건히 버티며 열정적으로 노력하고 있지만(황제, 완즈 퀸), 정신적으로는 혼란스럽고 흔들리고 있어요(달). 완즈 6처럼 '이겨내야 한다'는 승리에 대한 강박과 노력한 만큼 결과가 안 나온 과거의 경험(펜타클 7)이 내담자를 힘들게 할 수 있습니다.

내담자는 스스로를 '도전과 학습을 즐기는 사람'(컵 에이스)으로 보지만, 다른 사람들은 체계적이고 유능한 모습(소드 퀸)으로 평가하고 있어요.

가장 중요한 조언은 '컵 퀸'입니다. 주변을 보듬는 넓은 마음도 좋지만, 이제는 자신의 감정을 솔직하게 표현하고, 자신을 먼저 챙기는 것이 중요합니다. 지금은 힘들지만 '운명의 수레바퀴'처럼 시간이 지날수록 상황은 분명히 좋아질 것입니다. 다만, 소드 5 카드처럼 너무 무리해서 억지로 이겨내려 하지 마세요. 그런 마음이 오히려 더 지치게 하고 혼란스럽게 만들 수 있답니다. 조금은 힘을 빼고, 자신을 먼저 보듬어 주며 지혜롭게 이 시기를 헤쳐나간다면, 반드시 잘 해내실 수 있을 거예요.

상담 후 내담자의 결과

내담자는 타로 상담 후, 과제에 대한 스트레스의 원인을 다시금 생각해 보는 시간을 가지며 결국은 지금의 학업을 더 잘해 내고 싶은 자신의 욕심이 스트레스를 만들어냈다는 것을 깨달을 수 있었다고 하였습니다. 너무 무리해서 잘하려 하다 보면 건강도 해칠 수 있고, 공부에 대한 강박이 더 커질 수 있다는 것을 되새긴 후, 차근차근 하나씩 해나가기로 하였습니다. 내담자는 내적 성찰을 할 수 있도록 도움을 준 타로 카드가 무척이나 고맙다는 피드백을 전해 주었습니다.

위치별 리딩 해석 포인트

위치	타로 카드		핵심 의미	위치별 리딩 해석 포인트
1 현재		4번 황제	의무감, 유지, 자존심	겉으로는 강하고 단단하게 모든 걸 버텨내는 중.
2 방해		완즈 6	승부욕, 인정욕구	'이겨야 한다'는 마음이 오히려 스트레스로 작용.
3 과거		펜타클 7	노력 대비 결과의 답답함	지난 과정에서 기대만큼의 성과가 빨리 이뤄지지 않았음.
4 가미		10번 운명 수레바퀴	전환점, 흐름의 변화	반복된 상황에서 행운이 찾아와 자연스럽게 긍정적으로 전환됨.
5 내적		18번 달	불안, 혼란	잘하고 있지만, 마음속은 여전히 불안하고 혼란스러움.

6 외적		완즈 퀸	열정, 성실, 워커홀릭	주변에서는 '불타는 노력형'으로 인정받는 모습.
7 나		컵 에이스	성장 욕구, 새로운 기회, 내적 만족	힘들어도 배움과 도전 자체에 의미를 두고 만족하고 있음.
8 남		소드 퀸	유능함, 냉철한 조율자	타인 눈에는 체계적이고 완벽한 사람으로 보임.
9 조언		컵 퀸	감정 절제, 주체성 필요, 포용	남만 챙기지 말고, 자신의 마음도 솔직하게 표현해라.
10 결론		소드 5	과도한 힘겨루기, 무리한 승부욕	끝까지 '이겨내려고'만 하면 오히려 마음이 더 지칠 수 있음.

질문 7

“애완동물을 키우면 어떨까요?”

6 [외적 상황]
자신감이 넘치고
여유만만하다.

10 [최종 결론]
익숙해져서 안정되지만,
신경은 쓰인다.

3 [과거, 준비]
감정적으로
불안하다.

1 [현재, 시작]
아주 잘하고 싶다.

4 [가까운 미래]
새로운 분위기에
적응하려고 한다.

9 [조언]
현명하게 잘 키울 수
있도록 공부해라.

2 [방해 요소]
우유부단하여 확실하게
결정을 하지 못한다.

8 [남이 보는 나]
포용하고 잘 키울
것으로 보인다.

5 [내적 상황]
힘들게 유지하고 있다.

7 [내가 보는 나]
마음먹었던 것을
실행하려고 한다.

총평 : 남에게는 당당하고 자신감 있어 보이지만, 혼자 사는 것에 대한 외로움과 불안함이 있어 보인다. 애완동물을 키우면서 적응해야 하는 상황이 생길 수 있지만, 결국에는 애완동물이 삶에 긍정적인 영향을 준다.

질문 상황

내담자는 타지에 올라와 혼자 생활을 하는 상황입니다. 평소에 동물을 좋아하고 오래전부터 애완동물을 키우고 싶어 하였기에 애완동물을 키우면 어떻게 될지 궁금하여 타로를 보게 되었습니다. 켈틱 크로스 배열을 보니, 내담자의 진지한 고민과 함께 따뜻한 마음이 느껴지네요. 제가 하나씩 따뜻하게 풀어서 설명해 드릴게요.

리딩 카드의 메시지를 따라가 볼까요?

1 [현재, 시작] **'소드 10'** 〈완벽주의, 체계적 준비〉

지금 내담자는 애완동물을 키우는 일에 대해 아주 이성적이고 체계적으로, 그리고 완벽하게 잘 해내고 싶다는 마음이 크신 것 같습니다. 빈틈없이 준비해서 실패하고 싶지 않은 그런 마음이 느껴지네요.

2 [방해 요소] **'11번 정의'** 〈정확한 판단, 우유부단〉

방해 요소가 '정의' 카드라서 혹시 너무 완벽하게 하려다 보니 오히려 결정을 내리지 못하고 우유부단해지는 건 아닐까요? '이렇게 하는 게 맞을까, 저렇게 하는 게 맞을까?' 하면서 확실하게 결단을 내리지 못하는 게 방해가 될 수 있겠어요.

3 [과거, 준비] **'18번 달'** 〈감정적 혼란, 불안함〉

애완동물을 키우기 전에는 감정적으로 좀 혼란스럽거나 불안한 감정이 있었던 것 같습니다. 그래서 더 신중하게 고민하고 준비했을 수도 있겠네요.

4 [가까운 미래] **'완즈 7'** 〈예상 밖의 상황, 적응〉

가까운 미래에는 내담자가 계획했던 것과는 다르게 흘러갈 수도 있다고 합니다. 예상치 못한 상황이 생겨서 조금 당황할 수도 있겠지만, 잘 헤쳐나가실 거예요! 애완동물이 예측 불가한 매력을 보여줄 수도 있겠죠? 아니면 생각하지 못했던 애완동물을 키울 수도 있어요.

5 [내적 상황] **'13번 데스'** 〈책임감과 변화에 대한 두려움〉

마음속으로는 애완동물을 키우는 것에 대해 '정말 잘할 수 있을까?', '힘들지 않을까?' 하는 불안감이 있는 것 같습니다. 새로운 책임감이 부담으로 다가와서 신경이 많이 쓰이고, 불안함을 느낄 수도 있겠네요.

6 [외적 상황] **'컵 9'** 〈겉보기엔 여유핑, 자신감, 비밀〉

그런데 겉으로 봤을 때 내담자는 애완동물을 키울 준비를 아주 잘 마쳐서, 여유만만하고 만족스러운 모습으로 비친대요. 주변에서는 '아, 저 사람은 정말 만반의 준비를 했구나!' 하고 생각할 거예요!

7 [내가 보는 나] **'16번 타워'** 〈내면 깊은 욕망의 폭발〉

스스로는 이 애완동물 입양을 통해 오랫동안 품어왔던 충동이나 욕망, 즉 정말 하고 싶었던 마음을 폭발시키려 하고 있습니다. 뭔가 가슴속 깊이 있었던 소망을 터뜨리는 느낌이랄까요?!

8 [남이 보는 나] **'컵 10'** 〈따뜻한 가정형, 배려, 희생〉

다른 사람이 볼 때는 내담자가 따뜻한 마음으로 애완동물을 잘 키울 것이라 보여지고 있어요. 컵 10처럼 애완동물과 함께 화목하고 행복한 가정을 꾸릴 것이라고 믿어주고 있답니다.

9 [조언] **'8번 힘'** 〈인내와 따뜻한 리더십〉

애완동물과의 관계를 현명하게 이끌어갈 수 있도록 충분히 공부하고 준비하라는 조언이에요. 강압적인 태도보다는 인내심과 지혜로움을 가지고 사랑으로 키운다면 정말 잘 해내실 거예요!

10 [최종 결론] **'완즈 9'** 〈안정된 환경 속 스트레스〉

애완동물과 함께하는 생활이 처음에는 신경 쓸 일이 많아질 수 있지만, 점차 익숙해지면서 안정될 거예요. 걱정은 되지만, 분명히 잘 적응해서 안정적인 관계를 만들어 나갈 수 있을 거예요!

타로 마스터의 힐링 노트

"완벽주의로 입양 고민 중이지만 — 사실 이미 마음은 집 앞 펫샵에 가 있고, 남들은 당신을 이미 '천상 집사'로 보고 있다!"

애완동물과 완벽한 관계를 꿈꾸며 체계적으로 준비하려는 내담자의 열정(소드 10)이 느껴집니다. 하지만 동시에, 너무 완벽을 추구하다 보니 우유부단해지는(정의) 모습이나, 새로운 책임감에 대한 내면의 불안감(데스)이 공존하고 있네요. 과거에는 감정적인 불안(달)도 있었지만, 주변에서는 준비를 잘 마쳐 여유롭고(컵 9) 아주 따뜻하게 애완동물을 키울 것이라고(컵 10) 보고 있답니다.

조언인 '힘' 카드는 단순히 '잘 키울 수 있다'는 것을 넘어, 인내심과 지혜로움을 가지고 현명하게 관계를 이끌어가는 능력을 발휘하라는 메시지예요. 새로운 생명과의 동행에는 예측하지 못한 상황(완즈 7)이 생길 수도 있지만, 내담자는 그 모든 것을 감당할 수 있는 힘이 있습니다.

최종 결론은 '완즈 9'입니다. 분명 처음에는 신경 쓸 일이 많아지고, 새로운 생활에 적응하는 과정이 필요하겠지만, 점차 익숙해지면서 안정적인 관계를 만들어나갈 거예요. 오랫동안 바라왔던 마음(타워)처럼, 이 여정은 분명 가치 있고 행복한 시간이 될 것입니다.

상담 후 내담자의 결과

상담 후 마음에 있던 바람을 행동으로 옮기는데 용기를 내게 되었어요. 그런데 어떤 애완동물을 선택해야 할지 고민이 되었어요. 원래는 강아지를 키우고 싶었는데 지방이나 해외 출장이 잦아서 돌봄이 어려울 것 같고, 지인이 고양이를 추천해 주었으나 나와 잘 맞을지 걱정이 되고, 여러 가지 방향을 놓고 두 번째 타로를 질문하게 되었습니다.

위치별 리딩 해석 포인트

위치	타로 카드		핵심 의미	위치별 리딩 해석 포인트
1 현재		소드 10	완벽주의, 체계적 준비	실수 없이 완벽하게 키우고 싶은 부담감.
2 방해		11번 정의	정확한 판단, 우유부단	너무 '옳은 방법'만 찾다가 오히려 결정을 못 내리는 우유부단한 상황.
3 과거		18번 달	감정적 혼란, 불안함	처음엔 막연한 불안과 망설임이 있었음.
4 가미		완즈 7	예상 밖의 상황, 적응	계획과는 달라질 수 있지만, 적응하려고 하는 상황.
5 내적		13번 데스	책임감과 변화에 대한 두려움	새로운 생명을 키우는 데 있어 '잘 할 수 있을까'하는 불안함.
6 외적		컵 9	겉보기엔 여유핑, 자신감, 비밀	남들이 보기엔 준비 완벽 + 자신감 충만처럼 보임.

7 내나		16번 타워	내면 깊은 욕망의 폭발	마음속에 품었던 욕망을 터트리고 싶어 함.
8 남나		컵 10	따뜻한 가정형, 배려, 희생	타인은 '아, 저 사람은 애완동물이랑 행복할 타입이지'라고 봄.
9 조언		8번 힘	인내와 따뜻한 리더십	훈육도 사랑과 꾸준함으로 유지해야 함.
10 결론		완즈 9	안정된 환경 속 스트레스	피곤하지만 버티다 보면 안정되는 흐름.

질문 8

"그러면 어떤 동물을 키우는 게 좋을까요?"

(강아지, 고양이, 반려로봇)-선택배열법

선택 1 (강아지)	선택 2 (고양이)	선택 3 (반려로봇)

8 [추가]
신경 쓰고 관리 할 것이 많아져 어수선하고 돈이 많이 들어갈 수 있다.

9 [추가]
고양이의 특성을 이해하고 수용해야 하는 수고가 따르지만, 이후에는 받아들이게 된다.

10 [추가]
자신의 일을 편안하고 의욕적으로 할 수 있다.

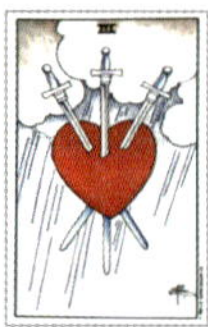

3 [먼 미래]
마음의 상처를 받는다.

5 [먼 미래]
생각대로 되지 않거나 실수가 잦다.

7 [먼 미래]
안정적인 마음 상태가 되어 만족스러워한다.

2 [가까운 미래]
혼란스럽고 스트레스를 받는다.

4 [가까운 미래]
합리적이고 이성적으로 판단하게 된다.

6 [가까운 미래]
감정을 잘 조절하고 편안하고 여유가 생긴다.

1 [현재, 시작]
감성적으로 도전 할 수 있는 기회이다.

총평 : 강아지와 고양이보다는 반려로봇을 키우는 것이 좋아 보인다.

질문 상황

내담자는 어떤 반려동물을 선택해야 할지 고민이 되어 두 번째 질문을 요청하였습니다. 이번에는 선택배열법으로 각각의 동물 친구들이 내담자에게 어떤 미래를 가져다줄지, 그리고 3가지 중에 가장 적합한 동물은 무엇인지 한번 살펴볼까요?

리딩 카드의 메시지를 따라가 볼까요?

1 [현재, 시작] **'컵 에이스'** 〈새로운 감정의 시작〉

내담자의 현재 상황과 마음은 마치 '컵 에이스'처럼 새로운 감성을 채우기 위한 기회가 찾아온 것 같습니다. 반려동물을 통해 새로운 삶의 경험을 맞이하고 싶으신 마음이 크겠네요.

2 [강아지 가까운 미래] **'5번 교황'** 〈혼란, 중재자 필요〉

강아지를 키우면 아무래도 처음엔 좀 혼란스럽고 스트레스가 많으실 것 같아요. 워낙 신경 쓸 게 많다 보니까 그렇죠?

3 [강아지 먼 미래] **'소드 3'** 〈마음의 상처〉

그리고 긴 시간으로 봤을 때도 마음의 상처나 스트레스를 받을 일이 생길 수도 있겠어요. 강아지를 키우는 게 보통 일이 아니잖아요.

4 [고양이 가까운 미래] **'11번 정의'** 〈이성적 판단, 균형〉

고양이는 내담자가 쏟는 노력만큼 즐거움이 뒤따라올 거라고 합니다. 처음에는 적응하는 데 이성적으로 판단할 시간이 필요할지 몰라도, 그만큼 서로 잘 지내기 위해 애쓰면 나아질 수 있을 거예요.

5 [고양이 먼 미래] **'소드 시종'** 〈실수. 불안정한 계획〉

먼 미래에는 예상치 못한 일이나 실수가 생길 수 있어요. 고양이의 독립적인 성향이나 특성을 잘 이해하고 받아들여야 하는 부분들이 있을 거예요.

6 [반려로봇 가까운 미래] **'컵 킹'** 〈감정적 안정〉

반려로봇은 내담자에게 딱 맞고 편안한 동반자가 될 것 같아요. 처음부터 큰 어려움 없이 잘 조절하면서 키울 수 있을 거예요.

7 [반려로봇 먼 미래] **'펜타클 3'** 〈최초의 만족, 현실적 안정감〉

먼 미래를 봐도 계속 편안하고 만족감을 느낄 수 있다고 하네요! 반려로봇과 함께하는 삶이 평화롭고 현실적으로도 안정감을 들 거예요.

8 [강아지 추가] **'펜타클 킹'** 〈많은 책임, 고비용〉

펜타클 킹 카드처럼, 신경 써야 할 게 너무 많아 정신없을 수도 있고, 생각보다 돈도 많이 들어갈 수 있다는 점을 알려주는 것 같아요. 내담자가 감당하기에 좀 버겁지 않을까 싶습니다.

9 [고양이 추가] **'컵 10'** 〈정서적 만족, 전환〉

추가 카드가 딱 짚어주네요! 고양이의 독특한 특성을 이해하고 받아들이는 노력이 필요하지만, 결국에는 내담자에게 정말 편안함과 만족감을 가져다줄 거래요. 서로를 이해하려는 마음이 중요하겠어요.

10 [반려로봇 추가] **'완즈 6'** 〈성취감, 자신감〉

반려로봇은 색다른 재미를 느끼게 할 수도 있어요! 가장 스트레스 없이 편안한 선택인 것 같아요! 반려로봇 친구가 가장 순조롭네요!!

타로 마스터의 힐링 노트

강아지는 '체력과 지갑 테스트', 고양이는 '이해심 시험대', 반려로봇은 '인생 힐링 모드 자동진행'! 지금 당신 멘탈 레벨은 몇 단계입니까?

타로 카드를 통해 내담자의 마음이 얼마나 따뜻하고, 새로운 생명과의 소중한 인연을 꿈꾸는지 잘 알게 되었어요(컵 에이스). 이 동물을 통해 새로운 삶의 경험과 감정들을 맞이하고 싶은 마음이 참으로 아름답게 느껴집니다.
카드들은 내담자가 함께할 새로운 친구가 어떤 모습일지에 대해 다양한 이야기들을 들려주었어요.

만약 활기찬 강아지 친구를 생각하고 있다면, 처음에는 돌볼 일이 많아 혼란스럽고 스트레스를 받을 수 있다고 해요(교황). 예상보다 돈도 많이 들고, 때로는 마음의 상처를 받을 일도 생길 수 있어 조금 버거울 수도 있겠다는 메시지가 있었네요(소드 3, 펜타클 킹).

독립적인 매력을 가진 고양이 친구는 어떤가요? 이 친구는 내담자가 쏟는 노력만큼 보답해 줄 거래요(정의). 물론 처음에는 서로 적응하는 시간이 필요하고, 때로는 예상치 못한 실수나 독립적인 특성 때문에 이해가 필요한 순간도 오겠지만(소드 에이스), 결국에는 서로를 깊이 이해하며 편안함과 큰 만족감을 얻게 될 거라고 카드가 따뜻하게 이야기해 주네요(컵 10).

그리고 새롭고 평화로운 반려로봇 친구에 대해서도 알아봤죠! 이 친구는 내담자에게 처음부터 딱 맞고 편안한 동반자가 될 거래요(컵 킹). 긴 시간 동안 함께해도 계속 편안하고 만족감을 느낄 수 있겠네요(펜타클 3). 심지어 이 친구와 함께 또 다른 아기자기한 도전(완즈 6)을 해볼 수도 있다고 하니, 아마 가장 스트레스 없는 즐거운 선택이 될 수 있겠어요!

어떤 동물 친구를 맞이하든, 가장 중요한 건 내담자의 마음이 가장 편안하고 행복할 수 있는 선택을 하는 거예요. 새로운 생명과 함께하는 여정은 분명 삶에 큰 기쁨과 의미를 더해줄 거예요. 내담자가 가장 즐겁고 행복할 수 있는 선택을 하길 진심으로 응원합니다.

상담 후 내담자의 결과

상담을 통해 마음을 정했습니다. 혼자 생활하기도 하고 여러 가지 현실적인 문제 때문에 고민을 하다 일본 반려로봇을 직구하여 반려동물로 키우게 되었습니다. 현재 적적함을 달래주고 스트레스도 없어서 반려로봇과 잘 지내고 있답니다.

위치별 리딩 해석 포인트

위치	타로 카드		핵심 의미	위치별 리딩 해석 포인트
1. 현재 상황		컵 에이스	새로운 감정의 시작	반려동물을 통해 삶의 새로운 기쁨을 맞이하고 싶은 마음이 활짝 열림.
2. 가까운 미래		5번 교황	혼란, 중재자 필요	초반엔 교육·관리·훈련 등으로 스트레스 증가.
3. 먼 미래	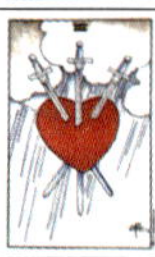	소드 3	마음의 상처	노력 대비 감정적으로 지칠 가능성.
4. 가까운 미래		11번 정의	이성적 판단, 균형	잘 맞춰가면 관계가 정돈됨.
5. 먼 미래		소드 시종	실수. 불안정한 계획	불안정한 계획으로 인한 실수. 생각대로 되지 않음.

6. 가까운 미래		컵 킹	감정적 안정	처음부터 편안하게 적응 가능.
7. 먼 미래	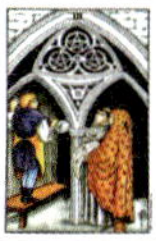	펜타클 3	최초의 만족, 현실적 안정감	무리 없이 함께하는 삶 유지.
8. 강아지 추가		펜타클 킹	많은 책임, 고비용	시간·돈·체력 모두 많이 요구됨.
9. 고양이 추가		컵 10	정서적 만족, 전환	이해와 존중이 쌓이면 가장 따뜻한 관계가 됨.
10. 반려로봇 추가		완즈 6	성취감, 자신감	색다른 재미와 경험을 키워가게 되며 성취감 또한 느낌.

질문 9

"강아지의 전체적인 건강 상태가 어떨까요?"

6 [외적 상황]
즐겁게 보인다.

10 [결론]
겉으로는 괜찮지만,
표현을 못 해서 답답하다.

3 [과거, 준비]
활동적이고 스
트레스가 없다.

1 [현재, 시작]
안정되고 루틴대로
해야 해서 예민해져 있다.

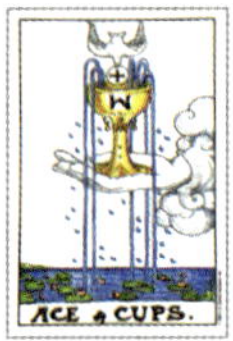

4 [가까운 미래]
편안해지는
기회가 온다.

9 [조언]
행동이나 표현을
더 많이 해라.

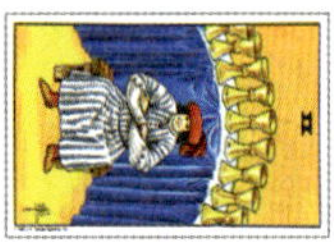

2 [방해 요소]
겉으로는 괜찮아 보이나
비밀이 있다.

8 [남이 보는 나]
환경은 좋지만
불안해하고 있다.

5 [내적 상황]
예전을 그리워하고 있다.

7 [내가 보는 나]
인내하고 있다.

총평 : 강아지는 전반적으로 건강하고 안정된 상태이며, 주인의 꾸준한 사랑과 관심이 건강 유지에 큰 도움이 된다. 하지만, 예민한 부분이 있어 장 부위에 문제가 있을 수 있다. 치료만 받는다면 활기찬 기운으로 잘 지낼 것으로 보이니 크게 염려하지 말아라.

질문 상황

내담자는 사랑스러운 강아지 친구의 전체적인 건강 상태에 대해 궁금해하셨어요! 켈틱 크로스 배열을 보니, 강아지 친구가 내담자에게 얼마나 소중한 존재인지 느껴져요. 제가 하나씩 따뜻하게 풀어서 설명해 드릴게요.

리딩 카드의 메시지를 따라가 볼까요?

1 [현재, 시작] **'소드 킹'** 〈규칙, 통제, 이성적 관리〉

지금 강아지 친구는 어떤 루틴에 따라 안정적으로 지내야 하는 상황인 것 같습니다. 내담자도 강아지의 건강을 위해 규칙적인 생활을 지키려 노력하다 보니, 어쩌면 예민하게 느끼는 부분도 있을 수 있겠네요. 강아지 친구도 그 루틴에 굉장히 민감하게 반응할 수 있습니다. 예민함은 장 쪽에 영향을 끼칠 수 있어요.

2 [방해 요소] **'컵 9'** 〈여유, 비밀〉

가장 큰 방해 요소는 '겉으로 봤을 때는 멀쩡해 보이는데, 강아지 친구의 속마음을 알기 어렵다'는 점입니다. 어디가 불편한지, 힘든지 표현을 잘 못 하거나, 눈에 띄지 않아서 내담자의 마음을 졸이게 하는 그런 부분이 있을 수 있겠네요.

3 [과거] **'7번 전차'** 〈자유로움, 활발함〉

과거에는 우리 강아지 친구가 정말 활동적이고 에너지가 넘쳤던 것 같아요! 전차 카드처럼 힘차게 이곳저곳을 누비며 다녔을 것 같은 활발한 모습이 보입니다.

4 [가까운 미래] **'컵 에이스'** 〈감정적 안정, 회복의 기회〉

정말 다행이에요! 가까운 미래에는 강아지 친구가 차츰차츰 안정되고 마음의 평안을 되찾을 수 있을 것이라고 합니다. 새로운 긍정적인 기운이 들어와 몸과 마음이 더 편안해질 거예요. 희망적인 메시지네요!

5 [내적 상황] **'컵 6'** 〈과거에 대한 향수, 회상〉

강아지 친구의 내면은 어떨까요? 어쩌면 '옛날처럼 활기 넘치던 때가 있었는데, 지금은 뭔가 달라진 부분이 있어'라고 느끼고 있을 수 있겠어요. 이전보다 불편해진 점이나 달라진 몸 상태 때문에 조금은 다른 마음을 가질 수 있단 뜻이에요.

6 [외적 상황] **'3번 여왕'** 〈밝고 즐거움〉

겉으로 봤을 때 강아지 친구는 정말 즐겁고 행복해 보이네요! 아이들은 자기 아픈 걸 잘 티 내지 않고 밝게 지내려고 하잖아요. 그만큼 내담자가 잘 돌봐줘서 그런 거겠죠!

7 [내가 보는 나] **'8번 힘'** 〈자기관리, 꾸준한 케어〉

강아지 친구는 건강에 '꾸준한 관리와 노력이 필요한 상태'라고 느끼고 있는 것 같아요. 뭔가 계속 신경 써야 하고, 보듬어 주고, 케어받아야 한다는 생각이 느껴지네요.

8 [남이 보는 나] **'펜타클 시종'** 〈불안감, 불안정〉

다른 사람들이 강아지 친구를 볼 때는 '딱히 불편해 보이는 건 없는데, 왠지 모르게 안정감이 조금 부족하고, 살짝 불안한 느낌이 드네?'라고 생각할 수도 있습니다. 확연한 문제는 아니지만, 미묘한 변화를 감지할 수도 있다는 뜻이에요.

9 [조언] **'완즈 에이스'** 〈새로운 시도, 적극적 표현〉

뭔가 새로운 행동이나 표현을 더 많이 해보세요! 이건 강아지 친구에게 적용

될 수도, 내담자에게 적용될 수도 있습니다. 강아지가 아프거나 불편하다면 그에 대해 적극적으로 표현을 유도하거나, 새로운 방식으로 소통해 보는 것도 좋아요. 혹은 새로운 치료나 관리 방법을 시작해 보는 것도 도움이 될 거예요.

10 [최종 결론] **'완즈 9'** 〈안정적 환경 속의 스트레스〉

겉으로는 강아지 친구가 잘 견뎌내는 것처럼 보여도, 사실은 자신의 불편함이나 힘든 점을 완벽하게 표현하지 못해서 속으로 좀 답답함을 느끼고 있을 수 있습니다. 강아지의 미묘한 신호들을 더욱 세심하게 살펴봐 주시면 좋겠네요.

타로 마스터의 힐링 노트

우리 강아지 "겉으론 해맑지만, 속으로는 '나 아직 말 못 했는데?' — 주인님, 눈치 센서 ON 부탁드려요!"

불안하고 답답한 마음 대신, 카드들이 전하는 따뜻한 메시지와 지혜에 귀 기울이는 시간이 되기를 바랍니다.

강아지 친구가 자신의 불편함을 잘 표현하지 못하더라도(완즈 9), 더욱 세심하게 관찰하고, 새로운 방법으로 표현을 유도하거나, 적극적으로 상태를 확인하려는 시작이 필요합니다. 이는 새로운 관리 방법이 될 수도, 병원 방문이 될 수도, 혹은 더 깊은 소통의 시도가 될 수도 있겠지요.

강아지 친구는 분명 내담자의 사랑 속에서 더 큰 안정과 평안을 찾아갈 거예요. 이 모든 과정을 진심으로 응원하며, 강아지 친구의 건강과 내담자의 평안을 기원합니다.

상담 후 내담자의 결과

타로의 최종 결론에서 겉으로는 문제가 없어 보일 수 있으나 예민하여 장이나 위가 안 좋을 수 있다고 해서 놀랐어요. 과거에도 그러한 적이 있었기 때문이죠. 강아지 속을 알 수가 없고, 안정감도 없을 수 있다기에 동물병원에 빠르게 내원했어요. 그 결과 스트레스로 인한 장염이었으며, 빠르게 치료해서 더 큰 문제는 일어나지 않아서 안심되고 다행이었습니다. 덕분에 지금은 건강히 잘 지내고 있습니다.

위치별 리딩 해석 포인트

위치	타로 카드		핵심 의미	위치별 리딩 해석 포인트
1 현재		소드 킹	규칙, 통제, 이성적 관리	루틴 중심의 생활, 예민함이 생길 수 있음.
2 방해		컵 9	여유, 비밀	티 안 나는 불편함 때문에 속마음을 파악하기 어려움.
3 과거		7번 전차	자유로움, 활발함	예전엔 정말 활동적이고 힘이 넘치는 모습.
4 가미		컵 에이스	감정적 안정, 회복의 기회	점차 편안함과 긍정적인 기운이 돌아옴.
5 내적		컵 6	과거에 대한 향수, 회상	"예전처럼 움직이고 싶은데…" 라는 마음이 있을 수 있음.
6 외적		3번 여왕	밝고 즐거움	겉으로는 잘 지내는 모습, 아픔을 잘 티 내지 않음.

7 나		8번 힘	자기관리, 꾸준한 케어	지속적으로 돌봐야 한다는 부담감.
8 남		팬타클 시종	불안감, 불안정	겉보기엔 괜찮지만 어딘가 살짝 불안정해 보임.
9 조언		완즈 에이스	새로운 시도, 적극적 표현	새로운 치료/소통 방식을 시도해보기.
10 결론		완즈 9	안정적 환경 속의 스트레스	표현하지 못하는 불편함을 더 세심히 살펴야 함.

12 카드

신년 타로 배열법
(Yearly Tarot Spread)

신년 타로 배열법은 한 해의 흐름과 운세를 미리 살펴보는 연간 리딩(Yearly Tarot Spread)방법으로, 해가 바뀌는 시기에 많이 활용되는 타로 리딩 방식입니다. “올해 내 인생 전반은 어떤 방향으로 흘러갈까?”를 타로 카드로 미리 조망해 보는 것입니다.

신년 타로 배열법의 주요 목적

- 새해의 전체적인 에너지 흐름 파악
- 월별 혹은 분기별 운세 확인
- 자신에게 주어진 과제, 성장 포인트, 기회, 조심할 점을 인식
- 새해를 의식적으로 설계하고 방향성을 잡는 것

해석 팁

전체 카드를 모두 펼쳐 놓고 봅니다.

2. 12장으로 계절별, 분기별로 리딩합니다.
   1) 계절별: 봄 3, 4, 5월 / 여름 6, 7, 8월 / 가을 9, 10, 11월 / 겨울 12, 1, 2월
   2) 분기별: 1분기 1, 2, 3월 / 2분기 4, 5, 6월 / 3분기 7, 8, 9월 4분기 10, 11, 12월

3. 특별한 주제 질문이 없으므로 전체적인 사전 조사 및 정보를 얻고 시작해야 합니다. (통상 금전운, 직업운, 연애운, 건강운 등을 봅니다.)
4. 주제별로 나누어 한 개씩 질문해야 합니다.
   좋은 것, 안 좋은 것, 조심할 것 등을 1~2개 정도로 '좋다'와 '나쁘다'를 명확하게 구분하여 리딩합니다.
5. 직업운: 현재 하고 있는지? 이직을 원하는지? 새로운 것을 원하는지?
   연애운 현재 사귀는 사람이 있는지?
   건강운 주로 나쁜 것, 안 좋은 것 중심으로 리딩합니다.

12카드

신년타로 1

신년 타로 분기별, 3월 말 상담사례

[4월]

[5월]

[6월]

[7월]

[8월]

[9월]

[10월]

[11월]

[12월]

[1월]

[2월]

[3월]

총평 : 4~5월에는 풍요롭게 기반을 다지고, 6월에는 새로운 것을 계획하고, 7~9월에는 많은 일들을 하게 되지만, 그것에 대한 결실은 만족스럽지 않다. 또한, 주변의 환경으로 인하여 혼란스러워한다. 10~11월에는 내면과 정신세계에 집중하게 되며, 자신의 의무에 대해 갈등하게 된다. 12월에는 어려웠던 일들을 극복하고 당당하게 나아가게 되며, 1~2월에는 묵묵히 자신의 일을 해나가는 가운데 예상하지 못한 즐거움이 생길 수 있으며, 3월에는 좋은 환경에서 경제적인 부분을 관리하게 된다.

금전운 이미 충분하여 잘 관리하고 있으나 더 많은 금전을 기대하기는 힘들다. 4월은 나쁘지 않고, 7월과 8월은 노력에 대한 결실이 적어 실망할 수 있다. 10월에는 뭔가를 배우기 위한 지출이 있어 보인다. 전반적으로 손해 보지는 않는다.

관계운 4, 5월에는 모임이 많고, 6월에는 장(지위)을 맡을 기회가 올 수 있다. 10, 11월은 인간관계가 다소 소원해질 수 있으나 쉼을 통해 스스로를 추스른다. 12월에 다시 활발하게 활동하고, 내년 2월에는 즐거운 사람을 만난다.

건강운 4월에 본인이 모임을 주도하면서 스트레스를 받는다. 7월에 체력적으로 무리가 온다. 10월에는 의욕이 떨어지거나 지쳐 보인다.

리딩 카드의 메시지를 따라가 볼까요?

[4월] '펜타클 킹' 〈재정적 정점, 신뢰, 책임감〉

금전운 재물운의 정점이라고 할 수 있어요! 사업을 확장하거나 투자를 통해 큰 이익을 얻을 수 있는 매우 길한 시기입니다. 재정적 기반을 마련하기 좋습니다.

연애운 연애를 하고 있다면, 듬직하고 책임감 있는 배우자나 연인의 모습을 보여줄 거예요. 하지만 새로운 연애를 시작할 수 있는 카드는 아닙니다.

건강운 매우 견고하고 안정된 건강 상태를 유지할 수 있어요. 활기찬 체력으로 왕성한 활동을 해도 무리가 없을 때입니다.

[5월] '컵 킹' 〈감성적 성숙, 내면의 균형〉

금전운 돈을 다루는 데 있어 매우 현명하고 감성적인 지혜가 빛날 거예요. 돈을 버는 것만큼 의미 있게 사용하는 것에 만족을 느낄 수 있습니다. 어쩌면 기부나 후원에도 관심을 가질 수 있겠네요.

연애운 성숙하고 깊이 있는 사랑을 나눌 수 있는 시기입니다. 상대를 이해하고 포용하는 넓은 마음으로 관계를 안정적으로 이끌어갈 거예요.

건강운 정서적인 안정이 매우 중요한 시기예요. 마음의 평화와 휴식이 몸의 건강으로 이어질 수 있으니 스트레스 관리에 유의하세요.

[6월] '소드 에이스' 〈명료한 결단, 새로운 시작〉

금전운 금전적인 문제에 대한 명쾌한 해답이나 돌파구가 열릴 거예요. 새로운 계획이나 정보가 수익 창출로 이어질 수 있는 기회입니다.

연애운 서로의 문제에 대하여 솔직하고 명료하며 이성적인 대화를 할 시기가 되었네요. 새로운 마음으로 관계를 시작하는 전환점이 될 수도 있습니다.

건강운 머리가 맑아지고 정신적인 집중력이 높아질 거예요. 건강 관리 계획을 세우기 좋습니다.

[7월] '완즈 10' 〈과중한 책임, 피로 누적〉

금전운 금전적인 책임감이 과중 되어 스트레스를 받을 수 있지만, 많은 일을 혼자 하게 되니 금전운은 좋습니다.

연애운 관계에서 많은 짐을 짊어진 것처럼 느껴질 수 있어요. 상대방의 기대나 요구가 부담으로 다가올 수 있으니 솔직한 대화가 필요합니다.

건강운 과로로 인한 번 아웃이나 피로가 심해질 수 있어요. 충분한 휴식과 재충전의 시간이 꼭 필요한 때입니다.

[8월] **'펜타클 7'** 〈결실에 대한 불만, 인내의 요구〉

금전운 자신이 투자하거나 노력했던 것에 대해 불안해하는 시기예요. 단기적인 성과에 조급해하기보다 장기적인 안목으로 인내심을 가지고 기다리는 자세가 중요합니다.

연애운 관계에 불만이 있는 시기입니다. 자신이 노력한 것에 대해서 상대방이 알아주지 않는다고 불만이 생길 수 있어요. 당장은 불만족스럽겠지만 당신의 노력이 헛된 것은 아니랍니다. 당장 큰 변화가 없어도 꾸준한 사랑의 결실을 기다리세요.

건강운 꾸준히 노력해 왔던 건강 관리의 성과를 점검하고 새로운 방향을 모색하기 좋습니다. 변화가 더뎌도 조급해하지 말고 기다려 보세요.

[9월] **'완즈 7'** 〈당황, 방어, 주도적 대응〉

금전운 자신의 금전을 지키기 위해 노력해야 할 일이 생길 수 있어요. 적극적으로 자신을 방어하고 도전해야 할 때입니다. 수입은 생기지만 그만큼의 지출도 함께 발생합니다.

연애운 관계에서 크고 작은 갈등이나 의견 충돌이 있을 수 있어요. 자신의 입장과 생각을 분명히 밝히는 것이 중요하지만, 잘 듣는 것도 중요합니다.

건강운 면역력 강화나 스트레스 관리에 힘써야 할 때예요. 작은 질병에도 적극적으로 대처하여 건강을 지켜내세요.

[10월] **'9번 은둔자'** 〈내면의 성찰, 고독, 깨달음〉

금전운 금전적인 부분은 주변의 도움 없이는 힘듭니다. 본인의 고집을 내세우며 사회와 타협하지 않는다면, 금전운이 좋지는 않아요. 타협이 필요합니다.

연애운 관계에서 잠시 혼자만의 시간이 필요할 수 있어요. 깊은 성찰을 통해 자신과 관계의 진정한 의미를 찾아가는 고독한 여정입니다.

건강운 몸과 마음의 휴식과 명상은 잘하고 있습니다. 하지만 활동적이고 역동적인 모습은 부족합니다. 좀 더 적극적인 운동이 필요해 보입니다.

[11월] **'소드 2'** 〈선택의 갈림길, 갈등〉

금전운 중요한 금전적 결정 앞에서 망설이거나 두 가지 선택지 사이에서 갈등할 수 있어요. 섣부른 판단보다는 충분히 고민하고 정보를 수집하는 것이 필요합니다.

연애운 관계에서 중요한 결정을 앞두고 주저할 수 있어요. 문제를 회피하기보다 용기를 내어 결단을 내려야 할 때입니다. 필요 없는 자존심은 내려놓으세요!

건강운 고민이나 스트레스로 인해 불면증이나 두통 등 신경계통의 불편함이 올 수 있어요. 마음의 안정을 취하는 것이 중요합니다.

[12월] **'완즈 6'** 〈성취, 인정, 성공적 마무리〉

금전운 노력했던 재정적인 성과를 인정받고 성공을 축하할 수 있는 시기예요! 수익이 증가하거나 투자에 성공하는 등 좋은 결실을 맺겠네요.

연애운 관계에서 좋은 소식이 있거나, 주변의 축하를 받는 기쁜 일이 생길 거예요. 서로의 사랑을 당당하게 드러내고 인정받는 때입니다.

건강운 활력이 넘치고 건강이 회복되는 시기입니다. 자신감과 에너지가 충만하여 새로운 활동을 시작하기 좋습니다.

[1월] **'펜타클 8'** 〈꾸준한 노력, 집중〉

금전운 꾸준히 노력한 만큼 안정적인 시기예요. 자신만의 전문성을 살리면 재물운이 더욱 상승할 수 있겠네요. 묵묵히 본인의 일에 집중하세요(대기만성).

연애운 관계 발전을 위해 성실하게 공을 들이는 때입니다. 서로에게 깊은 신뢰를 쌓으며 관계가 단단해질 거예요. 하지만 고지식함이 방해될 수 있어요.

건강운 건강 관리에 있어서도 큰 변화가 있는 시기는 아니에요. 운동이나 식단 등 기본적인 것을 잘 지켜나가면 좋습니다.

[2월] **'컵 시종'** 〈새로운 감정, 아이디어의 싹, 행운〉

금전운 새로운 금전적 제안이나 아이디어가 떠오를 수 있어요. 직관을 믿고 가능성을 탐색해 보세요. 새로운 재테크 정보에 귀 기울이는 것도 좋겠네요.

연애운 순수하고 풋풋한 감정의 시작이나 고백이 있을 수 있어요. 기존 관계에서도 설레는 감정이 다시 피어날 때입니다.

건강운 감성적인 안정이 건강에 좋은 영향을 미쳐요. 새로운 취미나 활동으로 마음의 여유를 찾는 것이 중요합니다.

[3월] '펜타클 퀸' 〈안정, 풍요, 관리〉

금전운 안정적이고 풍요로운 재물운이 따르는 시기입니다. 현명한 지출과 투자를 통해 재산을 불리고 관리하기 좋겠네요. 장기적인 자산 형성에 유리해요.

연애운 현실적인 사랑을 하고 있네요. 상대의 조건보다는 내면의 즐거움을 소중히 하세요!

건강운 안정적이고 균형 잡힌 몸 상태를 유지할 수 있어요. 스스로를 잘 돌보고 규칙적인 생활을 통해 건강을 지킬 때입니다.

타로 마스터의 힐링 노트

"초심 잃지 않는 꾸준함으로 시작해, 내면의 지혜로 모든 파도를 넘어, 마침내 승리의 깃발을 꽂는 한 해!"

올 한 해는 당신의 노력이 금전적으로, 관계적으로, 그리고 내면적으로 큰 결실을 맺는 시기가 될 거예요. 때로는 짊어진 짐이 무겁고, 때로는 선택의 갈림길에서 망설일 수도 있겠지만, 당신 안에는 그 모든 것을 극복하고 승리할 수 있는 강한 힘이 잠들어 있어요. 안정적인 초반 흐름을 바탕으로 중반에 성숙의 시간을 잘 견뎌낸다면, 분명 연말에는 뿌듯한 미소를 지을 수 있을 겁니다. 조급해하지 말고, 자신의 속도에 맞춰 한 걸음 한 걸음 나아가세요.

위치별 리딩 해석 포인트

위치	타로 카드		핵심 의미	위치별 리딩 해석 포인트
4월		펜타클 킹	재정적 정점, 신뢰, 책임감	금전운이 절정에 이르는 시기. 리더십과 신중함이 요구. 물질적 안정 속에서도 관계의 신뢰가 중요하게 작용.
5월		컵 킹	감성적 성숙, 내면의 균형	재물·사랑·건강의 전 영역에서 감정 관리가 중요. 타인에게 베푸는 여유가 행운으로 이어짐.
6월		소드 에이스	명료한 결단, 새로운 시작	갈등 속에서도 현실을 직시할 때, 새로운 계획, 계약, 관계의 시작점이 될 가능성.
7월		완즈 10	과중한 책임, 피로 누적	전반기의 노력과 부담이 한꺼번에 밀려오는 시기. 무리한 확장보다는 일시적 휴식이 필요.
8월		펜타클 7	결실에 대한 불만, 인내의 요구	즉각적인 성과보다 장기적인 안목과 인내가 필요한 시기. 조급함을 내려놓고 흐름을 관찰해라.
9월		완즈 7	당황, 방어, 주도적 대응	외부의 도전이나 경쟁이 들어오는 시기. 당황하기보다 자신의 입장을 명확히 하고 신념을 지켜라.
10월		9번 은둔자	내면의 성찰, 고독, 깨달음	외부보다 내면의 목소리에 귀 기울여야 하는 시기. 관계나 일에서 잠시 멈추고 자신의 방향성을 재정립하라.
11월		소드 2	선택의 갈림길, 갈등	판단을 미루거나 회피할 경우 정체가 발생. 명확한 결단과 정보 수집이 요구. 필요 없는 자존심은 금물!
12월		완즈 6	성취, 인정, 성공적 마무리	한 해의 노력과 도전이 결실을 맺는 시기. 사회적 인정과 관계의 회복. 자신감 성취.
1월		펜타클 8	꾸준한 노력, 집중	새해부터 노력과 기술 향상의 흐름. 현실적이고 성실한 자세가 한 해의 기초를 다지는 토대가 됨.
2월		컵 시종	새로운 감정, 아이디어의 싹, 행운	설렘과 감성이 회복되는 시기. 관계나 일에서 신선한 기운이 피어남. 직관을 따라 시도하라.
3월		펜타클 퀸	안정, 풍요, 관리	1~2월의 금전적 노력이 구체적인 결실로 이어지는 달. 현실보다는 내면의 가치를 우선하는 연애가 필요.

신년타로 2

분기별, 3월 말 상담사례

[4월]

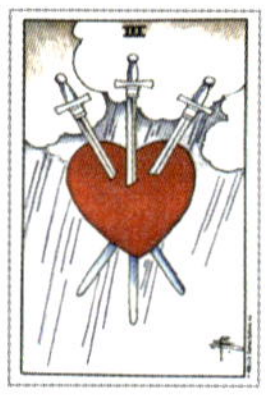
[5월]

[6월]

[7월]

[8월]

[9월]

[10월]

[11월]

[12월]

[1월]

[2월]

[3월]

총평 : 내담자의 한 해는 기복이 다소 있지만, 결국 성장과 깨달음으로 이어지는 흐름이다. 4월은 포용하고 인내하는 달이며, 5월은 관계에서의 성장통, 때로는 아픈 상실을 경험하지만, 6월에는 새로운 기회가 활짝 열린다. 7월은 자신의 판단을 펼치게 되지만, 8월에는 힘든 상황이 오게 된다. 9월의 초심으로 돌아가서 10월에 결실을 맺게 되며 11월은 다시금 힘든 상황이 오게 되지만 이것이 오히려 새로운 시작을 위한 가장 깊은 바닥임을 기억할 것. 누군가의 도움이 있을 수도 있다. 12월~1월에는 다소 막막한 가운데 갈등이 생기겠지만, 2월이 되면 잘 수습하고 3월에는 협력을 통하여 다시 새로운 가능성이 열린다. 이 모든 과정을 통해 내담자는 분명 더 단단하고 지혜롭게 거듭날 것이다.

금전운 6월과 10월에 좋은 기회가 올 수 있다. 하지만 8월에는 잘못하면 손실이 있으니 조심하고, 내년 1월에도 돈 때문에 신경 쓸 일이 생길 수 있다.

연애운 (먼저 남자 친구가 있는지 물어본다) 6월에 일하다 보면 기회가 생길 수 있다. 9월에 알던 사람과 다시 만나거나 연락이 올 수 있고, 10월에도 행복하다. (연애한다면 이때가 가장 좋다) 하지만, 8월과 내년 1월은 조심해야 한다.

건강운 5월과 8월에 스트레스를 많이 받을 수 있다. 내년 1월에도 정신적으로 많은 스트레스를 받을 수 있다.

리딩 카드의 메시지를 따라가 볼까요?

[4월] '컵 퀸' 〈감성·직관·돌봄〉

금전운 돈을 다루는 데 있어 직관적이고 감성적인 접근이 중요해요. 다른 사람을 돕거나 배려하는 마음이 뜻밖의 재물운으로 돌아올 수 있겠네요.

연애운 매우 따뜻하고 감성적인 교류가 깊어지는 시기예요. 상대방에게 깊은 이해와 공감을 보여주며 관계의 만족도가 높아질 겁니다.

건강운 정서적인 안정이 건강에 큰 영향을 미치는 때예요. 마음 챙김, 명상

등 정신 건강을 위한 활동이 몸과 마음을 치유해 줄 거예요.

[5월] **'소드 3'** 〈상처·아픔·스트레스〉

금전운 예상치 못한 재정적인 손실이나 실망스러운 소식을 접할 수 있어요. 하지만 이러한 아픔을 통해 현실을 직시하고 새로운 길을 모색하게 될 거예요.

연애운 관계에서 아픈 진실을 마주하거나, 상대에게 상처를 줄 수 있는 시기입니다. 이성적인 생각보다는 자신의 마음을 솔직하게 마주하는 것이 좋겠네요.

건강운 심한 스트레스나 마음의 상처가 신체적인 증상으로 나타날 수 있어요. 정신적인 치유와 휴식이 무엇보다 필요한 때입니다.

[6월] **'펜타클 에이스'** 〈기회·가능성·도전〉

금전운 새로운 금전적 기회나 투자, 안정적인 수익원이 생길 수 있는 길운입니다! 작은 시작이지만 큰 잠재력을 가진 제안이 찾아올 수 있겠네요.

연애운 관계의 새로운 시작이나, 기존 관계의 새로운 국면을 맞이하게 될 거예요. 안정적이고 긍정적인 방향으로 나아갈 수 있는 좋은 기회가 찾아옵니다.

건강운 건강 관리에 대한 새로운 계획을 세우고 실천하기 좋은 시기입니다. 활기찬 에너지가 넘쳐나고, 건강 상태가 전반적으로 좋아질 거예요.

[9월] **'소드 기사'** 〈추진·직진·빠른 속도〉

금전운 금전적인 목표를 향해 공격적이고 빠르게 나아가지만, 신중함 없이 과감한 투자를 하는 것은 위험할 수 있으니 조심하세요.

연애운 관계에서 매우 직접적이고 다소 성급한 소통이 오갈 수 있어요. 논쟁이 격해질 수도 있지만, 마음을 솔직하게 표현하는 것이 관계에 도움이 될 수도 있습니다. 괜한 자존심은 도움이 되지 않아요!

건강운 활동량이 많고 에너지가 넘쳐나니 부주의로 인한 작은 부상을 조심해야 해요. 충분한 휴식을 통해 에너지를 잘 관리하는 것이 중요합니다.

[8월] **'소드 10'** 〈배신·완벽주의·전환〉

금전운 재정적인 어려움이 정점에 달하거나, 모든 것이 끝났다고 느낄 수 있는 시기입니다. 하지만 이는 동시에 더 이상의 나쁜 상황은 없음을 의미하며, 회복과 새로운 시작을 위한 전환점이 될 거예요.

연애운 관계의 끝이나, 아주 큰 위기를 겪을 수 있어요. 하지만, 이 고통을 통해 진정한 자유와 새로운 관계의 시작을 맞이할 준비를 하게 될 겁니다.

건강운 심한 피로나 고통의 정점을 겪을 수 있지만, 이를 계기로 병세를 치료하거나 새로운 건강 관리법을 찾아 회복의 길로 들어설 수 있어요. 완전히 재정비할 시간이에요.

[9월] **'컵 6'** 〈회상·순수·재회〉

금전운 과거의 인연이나 익숙한 곳으로부터 금전적인 도움을 받거나, 과거의 투자에서 뜻밖의 수익을 얻을 수 있어요. 과거의 경험이 금전운에 긍정적인 영향을 줍니다. 다만, 순수함이 손실을 불러올 수도 있음을 주의하세요!

연애운 옛 친구나 과거의 연인이 다시 나타나거나, 어린 시절의 추억을 공유하며 관계가 발전할 수 있어요. 순수하고 따뜻한 감정 교류가 이루어질 겁니다.

건강운 마음의 평화와 휴식을 통해 건강을 회복하기 좋은 때입니다. 어릴 적 좋아했던 취미 활동이나 편안한 장소에서 에너지를 재충전하세요.

[10월] **'완즈 4'** 〈안정·조화·성취〉

금전운 노력했던 재정적인 계획이 안정기에 접어들고, 수입의 기반이 확고해지는 시기입니다. 축하할 만한 금전적 성과나 계약이 이루어질 수 있겠네요.

연애운 관계의 안정과 조화를 이룰 수 있는 시기예요. 어쩌면 결혼, 동거 등 다음 단계로 진전하거나, 서로에게 든든한 안식처가 되어줄 수 있겠네요.

건강운 건강이 전반적으로 안정되고 활력을 되찾는 시기입니다. 편안한 환경에서 휴식을 취하며 심리적인 만족감을 느낄 수 있을 거예요.

[11월] **'20번 심판'** 〈평가·부활·도움〉

금전운 과거의 재정적인 선택에 대한 결과를 마주하게 될 거예요. 보상을 받거나, 책임을 져야 할 일이 생길 수 있지만, 더 나은 재정적 방향을 찾게 됩니다.

연애운 관계에 대한 중요한 결정이나 평가의 시기예요. 과거의 모든 것을 되돌아보며 진정한 관계의 의미를 깨닫고, 새로운 시작을 위한 심판을 받게 돼요.

건강운 몸과 마음의 깊은 치유가 일어나는 시기입니다. 과거의 병이나 문제로부터 점점 해방되고, 새로운 건강한 삶을 위한 전환점을 맞이할 수 있어요.

[12월] **'컵 7'** 〈막연함·선택할 시기·혼란〉

금전운 여러 가지 재정적인 기회나 선택 앞에서 혼란스러울 수 있어요. 비현실적인 투자나 꿈같은 수익에 현혹되지 않도록 신중한 판단이 필요합니다. 자존심은 내려놓으세요!

연애운 막연한 상상에 빠져 현실적인 선택을 하기 어려울 수 있어요. 다양한 가능성 속에서 혼란을 겪을 수 있으니, 중심을 잘 잡으세요.

건강운 불확실성이나 지나친 욕심이 스트레스로 이어져 건강에 영향을 미칠 수 있어요. 현실적인 목표 설정과 마음의 안정이 중요합니다.

[1월] **'소드 2'** 〈갈등·정체·부담〉

금전운 금전적인 결정에 망설임이 있거나, 두 가지 선택지 사이에서 갈등할 수 있어요. 섣부른 판단보다는 한 가지에 집중하세요!

연애운 관계에서 벽이 느껴지거나, 서로 솔직한 대화를 피하고 있는 상황일 수 있어요. 애매한 태도보다는 명확한 결정을 내릴 용기가 필요할 때예요.

건강운 스트레스나 고민으로 인해 편두통, 어깨 결림 등 신체적인 불편함이 올 수 있어요. 마음의 안정을 찾는 것이 중요하겠네요.

[2월] '8번 힘' 〈인내·통제·관리〉

금전운 재물을 관리하는 데 있어 강한 내면의 힘과 통제력을 발휘할 거예요. 인내심을 가지고 현명하게 돈을 다루며 재정적인 어려움을 극복하는 시기입니다.

연애운 관계에서 어려운 상황이 닥치더라도, 부드럽지만 단호한 힘으로 극복해낼 거예요. 서로에 대한 이해와 배려가 관계를 더 굳건하게 만들겠네요.

건강운 신체적으로나 정신적으로 강한 활력을 되찾고, 건강 관리에 대한 의지가 높아지는 시기입니다. 꾸준한 노력이 좋은 결과를 가져올 거예요.

[3월] '펜타클 3' 〈협력·기술·성과〉

금전운 팀워크나 협업을 통해 안정적인 금전 상황을 만들 수 있는 기회가 찾아와요. 기술이나 전문성을 인정받아 수입이 늘거나, 투자를 받는 기회가 생길 수 있겠네요.

연애운 함께 미래를 계획하거나, 공동의 목표를 향해 노력하며 관계가 더욱 단단해지는 시기입니다. 서로의 노력이 시너지를 낼 거예요.

건강운 건강 전문가의 도움을 받거나, 체계적인 관리 계획을 세우기 좋은 때입니다. 꾸준히 건강을 돌보는 노력이 빛을 발할 거예요.

타로 마스터의 힐링 노트

"롤러코스터 같은 한 해여도 괜찮아요. 당신은 그 모든 것을 타고 결국 목적지에 도착할 테니까요!"

올 한 해는 당신의 삶에 다채로운 색깔과 깊은 이야기가 펼쳐질 거예요. 때로는 망설임 속에 서 있고, 때로는 아픈 진실과 마주할 수도 있겠지만, 그 모든 순간이 당신을 더 강하게 만들고, 당신의 내면을 성장시키는 소중한 양분이 될 거라는 걸 잊지 마세요. 새로운 기회가 찾아올 때는 용기를 내어 손을 내밀고, 힘들 때는 잠시 멈춰 서서 당신 내면의 힘을 믿으세요. 삶은 그렇게 작은 조각들이 모여 아름다운 큰 그림을 만들어가는 거니까요.

위치별 리딩 해석 포인트

위치	타로 카드		핵심 의미	위치별 리딩 해석 포인트
4월		컵 퀸	감성·직관·돌봄	감정 교류가 깊어지는 시기. 여왕의 포용력이 관계에 긍정적 흐름을 만듦. 마음의 안정이 중심.
5월	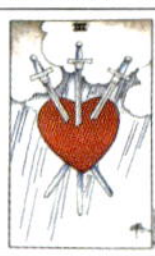	소드 3	상처·아픔·스트레스	관계·금전에서 현실적 고통 직면. 감정 정화와 회복이 주제. 예민함 주의.
6월		펜타클 에이스	기회·가능성·도전	실질적 성과의 시작. 안정적 기반 형성의 기회. 새로운 재정·관계 기운 상승.
7월		소드 기사	추진·직진·빠른 속도	목표 향한 돌진기. 과감함 속 신중함 필요. 성급한 판단·투자 주의. 에너지 관리 중요.
8월		소드 10	배신·전환 · 완벽주의	고통의 정점이자 새 출발의 시점. 관계·일 모두 리셋. 회복 위한 재정비 필수.
9월		컵 6	회상·순수·재회	과거 인연·기회 재등장. 따뜻한 감정과 회복의 달. 순수한 관계 회복 가능.
10월		완즈 4	안정·조화·성취	기반 안정과 기쁨의 시기. 관계·금전 모두 안정 궤도 진입. 축하할 일 많음.

11월		20번 심판	평가·부활· 도움	과거 행동의 평가. 보상과 손실 동시 존재. 새로운 방향·관계 새정립의 달.
12월		컵 7	막연함·혼란 선택할 시기	판단과 선택의 혼선 주의. 구체적 기준 필요. 체면과 자존심을 내려놓고 중심 유지.
1월		소드 2	갈등·정체· 부담	선택과 조율의 시기. 한 가지에 집중하는 것이 필요. 유지에 대한 부담.
2월		8번 힘	인내·통제· 관리	온화한 힘으로 상황 제어. 현명함으로 조율. 꾸준함이 안정으로 이어짐.
3월		펜타클 3	협력·기술· 성과	협업과 기술 향상이 결실로 연결. 현실적 성취 기반 강화. 관계도 실질적 진전.

신년타로 3

분기별, 3월 말 상담사례

[4월]

[5월]

[6월]

[7월]

[8월]

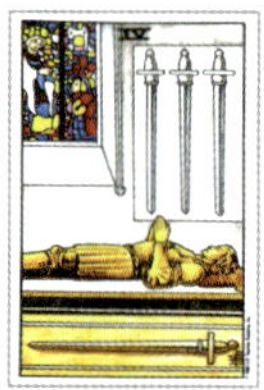

[9월]

정체된 느낌

[10월]

[11월]

[12월]

[1월]

[2월]

[3월]

회복 · 활동하는 느낌

총평 : 4월에는 생각하지 못한 즐거움이 있으나 5월에는 무엇인가를 결정해야 하지만 막연하며 6~8월에는 희망과 완전한 성공이라는 최고의 순간을 맞이할 수 있겠다. 9~10월에는 계획대로 나아가지 않아 괴로움이 있을 수 있지만 이는 한 단계 더 성숙하기 위한 과정이니 너무 두려워하지 말자. 11월에는 열정과 의욕을 가지고 활동하니 결국 연말에는 그 모든 노력이 금전적 안정과 가족의 행복으로 보상받으며 아름다운 마무리를 할 수 있을 것이다. 신년은 열정적인 시작과 풍요로운 완성을 향해 나아가는 강력하고 의미 있는 한 해가 되며 3월에는 새로운 것을 도전하게 된다. 흐름을 잘 읽고 유연하게 대처하면 최고의 새해를 보낼 수 있을 것이다!

건강운 5월에는 산만해서 정상 컨디션이 유지되기 힘들다. 다행히 6~8월에 몸이 점차 회복된다. 그러나 9, 10월에 정신적으로 무리하여 몸 상태가 좋지 않다. 추후 휴식기를 가져야 한다. 11월부터는 다시 좋아진다.

금전운 대학원 학업을 끝내고, 6월부터 아르바이트 할 수 있는 기회가 올까요? 6월에 기회가 올 수 있지만 4, 5월 봐서는 안 하는 게 좋다. 11월부터는 회복되는 느낌이므로 일거리, 아르바이트를 시작해도 좋다. 하지만, 그전에 건강부터 챙겨라.

여행운 5, 6, 7, 10월에 여행을 계획하고 있는데, 언제 가는 게 좋을까요? 4, 5월은 건강상 문제로 좋아 보이지 않으니 무리하지 않는 게 좋다. 7월부터 괜찮아 보이고, 8월은 더 좋으며 11월과 내년 1, 3월에도 무난해 보인다.

12 카드

리딩 카드의 메시지를 따라가 볼까요?

[4월] '컵 시종' 〈시작·도전·낙관〉

금전운 금전 관련하여 새로운 의욕이 생길 수 있어요. 직관을 믿고 새로운 기회를 탐색해 보세요. 재테크에 대한 새로운 정보에 귀 기울이는 것도 좋겠네요.

연애운 풋풋한 감정이 피어나는 시기예요. 고백이나 로맨틱한 만남이 있을 수 있고, 감성적인 교류가 깊어질 때입니다.

건강운 마음의 평화와 안정이 건강에 긍정적인 영향을 미쳐요. 생각 없이 마음껏 즐기세요!

[5월] **'컵 7'** 〈막연함·선택할 시기·혼란〉

금전운 여러 가지 기회나 선택 앞에서 혼란스러울 수 있어요. 비현실적인 기대나 망상에 빠지지 않도록 현실적인 판단이 필요한 시기예요.

연애운 관계에 대해 구체적이지 못한 막연함에 빠져 현실적인 선택을 하기 어려울 수 있어요. 혼란 속에서 자신만의 중심을 잘 잡으세요.

건강운 지나친 걱정이나 불확실성이 스트레스로 이어져 건강에 영향을 줄 수 있어요. 현실적인 목표 설정과 마음의 안정이 중요해요.

[6월] **'17번 스타'** 〈인기·감성·솔직함〉

금전운 금전적인 지출이 생길 수 있는 시기예요. 투자 성공이나 기대 이상의 수입과 같은 요행에 기대는 것은 불리하니 이성적 판단이 필요해요.

연애운 상처가 치유되고 관계가 회복되는 시기입니다. 서로에게 희망을 주고받으며, 미래를 함께 꿈꾸는 아름다운 사랑이 깊어질 거예요.

건강운 몸과 마음의 치유가 일어나고, 활력을 되찾는 시기입니다. 긍정적인 마음가짐이 건강 회복에 큰 도움이 될 거예요.

[9월] **'2번 여사제'** 〈포용·비밀·내면〉

금전운 가지고 있는 것을 잘 지키려고 하는 시기예요. 현재 상황을 유지하며 앞날을 준비하는 것이 현명하겠네요.

연애운 내면의 깊은 교류와 이해가 중요한 시기입니다. 무조건적인 포용이 아닌 진솔한 대화가 필요해요. 상대는 당신의 마음을 오해하거나 모를 수 있어요.

건강운 마음에 답답함과 화를 쌓아두지 마세요! 충분한 휴식과 운동으로 체력적인 균형을 유지하는 것이 중요합니다.

[8월] **'21번 월드'** 〈완성·성취·통합〉

금전운 현실적인 목표를 달성하고, 금전적으로 차츰차츰 좋아져 성공과 풍요를 누리는 카드입니다! 그동안의 노력이 결실을 맺고 큰 만족감을 얻을 거예요.

연애운 관계가 완성되고 최고의 만족감을 느낄 수 있는 시기입니다. 사랑과 행복이 충만하네요. 오늘보다 내일이 더 행복하네요!

건강운 완벽한 건강 상태와 균형 잡힌 삶을 누릴 거예요. 몸과 마음, 영혼이 모두 조화를 이루는 최고의 시기입니다.

[9월] **'소드 4'** 〈휴식·정체·회복〉

금전운 금전적으로 잠시 휴식하거나 정체될 수 있어요. 적극적인 활동보다는 재정 상태를 재점검하고 미래를 계획하는 시간이 필요합니다.

연애운 관계에서 잠시 냉각기나 휴식기가 필요할 수 있어요. 템포를 늦추고 서로의 생각과 감정을 정리하는 시간이 필요합니다.

건강운 충분한 휴식과 안정이 건강 회복에 가장 중요한 시기예요. 무리하지 말고 에너지를 재충전하는 데 집중하세요.

[10월] **'소드 9'** 〈불안·후회·트라우마〉

금전운 금전적인 문제로 깊은 근심이나 걱정에 사로잡힐 수 있어요. 하지만 대부분은 생각보다 심각하지 않을 수 있으니, 불필요한 불안감은 떨쳐내세요.

연애운 관계에서 후회나 죄책감, 걱정으로 인해 밤잠을 설치는 일이 생길 수 있어요. 억지로 끌어안지 말고 솔직하게 대면하여 해소하는 것이 중요합니다.

건강운 스트레스와 불안으로 인해 불면증, 우울감 등 정신적인 피로가 극심해질 수 있어요. 마음의 안정을 위한 노력이 필요합니다.

[11월] **'완즈 퀸'** 〈열정·야망·자신감〉

금전운 금전적으로 활기 넘치고 적극적인 모습을 보여줄 거예요. 새로운 기회를 포착하고, 열정적인 에너지로 수익을 창출하는 능력이 뛰어날 때입니다.

연애운 당당하고 자신감 넘치는 매력으로 관계를 이끌어갈 거예요. 열정적인 사랑과 함께 주변의 시선을 한 몸에 받을 수 있습니다. 마음에 드는 사람만 나타난다면 금상첨화겠네요!

건강운 활기찬 에너지가 흐르고 건강 상태도 양호합니다. 하지만 과도한 활동으로 인한 피로는 관리해야 해요.

[12월] **'펜타클 10'** 〈풍요·전환·결실〉

금전운 한 해를 재정적인 풍요와 안정 속에서 지금까지 노력한 투자가 결실을 맺는 시기입니다. 하지만, 자만은 금물입니다. 지금이 가장 최고예요!

연애운 금전과 현실에 신경을 많이 써야 하는 카드여서 연애에 집중하기는 힘들 수 있어요. 바쁜 만큼 주변을 잘 신경 써야 해요.

건강운 관리할 것이 많아 스트레스를 받을 수 있어요. 선택과 집중을 잘 해야 합니다. 휴식을 통한 안정이 필요해요.

[1월] **'완즈 기사'** 〈성급함·모험·열정〉

금전운 새로운 금전적 기회에 열정적으로 뛰어들거나, 즉흥적인 소비를 할 수 있어요. 빠른 수입이 가능하지만, 성급한 투자나 지출은 주의해야 합니다.

연애운 불꽃 같은 만남이 시작될 수 있어요. 새로운 관계에 과감히 다가가거나, 기존 관계에 활기를 불어넣을 때입니다. 다소 충동적인 언행은 조심!

건강운 활력이 넘치고 에너지가 충만해서 활동적인 운동을 시작하기 좋아요. 하지만, 성급함이나 부주의로 인한 사고나 부상을 조심해야 해요.

[2월] **'완즈 킹'** 〈리더십·열정·여유〉

금전운 금전 관리에 있어서 주도적인 리더십을 발휘할 거예요. 새로운 사업을 확장하거나, 계획적인 투자로 큰 수익을 창출할 수 있는 시기입니다.

연애운 관계를 이끌어가는 강한 매력과 자신감을 보여줄 거예요. 헌신적이고 적극적인 사랑으로 관계를 굳건히 할 때입니다.

건강운 강한 정신력으로 건강을 통제하며 활기 넘치는 모습이에요. 과도한 열정이 스트레스로 이어지지 않도록 컨디션 조절이 필요해요.

[3월] '0번 바보' 〈자유·시작·모험〉

금전운 금전적으로 새로운 시작을 할 수 있는 시기예요. 위험을 감수하는 투자가 될 수도 있고, 자유로운 마음으로 금전 활동을 할 수도 있겠네요. 무조건적인 긍정이나 낙관은 위험해요!

연애운 새로운 관계가 시작되거나, 예상하지 못한 만남이 있을 수 있어요. 구속받지 않는 순수한 열정이 관계를 특별하게 만들 겁니다.

건강운 자유롭고 활기찬 몸 상태를 유지하지만, 부주의나 덤벙거림으로 인한 작은 사고나 무리한 활동을 주의해야 해요. 성급함은 엠블런스를 오게 해요!

타로 마스터의 힐링 노트

"열정으로 시작하고 지혜로 이끌어, 마침내 모든 것이 완성되는 마법 같은 한 해!"

올 한 해는 당신의 열정이 꽃을 피우고, 그 꽃이 탐스러운 열매를 맺는 아주 특별한 시간이 될 거예요. 새로운 시작을 두려워하지 않는 용기, 흔들림 속에서도 희망을 찾는 지혜, 그리고 완전한 성취 속에서도 겸손을 잃지 않는 당신의 모든 순간이 아름다울 겁니다. 때로는 벅찬 감동으로, 때로는 깊은 사색으로 자신을 돌아보겠지만, 이 모든 과정이 당신을 더욱 빛나게 할 거예요. 망설임이 찾아올 때면, 잠시 멈춰 서서 당신 내면의 빛나는 별을 바라보세요. 당신의 빛나는 한 해를 기대하며!

위치별 리딩 해석 포인트

위치	타로 카드		핵심 의미	위치별 리딩 해석 포인트
4월		컵 시종	시작·도전·낙관	새로운 감정과 기회가 피어남. 예상치 못한 행운.
5월		컵 7	막연함·선택할 시기·혼란	막연함으로 인한 혼란. 감정적 선택보다 현실적 판단과 분별력 필요.
6월		17번 스타	인기·감성·솔직함	주변에 찾는 사람이 많아 인기가 생길 수 있지만 감성적인 판단은 주의.
7월		2번 여사제	포용·비밀·내면	현재 상황을 인정하고 유지. 무조건적인 포용보다는 진솔한 대화 필요.
8월		21번 월드	완성·성취·통합	목표 달성의 시기. 관계·금전 모두 안정적 시기. 차츰차츰 더 좋아짐.
9월	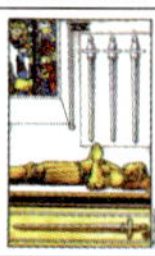	소드 4	휴식·정체·회복	일시적 정체기. 에너지 재충전 필요. 휴식과 안정이 다음 도약의 밑거름.
10월	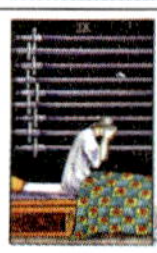	소드 9	불안·후회·트라우마	걱정과 불안이 과도. 자기 객관화에 의한 한계 봉착. 어려움 속에서도 할 수 있는 것을 찾는 것이 중요.
11월		완즈 퀸	열정·야망·자신감	리더십과 추진력 강화. 적극적 태도가 기회를 부름. 자신감이 관계와 재물운 상승시킴.
12월		펜타클 10	풍요·전환·결실	재정적 완성. 풍요 속 빈곤(인간관계). 현실과 감성의 조화 필요.

1월		완즈 기사	모험·열정·성급함	빠른 전개와 도전의 달. 새로운 기회에 용기 있게 접근. 즉흥적이고 충동적인 결정은 주의!
2월		완즈 킹	리더십·열정·여유	주도권 강화. 명확한 목표 설정으로 성과 창출. 열정의 균형 유지 필요.
3월		0번 바보	시작·도전·낙관	새로운 여정의 출발. 자유로운 시도 속 가능성 확대. 유연함이 행운의 열쇠. 무조건적인 낙관은 조심!

Epilogue

타로 리딩, 마음을 마주하는 기술

타로를 다루다 보면, 카드가 알려주는 것은 결국 '사람의 마음'이라는 사실을 자연스럽게 알게 됩니다. 공감대화를 가르치며 만난 사람들도 같은 지점을 향하고 있었습니다. 누군가의 이야기에 조용히 귀 기울이고, 마음에 자리를 내어주는 일. 저는 이 두 길이 하나로 이어진다는 믿음으로 **공감타로 상담사**의 길을 걷고 있습니다.

이 책을 펼친 이유는 다 다르겠지만, 그 안에는 공통된 마음이 있다고 생각합니다. '내 삶을 더 명확하게 이해하고 싶다'는 마음입니다.
타로는 그 마음에 반응하는 도구입니다. 질문 없이 열리는 리딩은 없고, 우리의 내면은 질문만큼 답할 준비를 합니다. 이 책이 그런 대화를 시작하게 하는 작은 계기가 되었기를 바랍니다.

실전 리딩의 핵심은 정답이 아니라 맥락과 마음의 방향을 읽는 일입니다. 카드는 때로 막힌 길을 대신 짚어주고, 때로는 보지 못했던 가능성을 비춰줍니다. 타로는 미래를 결정하지 않지만, 미래를 선택하는 나를 더 선명하게 보도록 도와줍니다.

책을 마무리하며, 한 문장을 남기고 싶습니다. **"당신의 직관을 믿으세요."** 그 직관은 이미 당신 안에 있습니다. 타로는 그 감각을 깨워주는 방식일 뿐입니다. 결국, 삶을 움직이는 힘은 언제나 당신의 선택에서 나옵니다. 앞으로 카드를 펼칠 때마다 이 책이 작은 참고점이 되기를 바랍니다. 때로는 방향을 알려주는 힌트로, 때로는 마음을 쉬게 하는 자리로.
공감타로 상담사로서 저는 당신의 길이 더 평온하고 단단해지기를 조용히 응원합니다.

직관의 등불이 당신의 다음을 밝혀주길

정 유 인

아주 긴 세월 공학을 한 사람으로서 세상의 돌아가는 이치와 우주 삼라만상의 법칙이 아주 질서 있게, 때로는 무질서하게 흘러간다는 사실이 가끔은 궁금했었습니다. 우연한 기회에 타로를 접하고 수비학과 색채학, 별자리를 통한 78장의 서로 다른 인생의 역경과 각각이 주는 카드의 깊은 의미를 느끼면서 세상사 모든 일이 모두 서로 연결되어 있고 우연 아닌 필연이 존재함을 느끼며 알게 되었습니다.

타로는 사람이 살아가는 데 있어서의 미래의 예언이 아니라 앞으로 일어날 수 있는 갖가지의 현상에 대해 여러 가지 선택을 할 수 있는 방향을 제시해 주고, 카드에 숨겨진 의미를 십분 이해하는 것만으로도 자신을 스스로 돌아보고 반성하는 소중한 계기가 되었기에 이러한 느낌을 나만이 아닌 주변의 여러 사람과 조금이나마 같이 느끼고 싶고, 공감하고 싶어 기쁜 마음으로 기꺼이 책으로 독자분들과 함께하는 것에 동참하게 되었습니다.

타로를 이해하고 타로의 진정성을 일깨워 주신 정경진(現 글로벌사이버대학 평생교육원 교수, 現 K-천문명리학 협회장) 님께 감사 말씀드리며, 오랜 시간 함께하여 주신 타로 마스터(김미연, 정유인, 박지호, 이예나)님께도 고마움을 전하며 이러한 크고 작은 모든 인연이 삶의 한 모퉁이에서 서로에게 작은 밀알이 되기를 기원합니다.

곽 성 용

타로를 배우는 여정 속에서 저는 예상보다 훨씬 더 많은 통찰과 마주하게 되었습니다. 한 장의 카드가 던지는 상징과 메시지를 이해해 가는 과정은 단순한 기술 습득이 아니라, 자신을 들여다보고 마음의 결을 세심하게 느끼는 시간이었습니다. 그 여정에 함께한 타로 마스터들은 타로의 매력에 깊이 빠져들어 스스로의 직관을 견고히 다져온 분들입니다. 우리는 각자의 경험과 시각을 기꺼이 나누며, 더 많은 이들이 타로를 친근하게 받아들일 수 있도록 한 장 한 장 정성을 담아 이 책을 완성했습니다.

독자 여러분이 78장의 카드 속에서 자신의 질문에 대한 작은 단서를 발견하고, 스스로의 마음을 더 명확히 바라볼 수 있기를 진심으로 바랍니다. 때로는 위로를, 때로는 용기를, 때로는 다음 걸음을 내딛기 위한 힌트를 카드가 건네줄 것입니다.

이 책이 당신의 마음 깊은 곳을 잔잔히 비추는 거울이자, 앞으로 살아가며 마주하게 될 수많은 선택의 순간을 헤쳐나가는 데 도움이 되는 따뜻한 나침반이 되기를 바랍니다. 타로가 전하는 의미 있는 대화가 당신의 삶에 오래도록 머물기를 응원합니다.

박 지 호

저는 현재 NA_taro라는 이름을 가지고 타로 마스터로 활동하고, 그와 동시에 동양학을 전공하고 있는 이예나입니다. 타로라는 새로운 세계에 첫걸음을 내딛던 순간부터 현재까지 끊임없이 배움과 탐구를 멈추지 않고, 이를 통해 주변인들에게 좀 더 나은 삶의 방향을 안내해 주는 길잡이가 되고자 노력하고 있습니다. 이 리딩북은 그 여정 속에서 탄생한 결과물이자 내담자에게 명쾌하고 좀 더 나은 길을 선택할 수 있도록 도와주는 지침서라 할 수 있습니다. 좋은 길을 찾아가기까지 겪었던 고민과 발견 그리고 그 과정 속의 설렘과 공감이 고스란히 담긴 너무나도 의미 있는 책입니다. 타로를 처음 접하는 분들도 어렵지 않게 이해하기 쉽도록 구성하였고, 나이와 성별이 다른 사람들이 모여 실제 사례들을 바탕으로 제작하였기에 카드가 전하는 이야기와 리딩의 흐름을 누구나 자연스럽게 따라가며 쉽게 볼 수 있다는 장점이 있습니다. 그래서 저는 이 책이 세상에서 단 하나뿐인 배우는 즐거움과 실전의 감각을 동시에 담아낸 특별한 리딩북이라 자신 있게 말씀드릴 수 있습니다. 이 책을 펼친 모든 분이 타로의 세계를 더욱 친근하게 느끼고, 앞으로 자신의 미래를 밝혀나가는 시작의 불꽃이 되었으면 합니다. 만약 지금 이 글을 보고 계신다면, 아마도 당신은 자신도 모르는 사이에 이미 타로의 매력에 빠져 벌써 카드를 펼치고 계시진 않을까? 생각됩니다.

마지막으로 이 책을 마무리하며 그동안 동고동락한 정경진 교수님, 곽성용 님, 정유인 님(마담 루), 김미연 님(르미유), 박지호 님과 대유학당 출판사 모든 분의 노고에 감사드립니다. 함께했기에 용기 낼 수 있었고 더 의미가 깊었다고 생각합니다. 모든 분의 앞날에 평안을 기원합니다 ♥
NA_taro (나_타로)_는 나를 들여다보고 나를 알아가는 시간을 갖게 해주는 내가 중심이 되는 타로입니다 ^^

이 예 나

안녕하세요. 타로에 관심이 많은 독자 여러분!
인생의 다양한 길을 타로로 밝히는 타로 심리상담사 르미유(Le mieux) 김미연입니다.

저는 오랫동안 사람의 마음을 깊이 들여다보는 일에 관심이 많아 대학에서 교육학, 대학원에서 상담 및 임상심리학을 공부하며 인간에 대한 이해와 심리치료에 대한 전문적인 지식을 쌓았습니다. 단순한 문제 해결을 넘어 개개인의 복잡 미묘한 이야기에 경청하고 공감하는 법을 배우는 소중한 시간이었습니다.

그러던 중, 저는 마치 운명처럼 타로(Tarot)를 만나게 되었습니다. 처음엔 신비로운 그림과 상징에 매료되었지만, 곧 타로가 단순한 점술 도구가 아니라 내담자 스스로 답을 찾고 성찰할 수 있도록 돕는 강력한 심리상담 도구임을 깨달았습니다. 이러한 깨달음을 바탕으로 저는 타로의 심오한 지혜를 끊임없이 탐구하여 이를 실제 상담에 반영하고 있습니다. 저를 믿고 찾아 주시는 수많은 내담자분의 이야기에 귀 기울이며 함께하는 고귀한 시간은, 이제 제 삶을 이끄는 소중한 원동력이 되고 있습니다.

저는 심리학적 지식을 바탕으로 타로의 전문성을 더하여 내담자분들이 타로 상담을 통해 자신의 내면을 탐색하고, 현실적인 고민에 대한 실질적인 해답을 찾을 수 있도록 돕는 '진정한 심리상담사로서의 타로 마스터'를 지향하고 있습니다. 카드 한 장 한 장이 품고 있는 이야기 속에서 내담자분들이 '나'를 알아가고, 용기와 지혜를 얻어 삶의 변화를 만들어내는 과정을 함께하는 것이 저의 가장 큰 보람이자 기쁨입니다.

이 책을 통해 독자 여러분도 타로가 가진 깊은 통찰력과 치유의 힘을 경험하시고, 타로를 활용한 실제적인 상담 노하우를 얻어가실 수 있기를 바랍니다.

더불어 여러분의 삶에 긍정적인 변화와 깨달음이 전해질 수 있기를 진심으로 기원합니다.

뜻깊은 인연으로 이 책의 여정을 함께 하며 타로가 전하는 진정한 Insight를 깨워주신 정경진 교수님. 파워 긍정 에너지로 든든한 버팀목이 되어 주신 공감대화 강사 정유인 선생님. 책이 풍성해질 수 있도록 마법사 같은 힘을 보태주신 곽성용 선생님, 미모와 타로 실력까지 재능을 두루 겸비한 박지호 선생님, 순수함과 열정이 빚어낸 완즈 여왕 같은 이예나 선생님.

책 전반에 걸쳐 물심양면으로 도움을 주신 대유학당 대표님과 중전 이연실 님을 비롯한 모든 관계자분. 그리고 제가 사랑하고 저를 사랑해 주시는 이 세상의 모든 분께 진심으로 깊은 감사의 마음을 전합니다.

2025년 11월이 저물어가는 어느 날
사유의 깊이와 혜안이 깃드는 안식처인 글빛도서관에서
르미유(Le mieux) DREAM

Sincere Thanks to

이 책이 세상에 나오기까지 가장 큰 격려와 든든한 응원을 아끼지 않은 저의 사랑하고 존경하는 배준범 서방님, 존재 자체로 힘이 되고 빛이 되는 우리 아들 삼 형제 시현, 시윤, 시온. 사랑하는 나의 엄마 남도연 님. 소중한 동생들 미희, 남희, 효정, 형근. 막강 96세! 시어머니 박춘화 님.

나의 절친한 벗 은정. 국적 초월 베프 木曜日の友達、私のまゆみちゃん. (목요일의 친구, 나의 마유미짱). 첫 번째 대학원의 인연 발랄한 짬뽕 詩人 수연. 두 번째 대학원의 인연 자격증의 여왕 한선우 선생님. 풋풋했던 시절의 대학 동기들 혜진, 연희, 영미, 순임…. 나를 아껴주는 동생들, 피아니스트 민영, 삼남매 맘 연화, 네일 아티스트 도연... 亲切的邻居家 中国朋友 侯玥. (다정한 이웃집 중국 친구 허우웨).

타로를 통한 상담을 할 수 있도록 르미유를 운명처럼 알아봐 주신 〈타로문〉의 권영국 대표님. 카툰계의 살아있는 전설이자 교수님, 작가님 동범. 다양한 장르를 넘나드는 재능을 겸비한 천상화가 인성. 다재다능 다정다감한 정형외과의 한표. 기꺼이 소중한 시간을 내어 보내준 감동적인 추천사는 제게 큰 울림이 되었습니다. 진심으로 고맙습니다.

르미유(Le mieux) DREAM